姚安◎著

博物馆12讲

科学出版社
北京

内 容 简 介

正所谓海纳百川，博物馆便是汇聚人类文明成果的海洋，肩负着对藏品按学术价值、艺术价值等标准予以分类研究的任务，承担着为公众提供知识介绍、学术教育和艺术欣赏的使命，是现代社会不可或缺的文化设施。

随着时代的发展，当今的博物馆已超越收藏、研究与展示等功能，开始向沟通、经营和专业人才的培养、努力与参观者建立互动关系等目标迈进。多元化的使命仿佛让博物馆从让人膜拜的知识殿堂变成了无穷奥秘的大千世界，博物馆的内涵与外延获得了极大的丰富和发展。

本书既有对博物馆源流与历史的全面梳理，也有实践经验的总结，可帮助读者走进博物馆欣赏知识之美，体会博物馆动人心弦的魅力之所在，探知博物馆背后的理念，享受“发现”的愉悦。

图书在版编目（CIP）数据

博物馆12讲／姚安著. —北京：科学出版社，2011
ISBN 978-7-03-032877-9

I. ①博…　II. ①姚…　III. ①博物馆－基本知识　IV. ①G26

中国版本图书馆CIP数据核字（2011）第243498号

责任编辑：闫向东　李　茜／责任校对：陈玉凤
责任印制：吴兆东／装帧设计：北京美光制版有限公司

科学出版社 出版
北京东黄城根北街16号
邮政编码：100717
http://www.sciencep.com
北京厚诚则铭印刷科技有限公司印刷
科学出版社发行　各地新华书店经销
*
2011年12月第　一　版　开本：787×1092 1/16
2025年 4 月第十三次印刷　印张：22 3/4
字数：429 000

定价：68.00 元

（如有印装质量问题，我社负责调换）

序

众所周知，博物馆是征集、珍藏、陈列自然与人类文化遗产实物，并对其进行研究的场所与机构。博物馆肩负着对藏品按学术价值、艺术价值等标准予以分类的任务，承担着为公众提供知识介绍、学术教育和艺术欣赏的使命。它具有非营利、开放性、服务性与永久性等特征，是现代社会不可或缺的文化设施。博物馆通过建筑空间保存记忆，它拥有着各式各样物质文化，并且透过典藏、诠释与展示等方法，保留见证人类文明的历程并书写历史，成为一个国家、一座城市的地标和文华殿堂。

“博物”一词，最早见于《左传·昭公元年》，有“晋侯闻子产之言曰：‘博物君子也’”，意为博识多知。《汉书·刘向传》亦有“皆博物洽闻，通达古今”之句，意旨均为博识多知。“博物馆”一词，则是西语museum的对译，原本是指专门为供奉希腊神话中掌司诗歌、舞蹈、音乐、美术、科学等九位女神meusin之场所，逐渐引申为收藏文化宝藏之地。博物馆经数千年不断发展与完善，至1753年，大英博物馆建立并对外开放，成为世界上第一个真正意义上的博物馆建立的标志。

中国自古以来就有收藏文物奇珍的悠久传统，但往往藏于密室，轻不示人。有中国人自己建立、对公众开放的较严格意义上的博物馆，则仅有百余年历史。时至清末，光绪三十一年（1905年），由状元公张謇所创立的“南通博物苑”堪称中国人最早创办的博物馆。而最早的公立博物馆，是1912年在北京国子监成立的“历史博物馆筹备处”，它也是中国历史博物馆(今中国国家博物馆）的前身。

尽管博物馆在我国出现较晚，但由于文化传统悠久，历史积累厚重，加之新中国成立以来党和政府的重视、引导，社会各界的参与、支持，使我们的博物馆事业后来居上，发展势头迅猛。然而，欲使其影响不断深入、扩大，宣传和普及的工作必不可少。作为一项高尚的事业，其成功离不开从业者的衷心热爱与积极投入，只有沉浸其中，方可悟出真谛。先辈前贤筚路蓝缕，已有本领域著述多种，如曾昭燏、李济所编著的《博物馆》，包遵彭所撰的《博物馆学》等，恕不一一列举。

姚安博士投身文博事业二十余年，其间爱岗敬业，探求摸索，颇多心得；且有游学多国、实地考察的丰富阅历，参照比较，感悟深切。在此过程中，又深感宣传普及工作的重要性与紧迫性，多年来，运用座谈、讲座等学术交流机会，热情宣介，日积月累，并勤勉工作，整理提炼，成此《博物馆十二讲》书稿。这本书既富经验的总结，又饶理性的思考。捧读在手，受益匪浅，以为多有亮点。谨列之于下：

一是对博物馆之源流与历史进行了全面梳理。读本书，可帮助读者全面系统地了解博物馆的存在价值和重要意义。二是提出了博物馆展览必须建立体系的思路。姚安博士多年来以大量精力倾注于文物展览工作，对此领域心得颇多，将其归纳升华，有所建树，事在必然。三是对博物馆展览之模式进行了系统梳理，归纳并整理出十种模式和类型，自成体系，给人启发。四是对博物馆藏品的登记著录方式提出了自己的新见解，并对工作程序予以严密设计，具有很强的操作性和实用性。五是总结并撰写成《展览大纲》，便于学习和掌握，对负责具体工作的从业人员具有针对性和指导性。此外，本书在博物馆数字化、博物馆文化创意产品等方面亦有很多新思路令人欣喜。

总之，本书言简意赅，通俗易懂，是一部值得一读的专业著作。当今，国力大张，经济繁荣，是为中华传统文化复兴的际遇。传统乃国势的依托，典藏是文化的载体。博物馆事业升腾，影响光大，精神扩展，势不可挡。书稿付梓在即，姚安博士索序于我，以同仁同道，略抒鄙见，草成兹篇。是为序。

2011年8月30日

目录

第五讲 世事洞明皆学问——博物馆的研究

第六讲 博物馆展览体系的构想与实践

第十一讲　把博物馆带回家——博物馆的文化创意产业

缪斯的礼物

——博物馆的历史

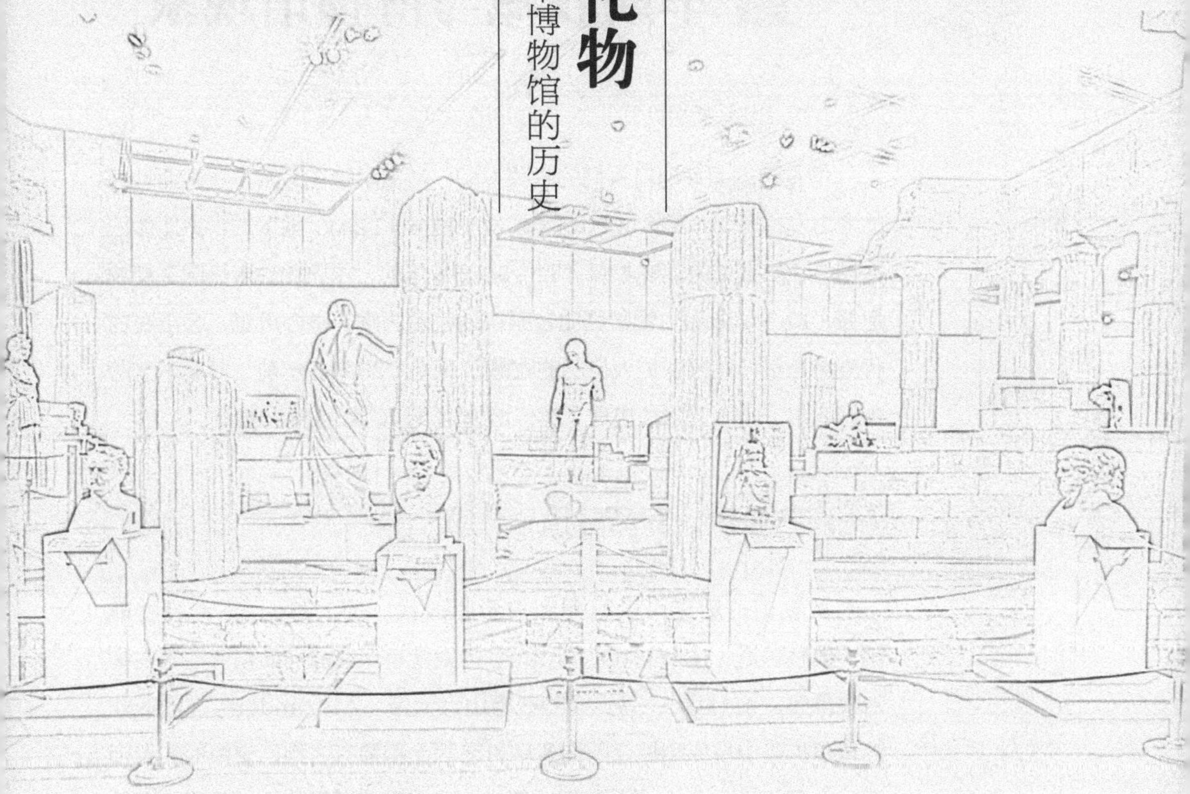

在漫长的人类社会发展史中，逐渐形成博物馆这一多种职能的文化载体，并且伴随社会的发展而发展。博物馆不单纯是保存、展示文物的场所，更是人们通过文物与历史隔空对话、感受历史的源远流长、追寻文化根基、引发深入思考和想象的精神空间。博物馆就像一本永远写不完的百科全书，不仅叙述着过去，展示着现在，也预示着未来。

一 早期收藏与博物馆现象

博物馆的萌芽源自人们的收藏意识。考古学家在美索不达米亚地区的考古发掘表明，距今4000多年前位于拉撒（Lasa）地区的学术团体已经拥有相当数量的实物收藏。距今3000多年前，古巴比伦末代国王那波尼德（Nabonidus）就曾经比较系统地收藏古物、举办展览，甚至在古代废墟上进行发掘以扩大自己的收藏。而距今2500多年前，苏美尔文明古城乌尔（Ur）的学校出现了类似博物馆展厅的藏品展示场所。

（一）古希腊、罗马时代

博物馆的历史可以追溯到古希腊时代。前5世纪，古希腊特非尔·奥林帕斯（Delphi Olympus）神殿就有保存战利品和雕塑等古物的收藏室。前4世纪，马其顿的亚历山大大帝（Alexander）在欧亚非的军事扩张中搜集和掠夺的许多珍贵艺术品和稀有古物，交由他的老师亚里士多德（Aristotle）整理、研究，并在雅典郊区建立“亚里士多德园”。亚里士多德从事授课和研究时，已使用该园收藏的实物与标本作为辅助教学。亚历山大死后，他的部下托勒密·索托（Ptolemy Soter）建立起新的王朝。前290年，他在亚历山大城创建了当时最大的学术和艺术中心——亚历山大博学院，包括图书馆、动植物园、研究所，以及存放征战中搜集和掠夺来的艺术珍品的缪斯神庙（Mouseion）①。现代公认英语等语言中的博物馆“Museum”一词在词源学上的词根就来源于希腊语的“Mouseion”。缪斯神庙，原指祭祀掌管历史、科学与艺术的九位缪斯女神神庙，所收藏的藏品包罗万象，但不对外开放，学者们在此通过有组织的研究从而获得新的成果。当时类似缪斯神庙的收藏机构不止一处，还有一些神庙也同样具备保存古物的功能。这些收藏神庙“以保存和研究古典文化为己任”，其收藏重点已从宗教和伦理转向科学知识领域，以求知好问精神为驱动，藏品涉及当时众多知识领域，“开创了人类文化保存中一种带有普遍性意义的机制”[②]。

萌生于古希腊文化中的博物馆现象，到公元前后的罗马时代有了进一步发展。收藏的范围不仅限于皇室，贵族们也纷纷收藏大量艺术珍品和古物，对奇珍异宝和各类艺术品的贪婪程度更胜一等，但是收藏的物品基本上是杂乱无章、不成系统的。在不断的对外战争中，他们所到之处，无不寻宝探奇，将这些来自不同国家和地区的文化珍品，称之为“奇观”。其府邸和神殿则是陈列这些珍宝的地方；有些贵族的私人收藏陈列室还供客人观赏。此外，一些豪华的神殿里都装饰着精美绝伦的雕像和壁画；在兼有社交性质的公共浴场里，也装点华丽，附设着图书馆和画廊；其他一些建筑，如住宅、寺院、餐厅和广场上，各种壁画也比比皆是。以上发生在希腊、罗马的各种事实说明，产生在奴隶制下的博物馆现象，已经成为奴隶制下社会文化生活的一个重要组成部分[③]。中国对古物珍玩的收藏情况也大致如此，收藏以皇室为主，皇室、宗庙、府库成为古物宝器的收藏室。

(二) 中世纪、文艺复兴时期

中世纪的欧洲处在封建制度和教会统治的时代，基督教在社会生活的各个方面都处于统治地位，尤其在能左右意识形态的文化教育领域里更处于至高无上的垄断地位，文化艺术成了宣传教义的工具。教堂、修道院是收藏陈列法器、圣像、教主遗物和历代教徒供奉的珍贵礼品等宗教文物的主要场所，传教士也从所到之处带回各种珍奇的物品，教会利用这些收藏品宣传宗教的教义，扩大宗教的影响。宫廷、庄园、城堡、贵族府邸则是世俗文物的聚集之地。作为文化现象的珍品收藏活动，虽然笼罩在宗教的神秘主义和蒙昧主义的雾障下，但规模和范围有了新的发展和扩大。欧洲各国有许多教堂寺院都收藏着古希腊、古罗马以来各种珍贵的手稿、抄本、雕刻、绘画作品。尤其是作为宗教中心的梵蒂冈，设有收藏珍本、善本的一流图书馆，例如在14世纪教皇达马苏斯一世（St.Damasus Ⅰ）时，就藏有古希腊文和拉丁文稿本3650册，而且从各地来的宗教文物、礼品更是不可胜数。教廷成了收藏中心，教皇是最大的收藏者，如教皇朱利叶斯二世（Pope Julius II）和朱利叶斯三世（Pope Julius III）等，都热衷于古物收藏。一个典型例子是，当著名雕塑《拉奥孔》（Laocoön Group）于1506年刚一出土，朱利叶斯二世就利用权势将它弄到手，成为教廷的珍藏。其他一些红衣主教也纷纷仿效。在国王和贵族们的宫殿、庄园和城堡里，则世俗珍品荟萃。

14～16世纪，文艺复兴的浪潮在欧洲兴起，大批手抄本和从罗马废墟中发掘出来的古代雕塑等艺术珍品，在欧洲人面前重现了古代文明的光彩，引起了人们对希腊、罗马时代古典文化的向往。人们希望接通和这个辉煌的历史时期祖先的关联，为未来的进步奠定精神的动力。这种情形下引发了欧洲许多国家探访古迹，搜集钱币、书籍、化石和雕塑等古物的热潮。对古代遗存的收藏、研究重新受到关注，成为文化继承与创新的重要智慧与力量源泉。此时期的“博物馆”主要是宫廷和富裕家庭观赏奇珍异物的收藏室，但是收藏的目的从原先为炫耀财富和战利品，转变成为增进知识而收藏。

随着15世纪末地理学、航海和科学技术的发展开拓了欧洲人们的视野，开辟新航线、发现美洲大陆便利了他们从遥远的地方搜集奇珍异物，欧洲的探险家、商人满载而归，带回大量从海外或是本土考察发现的自然标本、工艺品，满足了人们对未知事物的好奇，对古物的收集研究更加高涨，收藏的范围和藏品的数量大幅增长，收藏的物品逐渐呈现系统性，对排列混乱的物品进行分类整理和研究，更重视其美学和科学的价值，便于人们理解藏品。展示物品的收藏室成为当时人们了解世界的媒介。此时期出现了大批私人收藏家，这些私人藏品或捐赠、或卖给博物馆，奠定了欧洲各大博物馆的藏品基础。意大利梅第奇家族（Medici）的收藏被称为“文艺复兴艺术宝库”，收藏有诸多如波提切利（Botticelli）、提香（Titian）、达·芬奇（Da Vinci）等名家的作品。梅第奇家族的弗朗西斯科一世（Francesco I，1541～1587）十分仰慕自然科学家乌利塞·阿尔德罗范迪（Ulisse Aldrovandi），曾派人前去他的博物馆参观借鉴藏品展示的样式，他还将阿尔德罗范迪与亚里士多德和老普林尼（Pliny the Elder）相提并论。弗朗西斯科重整家族收藏，建立起乌菲齐美术馆（Uffizi Gallery），馆内放置大量艺术品、古董以及一些异域奇珍、机械装置、自然标本，并且改变以往上层收藏的小范围开放特性，而是作为一处带有公共性质的展示场所。然而，与西方收藏者不同的是，中国从宋至明清，除皇室收藏外，官僚、士大夫的私人收藏也逐渐形成风气，但他们的藏品往往仅供个人赏玩，多秘不示人。

二 博物馆的诞生

现代意义上的博物馆出现在17世纪后期。欧洲17～18世纪的启蒙时代，资产阶级民主文化运动兴起，资产阶级积极争取人人平等的公民政治权利。法国一些启蒙思想家提出建立国家博物馆的设想，要求珍贵物品应属于国民，而非君王专有，这种权利观就是人们反抗专制王权的体现。欧洲许多皇家、贵族和教堂的收藏室成为博物馆，逐渐向公众开放，人们对博物馆的认识也开始发生变化，博物馆才被看作是具有公共性的机构。在我国，1925年故宫博物院的成立开放也具有类似的意义。

世界上第一个具有近代博物馆特征的博物馆，是在1683年向公众开放的英国牛津的阿什莫尔艺术和考古博物馆（the Ashmolean Museum of Art and Archaeology）。藏品原为特拉德斯坎特（John Tradescant）父子的收藏，包括鸟、鱼、动物、植物、昆虫、矿物、宝石、武器、钱币与纪念章、服饰、生活用具、雕刻、绘画、手工艺品等。1678年藏品归收藏家阿什莫尔（Elias Ashmole）所有。不久，阿什莫尔将他本人的收藏全部捐赠给牛津大学，为学者和学生的研究提供场所，一般认为它是世界博物馆史上第一个正式向公众开放的博物馆。

18世纪是博物馆事业发展的重要时期，欧洲一些国家相继建成了国家的或具有重要影响的博物馆，如爱尔兰（国家博物馆，1731）、丹麦（国立美术馆，1760）、俄国（艾尔米塔什艺术馆，1764）、西班牙

故宫博物院

（国立博物馆，1771）等。与此同时，在欧洲的影响下，美国南卡罗莱纳州查尔斯顿城建成第一座公共博物馆（1773），虽以介绍本州自然历史为主，但带动了美洲博物馆事业的发展。总体而言，这一时代影响较大的为英国不列颠博物馆（大英博物馆）（The British Museum）和法国卢浮宫博物馆（Louvre Museum）。

不列颠博物馆收藏有世界各国的精美艺术品。设有100余间陈列室，分为埃及古器物、希腊、罗马古器物、西亚古器物、欧洲中世纪器物、东方古器物、英国史前和罗马占领时期艺术、钱币和纪念章、版画和画稿等部门展出。如此庞大的博物馆最初是在英国医生汉斯·斯隆（Hans Sloane）私人收藏品的基础上建立起来的。汉斯·斯隆是位兴趣广泛的收藏家，他晚年时收藏的文物近8万件，另有许多植物标本和书籍、手稿。根据他的遗嘱，为了让这些收藏品“维持其整体性、不可分散”，所有藏品由英国国会拨专款接收。1759年1月15日在伦敦市区附近的蒙塔古大楼（Montague Building）成立博物馆，并对公众开放。在博物馆开放后，又不断充实藏品，从自然标本到钱币、绘画、书籍、手工艺品等诸多东西方的文物珍品，馆藏愈臻丰富，成为当时世界上最大的博物馆。到了19世纪，由于受空间的限制蒙塔古大楼已显得不敷使用了，于是新建展馆和圆顶方体图书馆。1880年，不列颠博物馆将自然标本移交给建成的自然历史博物馆。1973年，博物馆将书籍、手稿移

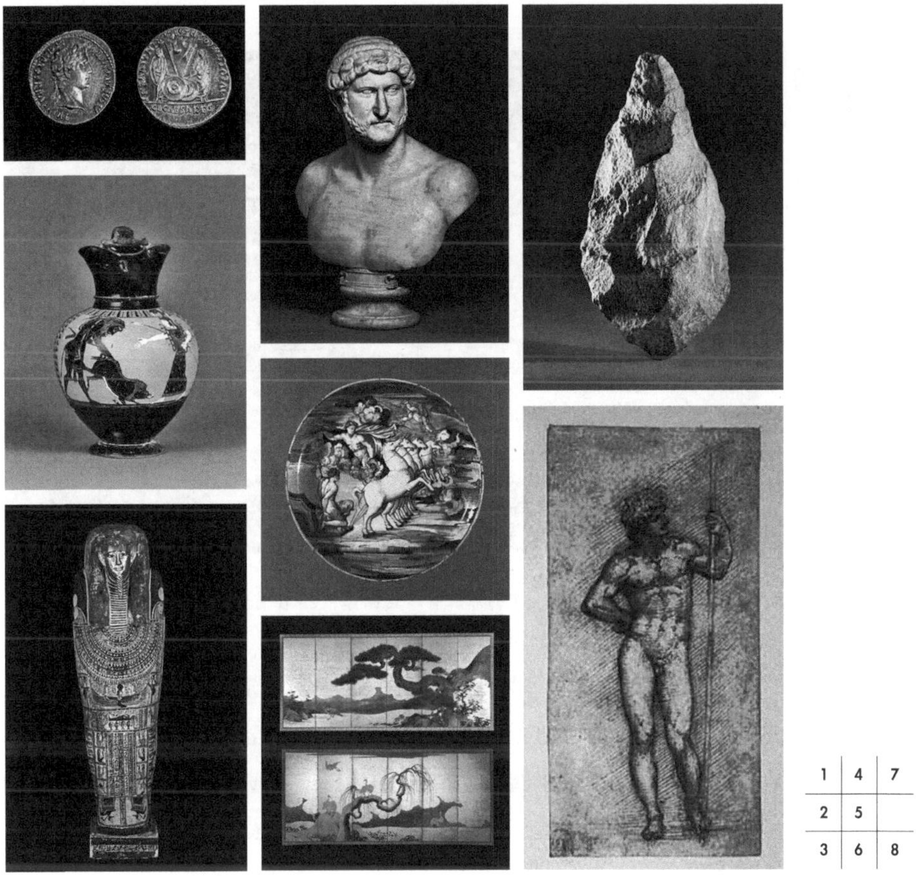

1. 大英博物馆藏品——奥里斯金币　2. 大英博物馆古希腊藏品——黑像陶酒坛　3. 大英博物馆的古埃及藏品——人形内棺　4. 大英博物馆古罗马藏品——罗马皇帝哈德良半身像　5. 大英博物馆欧洲中世纪藏品——阿波罗像陶盘　6. 大英博物馆东方藏品——日本屏风　7. 大英博物馆史前藏品——双面砍砸器　8. 大英博物馆画稿藏品——持杖裸体男子

交不列颠图书馆，最终形成现今博物馆的格局。

法国卢浮宫博物馆则是大革命的产物。卢浮宫位于巴黎市中心、塞纳河右岸，从16世纪到19世纪不断地改扩建，形成现在主要建筑格局。卢浮宫存放王室档案和珍宝则可追溯到12世纪末的法王菲立普二世（Philip II）时期。1793年，法国国民议会决定将卢浮宫改为法国国立艺术博物馆向公众开放，让公民看到王室的收藏。在革命中从私人和教堂的收藏中没收来的藏品以及后来由于拿破仑（Napoléon Bonaparte）的征战，一些国家的艺术品，包括土耳其、埃及等国的

1 | 2 1. 首都博物馆“利玛窦展”中的菲立普二世画像 2. 在首都博物馆展出的卢浮宫藏品

许多珍贵文物以及罗马教皇的珍贵的绘画、雕塑都成为其战利品收入宫内，卢浮宫的藏品量大大增加。卢浮宫发展至今，仅展品多达2.5万件，设有200多个陈列室，其中最著名的有被誉为世界三宝的《维纳斯》（Venus of Milo）、《蒙娜·丽莎》（Mona Lisa）、《胜利女神》（Victory of Samothrace），还有不计其数的名家绘画、雕塑作品以及陶瓷、珠宝、家具等。1982年，为改变参观不便、服务设施严重缺乏的局面，法国总统密特朗（Frans Franois Mitterrand）请著名建筑师贝聿铭在拿破仑庭园建造玻璃金字塔作为入口处，为卢浮宫增添光彩。卢浮宫的开放对欧洲许多国家产生影响，许多皇宫和私人收藏室顺应潮流，纷纷作为博物馆开放，如西班牙的普拉多宫（Museo del Prado）、梵蒂冈博物院（The Vatican Museum）等。

到18世纪末，随着博物馆逐步向社会开放，开始形成了国家、地方和私人几种不同规模博物馆并存的格局，这是向社会化迈出的重要步骤，博物馆正在成为一项重要的社会文化事业。但是，这个时期的开放还是有限度的，博物馆还是神圣的艺术和科学的殿堂，参观博物馆是上流社会的一种特权，普通平民受到种种限制，如有的馆规定参观者须穿燕尾服即是一例。

三 博物馆的成长

19世纪初，法国政府为了平等主义和教育事业，决定在法国其他地区另建立起15家博物馆，包括波尔多博物馆、马赛博物馆、里昂博物馆等，用来收藏卢浮宫容纳不下的藏品，这些博物馆通常都设立在艺术学校的附近，成为除学校以外学生受教育的公共机构，博物馆在职能上具备了教育功能。至19世纪末，博物馆的教育职能更加显著，1880年美国博物馆学者鲁金斯在所著《博物馆之功能》中明确提出博物馆应成为一般人的教育场所的观点。一些博物馆还与学校建立起紧密联系，不仅教师和学生可以免费参观，甚至可以借到文物标本辅助教学。

近代自然科学的发展促进博物馆更为科学的发展。人们的知识结构发生改变，为了适应科学研究的需要，博物馆的收藏有了系统的、科学的分类，并出现了一批博物馆学著作，主要为藏品的科学分类作参考，方便科学研究，改变了原先博物馆藏品陈列拥挤、层次不清的局面，加快了博物馆科学化的进程。研究藏品成为科学研究的重要课题，藏品为科研提供实物基础，博物馆成为研究机构，博物馆的科研职能逐渐形成。

博物馆的陈列方式在长时期的探索中，逐渐向现代化迈进。博物馆的陈列开始按照一定的教育目的、有计划地帮助观众了解展品。例如在博物馆陈列中采用了复原陈列法，按照历史时期的原貌搭建起场景，并把有关的文物陈列在适当位置，这种陈列方式扩大了博物馆的影响和教育功能。1852年，德国纽伦堡日耳曼博物馆建立，采用的组合陈列法是近代博物馆教育的最早典型，博物馆按史前时代、罗马时代、德国时代三个系统六个展室进行组织陈列，便于观众了解不同时代的社会面貌，因此被视为具有现代意义的博物馆教育的开端。专业化的博物馆发展逐渐趋向明显，考古、艺术、自然历史、科学等各种门类的博物馆都建立起来了。

19世纪现代化工业生产的大发展，自然科学的重大发明和发现产生新的学科，激发了人们学习知识和研究科学技术的热情，社会公众的需求为博物馆的大发展开辟了新道路，涌现出众多科技类型的新博物馆，如法国国立科学工业博物馆、英国国立理工学技术博物馆、德国国立科学技术博物馆和俄国莫斯科应用科学博物馆相继创建。1851年在伦敦举办的万国博览会，成为19世纪博物馆大发展的一个契机，即以博览会征集的大量展品来筹建新博物馆。

欧洲博物馆的迅速发展，影响到亚洲和北美洲。日本是亚洲较早建立博物馆的国家。明治维新时期，日本参加万国博览会时广泛地接触到欧洲的博物馆，参会人员回国后大力宣扬博物馆，随后，日本从中央到地方建立起众多近代化的博物馆以启民智。由于美国是新成立的国家，历史文化积淀并不深厚，18世纪末早期的博物馆收藏偏重于自然和科技类。19世纪中叶，同样受到万国博览会的影响，美国博物馆进入发展时期，以国民教育为宗旨的大型综合性博物馆兴建起来。其中最有代表性的是美国史密森学院和纽约大都会艺术博物馆。1846年，在美国首都华盛顿建立了史密森学院。它的奠基人是一位英国科学家詹姆斯·史密森（James Smithson），虽然他从未到过美国，但根据他的遗嘱，将捐赠给美国的钱建立起以促进人类增长与传播知识为目的史密森学院。时至今日，史密森学院已发展成为世界最大的博物馆群和重要的科学研究中心，它包括13个博物馆、17个研究中心，其中著名的有弗里尔美术馆、国立美国历史博物馆、国立自然历史博物馆、国立美国艺术博物馆、国家航空和航天博物馆、国立非洲艺术博物馆、国家美术馆等。

1870年建立的美国纽约大都会艺术博物馆（Metropolitan Museum of Art）是继史密森学院成立后又一大型博物馆，标志着美国大型艺术博物馆的出现。第一次和第二次世界大战时期，博物馆收藏了许多富豪、财团捐赠的在战争中幸免于难的艺术品，藏品的数量不断增加，使博物馆经历了多次扩建，现在博物馆的整个建筑凝聚着各个时期不同的建筑风格。馆藏有埃及、希腊和罗马、欧洲、非洲、亚洲、美洲前哥伦布时期和新几内亚等各地艺术珍品 330余万件。展览大厅共有 3层，共18个陈列室和展室。馆内还仿中国苏州园林建有“明轩”，陈列着中国古代家具、瓷器。此外还按时间和国别布置出富丽堂皇的欧洲室内陈设，埃及的神殿也被整体移建在展厅里。博物馆还设有青少年活动室、书店、观众中心、图书资料室和供专业服装设计研究人员使用的设计房等。博物馆的设计更突显了其作为教育机构的功用。

19世纪末，美国的企业家和金融家聚积了大量财富，他们开始大量、迅速收藏欧洲艺术品，这些日后逐渐成为各博物馆藏品的来源。一些有财力的商人仿照欧洲模式建立起博物馆，都是致力于公共教育的非营利性文化机构，为民众提供提升自身知识文化的服务场所。同时工业革命的开展，资本主义在全球的扩张，西方殖民者加紧对亚洲、非洲、拉丁美洲的各殖民地掠夺。法国、德国、英国、俄国、美国等国向埃及、中东、远东等地派出考古队、探险队，大规模搜集古代珍贵文物，获取大批珍稀自然科学标本，甚至通过军队进行武力掠夺。这些文物和标本大大充实了欧美众多博物馆。在掠夺的同时，欧洲殖民者通过文化输出在各洲的殖民地上建立起博物馆，这时期在中国建立的徐家汇博物院就是由外国教会主办的，另外还有埃及的开罗博物馆、印度的加尔各答博物馆、南非博物馆、阿根廷自然博物馆等，博物馆成为殖民手段的一部分。

四 现代博物馆的繁荣

20世纪的博物馆进入发展新时代。尽管19世纪的博物馆已经具有了收藏、科研和教育职能，但是培养爱国主义精神、启发民族意识还是在经过了两次世界大战特殊的历史环境下形成的。这个时期的博物馆教育以弘扬民族精神、凝聚民族力量为主旨，以民族主义、爱国主义为主题。但在法西斯国家则利用博物馆进行法西斯教育，鼓动战争狂热，使这些国家的博物馆成为军国主义、种族主义和法西斯主义的宣传场所，如意大利建立的墨索里尼博物馆、德国建立的军事博物馆等，日本也把博物馆纳入了官方的战争宣传轨道之中。

俄国在1917年十月革命胜利以后，博物馆为全民所有，博物馆的发展相当迅速，在建立现代化的新博物馆的同时，还要修复在战争中受损的文物和博物馆。著名的艾尔米塔什博物馆（Hermitage Museum）在第二次世界大战中遭到破坏，战后被精心修复。艾尔米塔什博物馆位于圣彼得堡涅瓦河畔，因叶卡特琳娜二世的宫廷藏品存放在冬宫的艾尔米塔什（源出法语，意为隐宫）而得名。博物馆由冬宫、小艾尔米塔什、旧艾尔米塔什、艾尔米塔什剧院、新艾尔米塔什等五座建筑物组成气势雄伟的建筑群。宫殿群的恢弘、厅堂奢华的装饰、廊柱精致的雕刻，使博物馆本身就成为一件完美的艺术珍品。

到了20世纪中后期，博物馆事业空前繁荣，第三次技术革命带来科学技术和生产力的迅猛发展，国际间交流合作的增多，使博物馆数量激增，职能范围也不断拓展，露天博物馆、国家公园、各种创业史博物馆以及社区博物馆等新的类型博物馆层出不穷。西欧的博物馆在战争中遭到严重破坏，许多珍贵作品毁于战火，损失惨重，因此西欧博物馆战后经历了一个恢复阶段，新建了许多现代化的博物馆，才逐渐走上振兴、繁荣的道路。法国创建的“生态博物馆”和“发现宫”博物馆，打破传统科技馆静止的陈列，向观众提供可以自己动手操作实践的设备，突破了博物馆的原有模式，这种新的理念很快推广到其他国家。地中海沿岸国家的博物馆在政府的引导下主要面向旅游业以吸引海外观众。北欧的博物馆则重视教育作用的发挥，建立的数座博物馆都是卓越的专业博物馆。美、日等科技发展迅猛的国家，其博物馆则重视运用科技新成果，重视展示方法的变化翻新，使博物馆面貌不断出现引人注目的变化。印度、新加坡等国也较重视科技博物馆的建设。各国博物馆的建立根据各地区自身发展的需要各有侧重，呈现出多元化的面貌。

第三世界国家在战后走上独立发展的道路，在发展经济的同时，新兴国家也开始重视文化教育事业，重视保存本国、本地区、本民族的文化财产，建立了反映传统文化的博物馆。这些博物馆肩负着保卫民族文化、增进民族意识、鼓舞民族自信心的崇高使命。亚非拉地区的国家也在联合国教科文组织帮助下纷纷制订了新的法律来保护本国文物。

20世纪世界性博物馆的大发展与博物馆组织的产生密不可分。1889年，世界上第一个博物馆协会诞生在英国。随后的20世纪初，欧美各国的和国际的博物馆专业组织相继建立，它们促进了博物馆事业和博物馆学研究的开展。1906年，美国博物馆协会成立，并且明确规定协会的任务是出版年刊、会刊，以帮助了解世界博物馆情况，不断探讨工作中的问题，以利改进工作。1946年11月，由美国博物馆协会会长哈姆林倡议创立的国际博物馆协会，促进了博物馆在世界范围内的新发展和战后各国的交流，推动了博物馆间的国际合作。从1977年开始，国际博物馆协会把每年的5月18日确定为“国际博物馆日”，并且每年都会确定一个主题。2010年5月18日迎来第34个博物馆日，主题为“博物馆致力于社会和谐”。新的繁荣时期的博物馆，数量与日俱增，博物馆社会功能扩大，博物馆在社会生活中发挥着更广泛、更巨大的作用。

2010年5月18日国际博物馆日，首都博物馆讲解员表演小合唱《讲解员之歌》

五 博物馆的发展趋向

博物馆是汇集、保藏、陈列和研究代表自然和人类文化遗产的实物，并对那些有科学性、历史性或艺术价值的物品为公众提供知识、教育和欣赏的文化教育机构或社会文化公共服务机构。

博物馆汇聚了地域代表性的文化，是人类文化记忆的传承、创新和维护文化多样性的重要阵地，是一个城市甚至一个国家文化底蕴和品位的代表。博物馆发展至今，在全球化的时代大趋势下，其所具有的作用和内涵已远远超越它最初成立时作为“文物仓库”的状态，呈现出多维发展态势。

博物馆一般划分为艺术、历史、自然科学和综合博物馆四类。艺术类博物馆主要展示藏品的艺术和美学价值，包括绘画、雕塑等。历史类博物馆用历史的观点来展示藏品，包括国家、民族、文化历史、遗迹遗址的博物馆。自然科学类博物馆以分类、发展或生态的方法展示自然界，以立体的方法从宏观或微观方面展示科学成果，内容涉及天文、动植物、矿物等。综合类博物馆即综合的展示历史、艺术、自然、科技等方面的藏品。

博物馆让人们直观地看到历史变迁中遗留下来的人类智慧的结晶，从直观到感性地认识历史。当人们看到粗糙古朴的原始陶器和细腻精致的明清瓷器时，器物的演化过程自然地留在人们印象中。中国国家博物馆作为国家级的博物馆在拓展博物馆的工作领域和发展空间上作出表率。其展览项目包括世界文明、边疆文明、考古发现等为主题的展览系列，选题的视野扩大到世界范围，选题的角度也逐渐由综述型、精品型向专题型、纵深型发展。策划出融古汇今、兼具中西的优秀展览，向公众传播各种不同的文明和文化，不仅荟萃了中华民族悠久的历史和文化艺术，记录了中华民族百年复兴之路，而且还展现了世界文明成果，让参观者看到中国与西方截然不同的文化形态，进而有对比地认识到中华文明的特点。而且每一个展览都不是简单的展品堆积，不单是为观众营造良好的欣赏展品的氛围，而且是展览的所有元素之间相互作用，形成整体，把孤立的文物还原到当时历史的文化体系中，让参观者充分理解其独特的价值，在一定范围内产生预期的效果，拉近观众与文物之间的距离。

博物馆的每个展览，每件展品都会在参观者意识中呈现出多层面的意义，博物馆为参观者提供一个开放的空间来阅读展品，参观者有效地利用这个空间，在头脑中进行资源再造，在精神层面上得到满足。首都博物馆新馆的建设就特别重视新的形势下博物馆的发展，在馆内除了设有专门的教育互动区，还在展览的设计上注重参观者的感观感受，除展品、图片外，还包括多个多媒体展项，以声、光、电等现代科技的表现形式和参观者能亲身参与互动的展区，强调以“体验、感受、互动”的

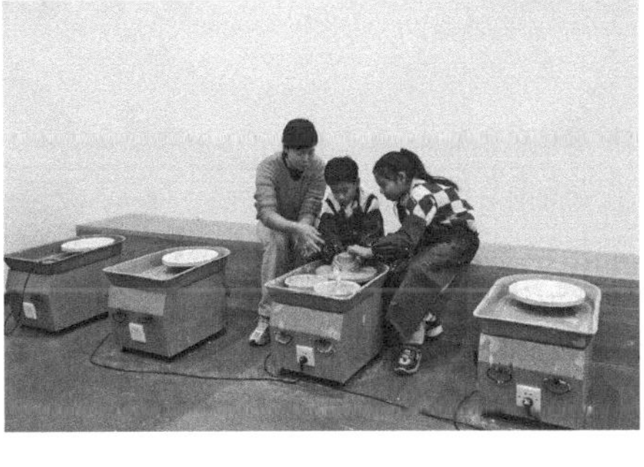

1
2
3

1. 首都博物馆“中国记忆展”中所展出的金缕玉衣等重要文物　2. 首都博物馆“佛像展厅”中的触摸电子屏　3. 首都博物馆的教育互动区——陶艺坊

方式传递展示信息。

博物馆不再是保管文物的库房，不再是研究藏品的成果展示会，也不再是教化参观者的“象牙塔”，而是一个与参观者平等交流，让他们享受学习、探索发现、充满活力想象的地方。博物馆不是历史的终点而是起点，每个人对历史的认知都不同，来到博物馆，在这里发现历史、提出疑问、探索未知，通过对比、联系、印证得出自己的结论。博物馆通过引导，让参观者自由讨论、研究展品，鼓励更多的实际操作，并引进虚拟博物馆，从而使之产生新的创意灵感，虽然产生的实际效果会因人而异，但是总体上推动了社会的发展。

博物馆事业随着社会的发展而发展，对其社会需求理解越来越深入，从表面的展厅环境、服务质量等基本方面，到深层次认识到博物馆与社会的抽象联系，在广阔的环境背景下，用新的思维方式研究、利用、保护、展示藏品。作为一个开放的公共知识空间，博物馆可以满足社会不同层次人的特定需求，如科研人员的专业研究、学生的学习、儿童启迪智力，等等，并且通过与外界环境的交流，获取反馈和资源，促进博物馆的长远发展。博物馆的藏品包罗万象，有着丰富的文化内涵，系统反映了自然界和人类社会的发展历程，可以成为人们了解如此庞大和多样的世界的一种媒介，并激发人们的想象和创造灵感的源泉。正如蓬皮杜博物馆的馆长蓬杜·于丹（Pontus Hultén）曾说，“博物馆不再是存放失去了社会功能的作品的祭坛，而是艺术家会见公众，并激发公众创意的地方。”未来的博物馆事业将更加充满活力，更加贴近社会。

注 释

① 周尚娟：《博物馆的历史演变》，《大众文艺》2009年第23期。

② 尹彤云：《大学博物馆的过去、现在和未来》，《博物馆研究》2004年第4期。

③ 马继贤：《博物馆学通论》，第5页，四川大学出版社，1994年。

中华文明的传承

——博物馆在中国

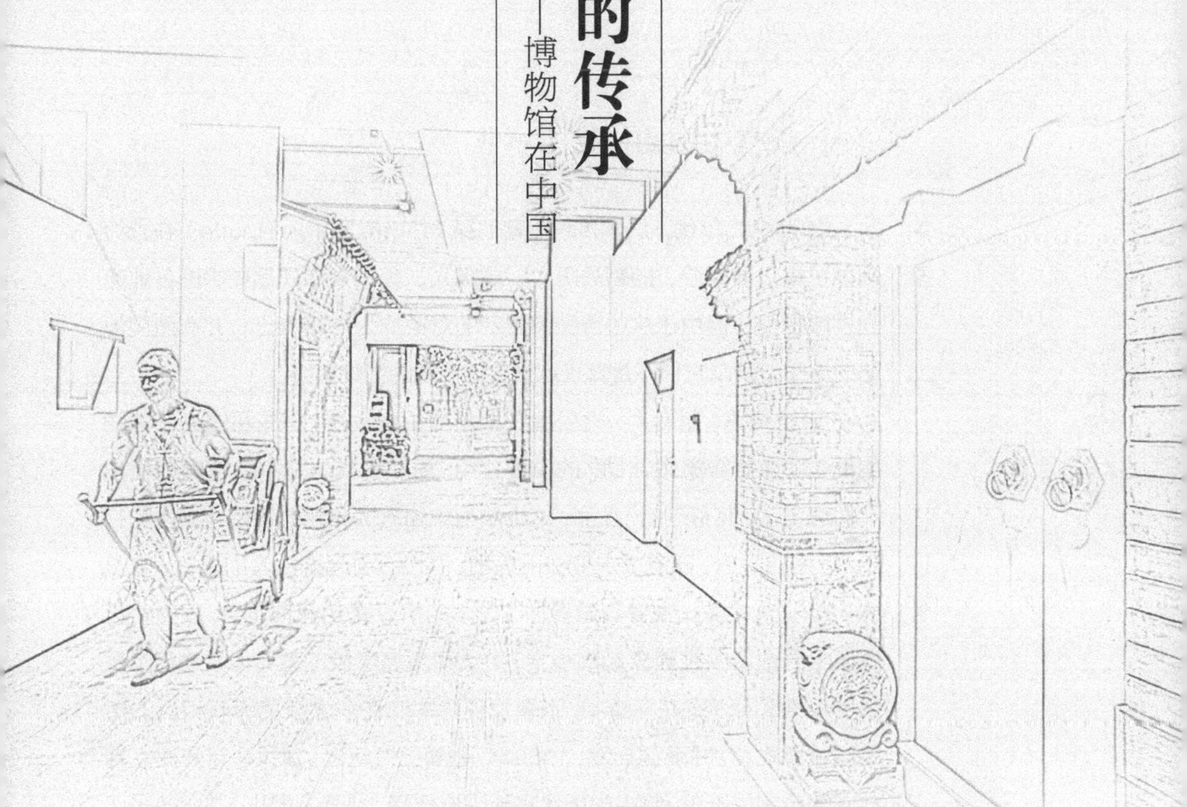

中国真正意义上的博物馆比西方形成要晚，虽然中国人自商代就有收藏古物的习惯，但是，最初的目的只是祭祀、显示财富和装饰，所以不能称之为博物馆的雏形，但通过这些收藏活动，却孕育了博物馆出现在中国的先决条件。19世纪末，清政府派出官员赴欧洲考察，在他们的考察报告中，称博物馆为“积宝院”、“集宝楼”、“集奇馆”，后日本思想家福泽谕吉始用“博物馆”一词翻译，并传入中国逐渐成为“museum”的固定译语，这也掀开了博物馆出现在中国的序幕。

一 中国博物馆的历史沿革

(一) 近代中国的博物馆事业

19世纪60年代，法国传教士韩伯禄（Pierre Marie Heude）在上海创办了震旦博物院，随后法国人、英国人、美国人都先后在中国各地建立过博物馆，但由于这些博物馆展示的对象均为外籍人士，并有殖民侵略的烙印，所以它们不是真正意义上的中国的博物馆。

19世纪末，康有为、梁启超在维新变法运动中，首先注意到了博物馆的“以为益智集思之助”的重要作用，所以在其上书中就明确地提出“劝厉工艺、奖募创新”主张，这也成为中国人认识到博物馆重要性的开始，但这些理念，随着戊戌变法的失败，并没有引起统治者的重视。直至1903年，清末状元张謇受邀参加了日本的第五次劝业博览会，同时对日本自明治维新以来建立起的小学、中学和高等学校的教育体系进行了系统的考察和研究。在考查中，张謇发现日本的许多学校均设有相应的植物园或博物馆，并受到启发。1905年，张謇上书朝廷，建议在京师建立开放式的帝室博览馆，将中国历代宫廷内府藏品，向国人展出，并向各省作出示范，但此举对于濒于崩溃的大清帝国来说，已经很难实现。因此，张謇决心自己筹办博物馆。经过多方努力，1905年底，南通博物苑正式兴建，中国第一座自办的博物馆诞生了。南通博物苑最初名为“博物苑”，向公众开放，供人们参观游览。为了丰富馆藏，张謇首先捐出自己的私人藏品，并不遗余力广泛征集。经过努力，不少社会名流捐出自己的藏品，两江总督端方就曾先后捐出文物70件，其中不仅包括青铜器、汉唐陶瓷、墓志、碑刻拓片，还有一些珍贵的埃及文物，张謇的好友欧阳予倩等人也纷纷为博物馆捐献。10年后，南通博物苑馆藏文物达到2万多件[①]。

随着第一座博物馆的建立，中国博物馆事业的前辈们并没有停下筹办博物馆的脚步。1912年7月，教育部决定筹建我国第一座国立历史博物馆，最初的筹备处设在北京原国子监，经过十四载的辗转于1926年才正式开馆，藏品达到57127件。教育家蔡元培也注意到了博物馆在社会教育中不可估量的作用，并在演讲和文章中多次反复强调。

至20世纪30年代，博物馆事业的发展迎来了第一个高潮，一批有影响的博物馆相继成立，如河南省博物馆、浙江省西湖博物馆、广西省立博物馆等。到30年代初，中国的博物馆已经发展到十七八个省，同时，一些科学和文化艺术博物馆也相继建成，据统计至1936年全国有博物馆77所[②]。在此期间，中国博物馆协会于1935年成立，并确立了“以研究博物馆学术，发展博物馆事业，并谋博物馆之互助为宗旨”，同时一系列关于博物馆学的著作问世，从理论上对中国博物馆事业给予了指导和推动。但好景不长，随着日寇入侵，中国博物馆协会也就名存实亡了。

抗日战争爆发以后，中国的博物馆事业进入低迷时期。随着国土的大片沦陷，全国博物馆数量锐减，至1945年只剩12所（包括在建的四川博物馆）。敌伪大肆疯狂掠夺文物，据战后1945年10月国民党统计的战争中公私文物损失情况，共计文物损失3607074件，又1870箱，古迹741处，由此可见损失之惨状[③]。

抗日战争胜利以后，似乎中国的博物馆事业应有新的出路，但随之而来的内战爆发，博物馆事业也进入了衰落阶段，仅存博物馆十余座。也正是在解放战争节节胜利、国民党政府南逃之际，大批文物被运往台湾。从1948年冬天起，故宫博物院南迁的文物231910件、中央博物院文物11729件以及中央研究院历史语言研究所的文物被运至台湾。

(二) 新中国成立以后的博物馆事业

1949年10月1 日，新中国成立，博物馆事业受到了党和国家的关怀与重视，并迎来了发展的第二个高潮，随着国民经济的恢复发展和国民经济五年计划的实施，博物馆数量也得到恢复和增长。中国历史博物馆、中国革命博物馆和中国人民革命军事博物馆相继建成， 各省市纷纷建立或扩建了历史博物馆或地志博物馆，中国博物馆建设进入了新的时期。此时中国博物馆同国际间的联系，受“单一化”的影响，实行上还是

1. 中国革命博物馆外景（今为中国国家博物馆） 2. 中国国家博物馆（原中国历史博物馆）外景 3. 中国人民革命军事博物馆外景

实行“一边倒”政策，交流对象只有苏联和东欧部分国家。因此，在某种程度上，此一时期中国博物馆的事业发展受到了一定的制约。

党和人民政府重视发展为人民服务、为社会主义服务的博物馆事业，使之成为社会主义科学文化事业的组成部分，因此对旧型博物馆的接管改造也势在必行。当时，旧中国留下的博物馆共有24个，其中包括各地的公立博物馆和外国人在中国办的博物馆，各级人民政府对其进行接管，同时对这些博物馆进行了社会主义改造。重新确定博物馆性质，明确办馆方向；改造陈列内容，清除缺乏历史、科学与艺术价值的封建性、殖民地性糟粕，按照辩证唯物主义与历史唯物主义观点举办新的陈列展览；对原有藏品进行清理，建立科学保管制度。到1952年基本上完成了对旧有博物馆的整顿改造，从此博物馆发生了质的变化，开始走上社会主义轨道。

20世纪50年代是中国博物馆的发展时期。这一时期建立了一批省级地志博物馆与一批纪念性博物馆，初步奠定了社会主义博物馆事业的基础。地志博物馆是学习苏联博物馆经验在 50 年代初开始创建的，又称综合性博物馆，以当地的“自然资源”(包括地理、民族、生物、资源等)、“历史发展” (包括革命史)、“民主建设”(包括政治、经济、文化等方面的建设成绩)等三部分为博物馆的主要内容。全国第一个地志博物馆山东省博物馆就是在此时兴建的。这期间，纪念性博物馆也有很大发展，如延安革命纪念馆、广州农民运动讲习所旧址纪念馆、遵义会议纪念馆、杜甫草堂纪念馆、徐悲鸿纪念馆、李大钊故居纪念馆等。

为了总结这一时期博物馆建设的经验，于1956年4月召开了全国博物馆工作会议，这是中国博物馆发展历史上的第一次全国性会议，又在1957年4月召开全国纪念性博物馆工作座谈会。这两次会议对博物馆建设有很大指导作用，推动了博物馆事业的前进。需要指出的是，1958年 9月17日毛泽东在视察安徽省博物馆时指出：“一个省的主要城市都应该有这样的博物馆，人民认识自己的历史和创造的力量是一件很要紧的事。”④此后，全国各地掀起了建立博物馆的热潮。先在北京开始兴建中国历史博物馆、中国革命博物馆、中国人民革命军事博物馆、北京自然博物馆等大型专业博物馆，然后在全国建立起一批地区、县、市级的中小型博物馆和各具特色的专门性博物馆。这使旧中国博物馆结构不合理的状况有了很大改变。

北京自然博物馆外景

故宫博物院太和殿

但随着1966年“文革”的爆发，博物馆的正常业务被迫中止，使博物馆事业刚刚出现的良好局面又受到挫折。大部分博物馆的基本陈列被拆撤，多数博物馆被迫关闭。许多地方博物馆甚至机构被撤销、裁并，建筑设施改作他用，到1969年博物馆已减少到 171所。1970年国务院正式批准恢复博物馆工作，决定筹办出土文物的大型展览。1971年 5月，故宫博物院重新开放。同年8月，组织出土文物赴英、法等国展出。1973年国家文物局成立，各地博物馆陆续恢复，重新开展了基本陈列的研究工作和藏品保管工作，在一定程度上挽回了“文革”对博物馆造成的损失。这是中国博物馆发展史中漫长的一段，其流变演进，赓续不辍，成为新中国博物馆事业建立和发展的见证。中国的博物馆工作者在极其困难的条件下，为保护祖国优秀文化遗产，开展博物馆学术研究，做出了他们不可磨灭的贡献。

（三）改革开放以后的博物馆事业

1978年改革开放后，中国的博物馆事业也迎来了真正发展的春天，进入了新的历史发展时期。1978年省、市、自治区博物馆工作座谈会召开，国家文物局颁发了《省、市、自治区博物馆工作条例》，这是自1956年全国博物馆工作会议之后的又一次全国性博物馆会议。

新时期的博物馆事业取得了重大成绩，突出表现在博物馆在数量、类型和布局上均有了较大变化。在博物馆类型上，除社会历史类博物馆仍占主导外，民俗、民族、科技、自然历史、园囿、遗址及露天性博物馆遍地开花；博物馆陈列水平有了新的提高，陈列的内容和表现形式都有较大改进；加强了藏品保管工作，收藏积累了一大批珍贵文物标本；加大了人才培养力度，促进了学术研究；适应对外开放的需要，与各国博物馆加强了交流活动。

20世纪80年代，随着国际间交流的逐步加强，中国人的视野得到很大范围的扩展，一些文博工作者认识到发达国家先进的科学技术、展示手段、办馆理念应不断被借鉴和应用到博物馆的实践当中。目前，我国博物馆事业的主力军还是各省、市、自治区由文化和文物部门主办的社会历史类博物馆，这部分所占比重大约在70%。我国各个行业部门及民间兴办的博物馆也发展迅速，虽然这类博物馆在我国整个博物馆领域所占比例不到30%，但由于其涉及的领域广泛，科技、自然、通信、航空、银行、证券、地质、煤炭、茶叶、纺织、铁道、水利、丝绸、印染等，专业突出，各具特色，大大丰富了人们的生活与视野， 已经成为我国文博事业不可缺少的重要组成部分。我国的博物馆事业经过百年的发展，已经呈现出喜人的景象，特别是在国力增强，经济发展的今天，博物馆对于丰富人们的文化生活和交流渠道起到了重要的教育作用。

1. 北京天文馆外景　2. 圆明园展览馆外景　3. 定陵博物馆外景　4. 民族文化宫展览馆外景　5. 中国科学院北京植物园外景

新世纪以来，我国的博物馆事业有了突飞猛进的发展，总体而言，可以归结为以下几点：一是事业规模快速增长，日趋多元化的博物馆数量稳步增加。仅文物系统的博物馆1978年为349座，2000年为1397座，2004年达1552座，截至2010年，全国博物馆总数已超过2900座，从业人员6万余人。基本形成了以知名博物馆为龙头，各省、市博物馆为主干，专业、特色博物馆为补充的百花竞妍的可喜局面。二是藏品保管工作的规范化和现代化水平日益提高，文物系统博物馆藏品为1200多万件，加上其他博物馆的藏品，全国博物馆藏品总量在2000万件(套)以上[5]。文物保管乃是博物馆的第一要务，目前已经建立藏品管理（定级、建档、建账等）制度且卓有成效，同时各大博物馆都不同程度地建立了实验室，运用多种科学方法和现代及传统技术手段，对金属、纸张、漆木、丝织类文物进行有效保护。三是博物馆的陈列展览形式日趋多样化、科技化且影响深远，社会功能日益显著[6]。以往国家级或省级等博物馆的展陈形式多大同小异，参照国家博物馆的陈列模式居多。现在许多地方博物馆

1. 中国邮电博物馆举办的图片展　2. 北京松山自然保护区一景　3. 中国农业展览馆外景

1 | 2
3

1
2
3 4

1. 中国地质博物馆外景 2. 北京航空馆外景 3. 铁道部科学技术馆内景 4. 中国钱币博物馆外景

率先推出了新的陈列形式，结合自己的地域特点，构建了突出自己特色的陈列展览。另一个变化就是展览中应用一些科技手段，在陈列展示中摆脱了原来以展板为主的说教式的展示形式，加入电脑等多媒体技术，对灯光、温度进行运用调节，并且有的博物馆采用可操作模型、游戏、触摸屏等动手参与项目，使观众在轻松愉快的活动中学到知识，加强了观众参与性，这些都在尽可能地进行一些形式上的创新，将一些现代科技应用于文物陈列中。四是服务理念渐成为博物馆的自觉行为。据2005年数据统计，全国博物馆每年举办陈列展览近10000个，观众达1.5亿人次以上。因此，为观众服务必然是博物馆工作的宗旨。坚持以人为本的服务理念，贴近生活，贴近实际，贴近群众，向人民群众提供多种多样的博物馆文化，不仅反映了中国博物馆的工作重心，更是顺应了世界博物馆发展的趋势和潮流。五是博物馆管理的模式和运行的机制探索。近些年来，沿袭前苏联传统的“三部一室”的管理模式和机构设置形势已不适应现代社会的需要，因此，博物馆在机构设置上的改革势在必行，此举有利于经营运转的流畅和便捷的管理模式在摸索中进行。对此各个博物馆都做了许多探讨，如博物馆采用策展人制、外请物业制度等，就十分有利于我们的展陈水平及管理水平、服务水平得到整体的提升。

总体而言，我国博物馆事业发展的三个阶段中，又有三个高潮，第一次即为20世纪三四十年代，第二次为新中国成立之初，第三次为改革

1 | 2 1. 北京天文馆新馆内景 2. 首都博物馆“老北京民俗展”一景

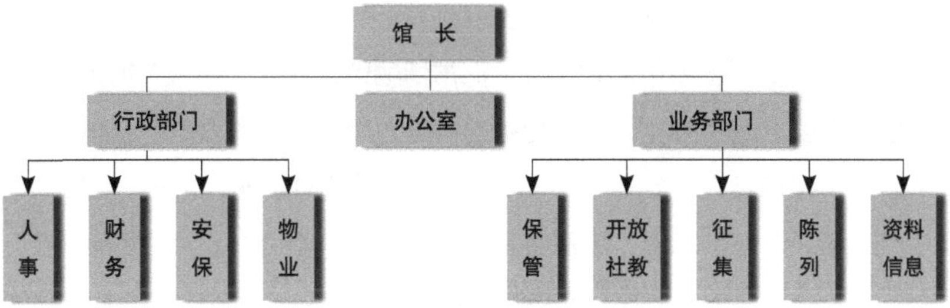

中国博物馆组织机构示意图

开放之初，这恰恰是我国社会转型的重要阶段⑦。在社会转型的历史大背景下，博物馆改革发展是一项涉及转型期社会政治、经济、文化等各个方面的系统工程，体现了博物馆社会化动态发展的历史过程，反映了当时及未来社会对博物馆社会综合功能调整和拓展的时代要求。因此，社会转型必然对博物馆的活动和社会职能产生深刻影响。

二 现代中国博物馆的发展方向

现代中国的博物馆事业在保持自身特点的同时，准确地把握着世界博物馆的发展方向，并提出了自身发展的需求。

（一）城市博物馆的兴起

如今，人与城市的关系，已经变得越来越密切。城市在经济、社会、政治和文化中的重要地位以及城市文化多样性的体现，使人们可以了解评鉴城市的过去、现在及可能的未来。有人将这种认识称之为“城市博物馆运动”。中国同样重视城市的发展，并鼓励城市博物馆的兴建。

例如，在北京，由市政府直接投资建成北京天文馆新馆、首都博物馆新馆、中国电影博物馆，以及正在筹建的北京美术馆，投资总额达到了30 多亿元。《北京市“十一五”时期文物、博物馆事业发展规划》更提出，“2008 年北京奥运会期间，实施‘双两百’展示计划，推出有特色的固定展览200 项，临时展览200 项。”

在上海，上海市制定了《上海市博物馆事业“十一五”时期发展规划》，以上海经济社会发展为基础，努力满足人民群众的文化需求，计划每年建设具有一定规模、较高水平的博物馆10 座，“十一五”末全市达到150 座。届时，上海将基本形成“一个中心”、“三圈环璧”、“十一个文博特色区块”的博物馆规模化效应，并于2010年国际博物馆协会大会召开之时，在上海建设布局合理、种类齐全、各具特色和丰富多彩的博物馆体系以及具有国际水准的博物馆。

又如，香港特区在1998 年行政长官施政报告中，提出兴建“西九龙文娱艺术区”的构思，希望藉此将香港发展成亚洲的文化艺术中心。2004 年11月发出了项目《发展意见邀请函》，在“政府意向”中，倡议建立4座不同主题的博物馆，现代艺术博物馆、水墨画博物馆、电影博物馆和设计博物馆，净面积不少于7.5万平方米，其规模相当于香港目前4座主要博物馆（香港科学馆、香港历史博物馆、香港艺术馆和香港文化博物馆）的总和。

1. 中国电影博物馆外广场播放露天电影　2. 中国美术馆外景　3. 首都博物馆新馆外景

1 | 2
3

城市博物馆的发展，使与之相关的学术研究和国际行业组织的建立成为必要和可能。城市化推动了城市博物馆前所未有的大发展，而随着城市博物馆建设实践经验的积累和业务水平的提高，又促进了其所在城市的文化建设。可以说，博物馆在当代城市文化建设中起到了更加积极、直接和有效的作用。

(二) 博物馆融于社会，服务于大众

国际博物馆协会在给博物馆下定义时指出：博物馆是不以营利为目的，为社会和社会发展服务的永久性机构。这个定位明确了博物馆对人类文化遗产的收录、保护、研究都是以社会为基础，以服务为宗旨。同时也清楚地表明博物馆文化具有深厚的社会基础和鲜明的社会化特征。博物馆也成为衡量一个国家、一个地区社会进步和人类文明程度的重要标志。

现在，中国的博物馆已经呈现出空前的发展趋势，更大、更广阔地向公众开放，博物馆的藏品、人才资源以及硬件资源等内涵也应通过易于接受和便利的方式向公众开放，通过这种方式，博物馆才能真正地为公众服务，博物馆在一个地区的作用才能真正地体现出来。那么，如何看待博物馆面向公众的方式更加便利和易于理解呢？德国数学家高斯曾说过，“寓教于乐就如同用糖衣包裹药丸，糖是甜的，但药是苦的，求知识是苦事。”博物馆丰富的藏品是其特有的文化资源，也是它特有的文化符号。国际博物馆协会在2007年维也纳大会时还提出“博物馆正面临威胁和放松对藏品的主要关注，然而藏品依然是与博物馆相关的知识、职能和价值的核心”。

因此，发掘博物馆藏品的精神内涵才能从根本上提高博物馆社会认可度和竞争力，同时最大限度地服务于观众，也是博物馆事业发展的永恒主题。

(三) 文化遗产的多样化与博物馆的多样化

如今，行业办博物馆成为我国博物馆发展的一个重要趋势。从民族类、民俗类博物馆的发展前景来看，民族、民俗文化遗产价值的开发，促进了民族、民俗博物馆的快速发展，特别是对非物质文化遗产保护的重视。

早在20世纪90年代，欧洲就有一些收藏家创办自己的博物馆。如今随着我国人民生活水平的日益提高，中国收藏者的队伍也逐渐扩大，因此博物馆也如雨后春笋，大量在祖国各地出现，这些现象不仅得到当地市民的积极响应，还得到了地方政府的鼓励支持，这一可喜的局面使中国的博物馆事业呈现出文化遗产的多样化，并成为博物馆发展的一个时代特征和发展的重要趋向。

（四）文化遗产的弘扬与大众消费的提升

在努力发掘文化遗产品格的同时，我们还看到了一种不容忽视的发展趋势，随着人们生活质量的不断改善，人们渐渐将目光注视到了自身的精神生活，同时在社会上引发了历史热与文化热，人们的求知欲望逐渐增强，因此，博物馆这一重要的社会场所必然将扮演重要的角色。

近百年来，中国博物馆一直致力于提升人们的审美情操，丰富人们的精神生活世界，它的社会责任在于以它所拥有的文化遗产的精神内涵，哺育社会，教化社会；让观众置身于博物馆中享受高雅艺术带给他们的快乐，从而在精神上提升主人翁意识，努力地为和谐社会做贡献。

所以，博物馆在这个和谐繁荣的氛围中，扮演着重要的社会责任。它鼓励更多的人群参与到博物馆的活动中，通过各种学习交流，增进观众与博物馆的联系。随着大众文化的兴起，特别是大众旅游的兴起，大众文化消费进入博物馆，使博物馆的参观群体迅速扩大，博物馆的社会责任也变得更加深巨。

（五）现代技术与博物馆现代化

科学革命，带给世人的不仅仅是物质文明的进步，同时科学技术水平也有了很大的突破，同样，博物馆也重视现代技术在展览中的应用。以发达国家的博物馆为例，他们很早就在行政管理的技术化水平、藏品管理和科学保护的技术化水平以及陈列展览的技术化水平上进行了大胆的尝试，并取得了很高的成就。它们不仅构建了自身的网上博物馆，还在网上为观众提供各种服务。与此同时，国际博物馆间的工作信息和学术信息交流也逐渐频繁，博物馆事业的发展依靠技术的进步，在新旧交替之际也在进行自身转变，它将现代技术产生的奇妙效果运用到陈列展览中，并在理念上不断提升认识，在思想观念上实现了现代化。

（六）民办博物馆进一步发展

目前，民办博物馆已经是我国博物馆体系的重要组成部分。这些博物馆主要分布在东部沿海地区，中部和西部经济欠发达地区分布较少；民办博物馆门类丰富多彩，特色鲜明，规模较小，专题馆居多；办馆主体多为经济实力雄厚的私人收藏家和民营企业。民办博物馆的不断壮大是我国博物馆社会化发展的重要体现，是保护社会流散文物的重要力量。

虽然民办博物馆的发展趋势强劲，但是在实践中还存在着诸多问题。诸如缺乏必要的法律政策，功能不完善，基础工作薄弱等。针对这些问题，国家文物局已经有了明确提议：一是加快出台《博物馆条例》，完善博物馆管理基本制度体系，明确民办博物馆与国有博物馆同等的法律地位。二是比照国家扶持民办学校等公益性事业的优惠政策，明确扶持民办博物馆的政策措施。三是支持民办博物馆依法办馆，全面提高专业化水准[8]。

作为社会现代化总进程中的一部分，博物馆的时代主题、时代特征及其发展走向，不能局限于博物馆行业本身。我们需要不断地紧跟时代发展的潮流，不断地研究博物馆生存的社会环境，掌握到博物馆跳动的时代脉搏。正确地解决当前的困难，使我们不仅能够更好地保持住博物馆的文化地位，还能更好地履行博物馆的社会责任。

1. 中国紫檀博物馆内景　2. 观复博物馆外景

1 | 2

三 未来博物馆业务的重点

随着科学技术的高速发展和人们对精神生活需求逐步增长，博物馆事业在发展上只有不断适应时代环境，并通过转变思想，提升自身的社会竞争力，才能不断满足人们的需求。

目前，美国、加拿大、欧盟国家、日本等发达国家已走在前列。主要表现为以下几个方面：首先，博物馆数量不断增加，特别是私立博物馆数量增加很快，但国立博物馆增加速度则较之缓慢。如以日本为例，国立博物馆只占全国5000余座博物馆总数的3%左右（根据1999年的社会教育调查，日本的博物馆总数已达5109所，其中国立154所，公立3522所），特别是地方兴办博物馆的热情高涨，其中主题鲜明且与生活息息相关的博物馆日益增多。其次，加强贴近生活的教育活动，以提高全民族科学文化素质为目的成为发达国家博物馆的特色。例如，在日本东京，就有拉面博物馆、煤气博物馆、火柴博物馆等形形色色与生活息息相关的博物馆。同时还有国际水平的国立博物馆，反映本民族特色的微型博物馆，以及以反映科学技术进步为主题的博物馆。再次，社区型的博物馆逐渐增多。这主要得益于国际上生态博物馆、社区博物馆理论的传播。最后，博物馆的数字化发展。这方面主要是指把博物馆的收藏、研究、娱乐、展示、教育等功能用数字化方式表现出来。这样的数字化博物馆主要包括两方面：一是多媒体资源库，它主要包括多媒体展示、藏品知识库、数字信息化图书馆、远距离教学等；二是虚拟博物馆，使观众不受时间、地点的限制，自由自在、无干扰地参观博物馆。

因此，未来我国博物馆在业务上必须有多方面的建树才能有所发展，综合看来，主要有以下趋势：

(一) 陈列的专精性与多样性

国内一些博物馆逐渐认识到体现时代精神、树立精品意识是博物馆今后发展的必由之路。所谓的“精品陈列”是指一个完整、成熟、主题鲜明、特色突出、形式新颖并且思想性、科学性、艺术性达到一定高度的陈列展览。一个受欢迎的陈列展览，第一要选题恰当，立意鲜明；第二要定位准确，设计合理；第三要制作精细，力求新意；第四要强化服务，注重效益。精品陈列既不是纯粹的文物罗列铺陈，又不是传统的教科书式。它们给普通观众讲述的是一个耐人寻味、让人思索、令人留连的完整故事，给专业工作者展示的是一个有所启迪、有所借鉴、有所收获的可视空间。如国家文物局年度评选的全国博物馆十大陈列展览精品，就收到了很好的社会效果。

(二) 数字化与网络化

正如国际上正在兴起的数字化博物馆一样，我国的博物馆也开始走上利用现代科技来促进博物馆发展的道路。目前国内也只有为数不多的大型博物馆拥有自己的网页，而且网上的内容也不够丰富，与发达国家的博物馆数字化进程相比还有较大差距。但数字化、网络化在中国的发展已经呈现出势不可当的趋势。

(三) 与旅游相结合

博物馆事业的发展与旅游业是两种不同的行业，但它们之间的关系却极为密切。博物馆作为历史文化遗产重要保护单位，属于人文旅游资源的组成部分，是旅游者的重要参观景点。旅游者每到一个城市，常常会把博物馆列在他们参观的目标当中，通过参观博物馆，旅游者能够准确地了解当地的历史文化和风土人情。所以，博物馆事业与旅游业相结合，建立协调促进机制，拓宽合作途径，合理分配旅游收益，将是一个双赢的合作方式。

(四) 强调以人为本

博物馆以物为本，更要以人为本。过去博物馆往往把对“物”的收藏、保护作为强调的重点，但却往往忽视了博物馆为社会发展服务的目的。博物馆的发展目前不仅要重视文物标本，更要关注观众，重视观众的体验和感受。无论是展览内容，还是展品的陈列摆放，都要考虑观众的角度，增强观众的参与性、趣味性，体现以人为本的思想。这里的以“人”为本，还体现在观众在博物馆内能得到满意的服务。如印刷有各国文字、介绍宣传博物馆的简介，设有服务台为观众提供咨询，出售博物馆明信片、出版物、具有地方特色的制品、国内外博物馆发展概述和旅游工艺品的博物馆商店等。博物馆还应设有餐厅、咖啡厅、卫生间、休息用的椅凳、为残疾人服务的各种设施等。有了这些满足探索欲望和得到满意服务的条件，观众也就自然而然地被吸引来。在这些方面，中国科学技术馆就做得比较到位。以人为本，还要体现雅俗共赏与休闲娱乐性。信息时代的到来，各种形式的文化娱乐方式都与博物馆争夺观众。博物馆必须从课堂向寓教于乐、教育与休闲结合的方向转换，并从专家说教向雅俗共赏的方向转换。

在这些方面，韩国的博物馆就做得比较出色。韩国博物馆的一切工作都围绕文化休闲进行，以为人服务为目的。以韩国的农业博物馆为例，展厅宽敞，展柜多采用落地式大通柜，实物、图片、辅助品相结合，特别是辅助陈列的人物、动物等雕塑形象逼真，亲切动人。而室外则有几百亩农田围绕馆舍，还设置了秋千、石碾、水力木柞、脚踏木柞等，观众可自由参加，真正与博物馆融为一体。以人为本，市场属性进一步加强。在市场经济条件下，什么样的博物馆能够赢得观众的喜爱，能够深层地挖掘自身潜力，关键取决于它是否能适应市场的发展需要。

(五) 重视观众，研究观众

以观众需要为博物馆的发展前提，以多种手段为观众服务，是博物馆发展的宗旨。如今强调素质教育，学生的课业负担大幅减轻，那么博物馆应如何去适应这个变化的市场？而且，中国社会趋于老龄化，文化

1 2
3
4 5

1. 首都博物馆的宣传彩页自取台　2. 首都博物馆的咨询台及服务人员　3. 首都博物馆纪念品商店　4. 首都博物馆内的休息座椅　5. 首都博物馆内的自助餐厅

程度普遍提高，博物馆又如何去面对观众群这一结构变化？……在这方面上海博物馆做得比较成功，注重自身形象的宣传和重要展览的推荐。博物馆要想真正成为人们生活中不可缺少的一部分，必须要善于利用媒体和广告，主动介入当代文化生活，积极向社会宣传、推销，以独特鲜明的形象吸引公众的注意，在社会上树立有自身特色的博物馆形象。

首都博物馆在人民日报上发布的展览广告

（六）为未来征集展品

由于科学技术转化为生产力的周期不断加快，现代物品的消失极为迅速，出现了时代越近，物品的淘汰率越高，文物的幸存率越低的现象。这就加剧了现代物品收藏的紧迫性。目前，国内外博物馆界已把文物保护的目光伸向可持续发展的未来。对于时代的要求，中国博物馆要将展品征集视为今后博物馆发展的原动力，并在此基础之上建立一套完善的展品征集措施，以此种方式极大程度地促进文物征集工作的开展。

（七）设立博物馆陈列展览工程资质管理制度

陈列展览是博物馆工作的核心内容，博物馆通过对藏品的组合陈列展示，传播知识，履行社会教育和服务职能。

当前，陈列展览的内容设计一般由博物馆自身完成，艺术设计、制作、布置大多借助社会力量，通过政府采购招标等形式确定承担单位。由于对博物馆陈列展览工程的特殊性认识不足，经常将博物馆陈列展览工程混同于普通建筑装饰工程，缺乏统一的陈列展览设计施工管理制度，博物馆陈列展览工程的从业基本条件不明确，缺乏相关标准和规范，很多博物馆的陈列展览由普通的装潢装修公司承担形式设计和施工，难以达到令人满意的效果。

为了加强对博物馆陈列展览工程的行业规范管理，使博物馆主管部门、展览筹办方、设计施工方有章可循和有法可依，保障博物馆陈列展览工程的质量，应研究确立博物馆陈列展览工程资质管理基本制度，尊重博物馆陈列展览工程的特殊性和内在规律，制定博物馆陈列展览工程管理规范和标准，包括《博物馆展览工程管理办法》、《博物馆展览工程资格管理办法》、《博物馆展览形式设计规范》和《博物馆展览工程核算标准》等[9]。

（八）设立博物馆职业资格认证制度

目前，我国博物馆从业人员6万余人，学历结构、知识结构和职称结构，都与博物馆的专业化要求存在较大差距，提升博物馆从业人员的整体水平迫在眉睫。

为了保持博物馆的专业水平和博物馆从业人员的专业素质，目前，世界各国纷纷通过实施博物馆职业资格认证制度确保博物馆从业人员的综合素质和服务质量，推动博物馆事业稳步向前发展。当下，国家文物局已经正式提议建立博物馆职业资格认证制度，建议如下：①博物馆职业资格认证制度由人力资源和社会保障部、国家文物局研究设立、组织实施，纳入国家职业资格体系。②在实施博物馆职业资格认证中，不同类型博物馆有不同要求，主要体现在职业技能标准、任职资格条件、培训科目、考试科目、学历学位、从业经验等诸多方面。③由于我国博物馆事业发展存在的不平衡，实施博物馆职业资格认证制度要考虑各地区博物馆的差异性、各类型博物馆的差异性、同一类型博物馆的层次性[10]。

总之，从博物馆的诞生，到博物馆在中国生根、发芽、成长，中间经历许许多多困难与艰辛。我国拥有历史、艺术、自然、民俗等形形色色的博物馆3000多个，它们的存在展现了我国56个民族共同创造的悠久璀璨的华夏文明。通过这些博物馆，我们了解中华文化悠远厚重的底蕴和博大精深。与此同时，我们的博物馆也在不断地学习国外博物馆的先进经验，并将中华文化推向世界，随着时代的进步与发展，中国博物馆工作者会在新时代中不断积累自身的经验，并放眼世界，做到以人为本，服务社会，用自身辛勤的努力来为博物馆事业做出应有的贡献。

注 释

① 王宏钧：《中国博物馆事业的创始和民国时期的初步发展》，《中国文化遗产》2005年第4期。

② 马继贤：《博物馆学通论》，第40、41页，四川大学出版社，1994年。

③ 马继贤：《博物馆学通论》，第42页，四川大学出版社，1994年。

④ 张文彬：《中国博物馆国际化的进程回顾与展望》，《中国博物馆》2006年第3期。

⑤ 童明康：《中国的博物馆事业》，《中国文化遗产》2005年第4期。

⑥ 宋新潮：《博物馆的变革与发展》，会议讲话。

⑦ 曹兵武主编：《记忆现场与文化殿堂：我们时代的博物馆》，第43页，学苑出版社，2005年。

⑧ 单霁翔：全国政协十一届三次会议上的三个提案之一。

⑨ 单霁翔：全国政协十一届三次会议上的三个提案之二。

⑩ 单霁翔：全国政协十一届三次会议上的三个提案之三。

一座博物馆的诞生

——博物馆的创建与运行

笔者在首都博物馆工作数年，亲历了新首博的创建过程，同时参与和见证了其他几家博物馆的筹建，因此，对于一座博物馆从无到有、从建成到运行也有了较为全面的认识和理解。现结合实例，从博物馆的创建过程和运转规划两个方面谈起。

一 博物馆的创建过程

（一）前期调研

这是一个博物馆创立的必要过程，也是第一步基础。只有对当今国内外知名博物馆情况进行研究分析，才能认清形势，知道各个博物馆的优势特色所在，如建筑特色、功能分区、展陈手段等。

建筑特色，是新建大型博物馆给人的第一印象，也往往使得该博物馆成为这个城市的标志性建筑。例如，西班牙毕尔巴鄂古根海姆博物馆（The Guggenheim Museum），由美国建筑师设计并于1997年正式落成启用，占地面积2.4万平方米，陈列空间1.1万平方米，分成19个展示厅，其中一个还是全世界最大的艺廊之一。整个博物馆以奇美的造型、特异的结构和崭新的材料在诞生之初即得到举世瞩目。博物馆选址于城市门户之地——旧城区边缘、内维隆河南岸的艺术区域。从内维隆河北岸眺望城市，此博物馆是最醒目的第一层滨水景观。面对如此重要而富于挑战性的地段，建筑师给出了一个迄今为止建筑史上最大胆的解答：整个建筑由一群外覆钛合金板的不规则双曲面体量组合而成，其形式与人类建筑的既往实践均无关涉，超离任何习惯的建筑经验之外，其结构体是由建筑师藉助一套为空气动力学使用的电脑软件逐步设计而成。博物馆在建材方面使用玻璃、钢和石灰岩，部分表面还包覆钛金属，与该市长久以来的造船业传统遥相呼应。

而一座博物馆合理的功能分区，为开馆使用奠定了基础，这也是该博物馆设计成功与否的关键，它必须综合考虑博物馆所处的基地条件、自身性质特点和自身所需内容等几个方面。总体而言，要包含以下几个方面，如下表所示：

博物馆功能分区列表

博物馆功能区划分	各功能区的作用构成
序厅	举行开幕式等大型活动
藏品库区	设专门库房和库前区等
静态展示区	设不同样式的展厅，通过实物、文字、图片和多媒体等静态媒介形式系统介绍和全面展示
动态展示活动区	各种类型的活动、表演及体验功能用房、收藏等
教育和交流空间	设有学术报告厅、多功能厅、专业图书馆及阅览室、影视放映厅、各类教室、工作间和志愿者工作站
配套产业区	以经营与产业发展相关的功能和机构用房，如展示交易中心、创作机构等
技术与办公区域	各类实验室、研究工作室、信息中心、资料中心、行政办公用房等
综合服务设施	向观众提供良好的参观条件，设置引导、休憩、盥洗、购物、餐饮、医疗等各类服务用房
辅助及附属设施用房	包括物业、设备机房、地下停车库等

首都博物馆新馆建设基本包含了以上内容。地下二层，地上五层，北部设计了绿色文化广场，东部设计了下沉式竹林庭院。主要功能区分为：展陈区、社会教育区、综合服务区、业务科研区、地下停车库、行政办公区、安全保卫区、藏品库区、设备区。主要设施包括：中央礼仪大厅、展厅、多功能报告厅、文物库、多功能会议厅、数字放映厅等。通过几年的使用效果来看，基本满足了本馆的自身需求，而且还成为北京不少重要活动、会议的首选之地。

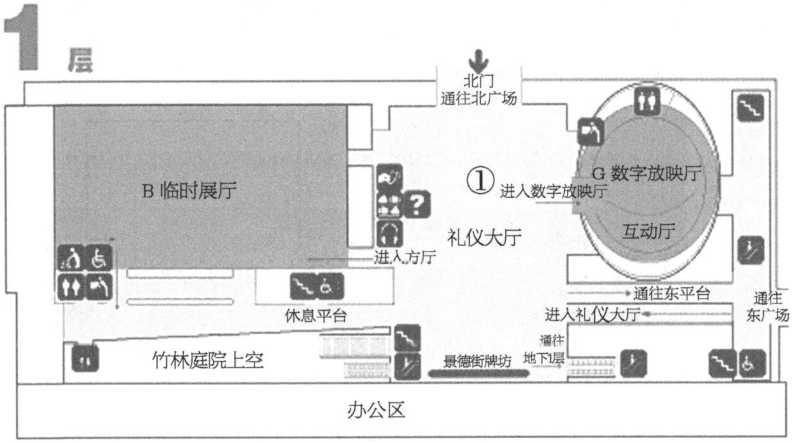

首都博物馆1层平面图

除此以外，博物馆的展陈要结合自身定位特色而设计。例如建于河南安阳的中国文字博物馆，以世界文字为背景，以汉字为主干，以少数民族文字为重要组成部分，以翔实的资料、严谨的布局、科学的方法和现代化的展示手段充分展示中华民族一脉相承的文字、灿烂的文化和辉煌的文明，荟萃历代中国文字样本精华，讲解古汉字的构形特征和演化历程。

（二）总体定位

通过调研分析比较，找出自己的优势和劣势，取长补短，总结自身博物馆的整体定位，它应包含目标定位、主题定位、功能定位三个方面。目标定位，旨在宏观上确立博物馆的发展方向；主题定位，则是针对博物馆的馆藏展品特色而言；功能定位，乃是就博物馆的具体职能而设立。

只有对定位合理准确，才能使博物馆的生存和发展有明确方向，否则没有立足之地。首都博物馆新馆在2005年开馆之时，它的目标和主题定位是“一座全面展示北京悠久历史、灿烂文化、精美文物和当代建设成就及城市风貌的大型现代化综合性博物馆，国际先进，国内一流”；而它的功能定位则是：“展示当代文化、艺术和建设成就及城市未来发

1 | 2

1. 首都博物馆举办冬令营活动之一——包饺子
2. 首都博物馆“美洲豹的崇拜——墨西哥古文明展”展厅一角

在首都博物馆举办的“北京2008年奥运会奖牌发布仪式”

展的重要场所，是大量珍贵文物的收藏地和展览中心；是面向公众和广大青少年传播爱国主义精神、历史及科学知识的基地；是北京市对外交流的重要窗口和北京市举办庆典和礼仪活动的重要场所；同时满足人民群众的旅游和休闲需要。”[①]同在首都北京，故宫博物院和中国国家博物馆两座国家级知名博物馆，在藏品数量、研究水平等方面的优势不言而喻，因此，首都博物馆定位的关键点就是“立足北京”，这是发展的根本。

(三) 展览体系策划

当找准博物馆的定位后，要对博物馆展陈体系进行策划，提供策划方案，编纂搭建展览框架。展览框架必须和该博物馆的定位目标和谐统一，一个大型博物馆内可能有若干个陈展，如基本陈列、专题陈列、临时展陈等，其中基本陈列是一个博物馆的筋骨和主干，也是一个博物馆陈列展览的重中之重。

例如，以笔者亲身参与的中国工艺美术馆展览体系设计为例，其整体分为主题展览和专题展览两大部分，将该馆的空间饱满撑起。该展览体系拟以“美的无限”作为主题的通史展厅，就像树的主干，再按照不

中国工艺美术馆展览体系

同的材质、工艺分区，开辟出独立的展厅，犹如树的枝干，以构成了专题展览。

主题展览设计 中国工艺美术的发展如同参天大树，中国传统文化是其根基，每一项的工艺从中汲取养分。展品按照中国历史的发展脉络顺序，以每项工艺出现的历史阶段疏密有致地排放。历史阶段大致分为原始社会、夏商周、春秋战国、秦汉、魏晋南北朝、隋唐、宋、元、明、清、近现代、当代等。

专题展览设计 专题展览的工艺美术品展区，共分为十四大类，包括玉雕、石雕、牙骨雕、木雕及传统家具、陶瓷、刺绣和织绣、织物和印染工艺、漆器和漆画、金属工艺、金银饰品和珠宝首饰、民俗民间工艺品、竹藤柳木、文房四宝、人造材质工艺等，集中展示精湛的制作工艺和高超的生产技术，从各个层面、多角度地展示中国传统的生产生活方式。

(四) 盘点展品和馆藏展品分析

展品是一座博物馆形成的物质基础，没有展品等于博物馆失去了灵魂。展品同时在陈列展览选题的确定中占有重要的作用，它是陈列展览选题最终确定的支点。因此，这一步即对展品进行分析，包括对馆藏展品分析、选择上展展品、确定精品展品、明确展品来源四项内容。

馆藏展品分析 展品的含义应该包括数量、等级、价值、特色、类别、形式等多方面，仅仅包含其中一个内容，无法承担起作为博物馆意义上的具有一定水平的陈列展览的展品这一重任。现有藏品是否与博物馆的主题定位契合，是否能够达到各项陈列的数量要求，是否拥有足够级别的精品展出，都需要考量斟酌。

选择上展展品 上展展品选择要遵循一定原则，一方面要有针对性，所谓针对性是指展品要符合博物馆展览陈列的目的、性质和内容。另一方面要有代表性，指展品能体现博物馆的馆藏水平和级别。具体而言，展品仅靠数量取胜不行，要有一定的等级或价值来支撑；仅有价值也不行，还要有特色；而且，展品的多种类别及形式也是丰富陈列展览内容及提高层次的重要手段[②]。

确定精品展品 上展展品中需要有一定比例的精品，其中个别极为稀有珍贵的，某种程度上也是这个博物馆的“镇馆之宝”。例如，一个600平方米的展厅可以容纳约200余件展品，其中大致要有20件大体量的展品吸引参观者注目，还要有约5件精品作为亮点。

首都博物馆“古代瓷器艺术精品展”中的大体量展品

明确展品来源　如若现有文物展品难以满足展览需求，那么就必须进行文物征集。一般而言，征集渠道也是多方面的，诸如调拨、借展、捐赠、租赁、购买、联合办展等。例如，2007年3月至2010年底，中国国家博物馆进行改扩建，新馆建筑面积由过去的6.5万平方米增加到19.2万平方米，成为全世界建筑面积最大的博物馆。其间为扩充馆藏，国家文物局将其管理的约39万余件文物整体划拨国博收藏，从而使其文物藏品数量突破百万件。

(五) 展览大纲

在对展品有基本掌握以后，下一步就是着手进行展览大纲的撰写。展览大纲的功能是表达展陈主题与设计思想，把展陈内容按照清晰的逻辑结构进行编排，据此指导展陈设计和布展。

编写展览大纲初稿　完整的展陈大纲包括上展文字，但对形式设计的要求不如脚本那样深入、具体。展陈大纲分为两个部分，第一部分为基本情况说明，第二部分为大纲正文。基本情况说明包括展陈标题、主题思想、设计思想、文物（展品）的类别和数量、场馆要求、大纲正文目录及其他需要说明的问题。大纲正文则包含序厅、内容主体、结尾三部分组成。

再次检查展品　一般而言，大纲初稿完成，要检查文物到位情况，并审核文物与大纲是否完全契合，这是一个对文物展品进行调整、补充的必要过程。需要说明的是，展品分析与大纲撰写是一个先后顺序，更多时候是一个反复调整的过程。在展览框架体系搭建后，展览的具体实施一般是因物选题，在现有文物基础上进行展览设计。但有时也会因题选物，即准备制作一个什么样的展览，确定一个概念性的题目，然后照此选定文物，这种情况也有可能。

论证大纲　博物馆陈展大纲决定着陈列展览的质量和水平，一般而言，大纲初稿完成后，需要广泛听取相关领域的著名专家学者意见和建议，编写组在此基础上进行大量的修改。往往是数易其稿，数次论证，专家会从展览的定名定位、大纲的结构安排、内容取舍、文字要求、史料查找、文物征集等各个方面提出意见和建议。因此，一份合格的大纲就是在不断调整修改下完成的。例如，以一个历史题材展览的文字为例，写到什么深度？用什么风格的语言？出于对历史负责的精神，同时本着不仅仅要让专家学者看懂，更要让平民百姓一眼明了的原则，大纲撰写者往往要精益求精，字斟句酌，不放过对任何一个历史细节的仔细推敲。

大纲定稿，确定展品和辅助展品 这一步也是很费思量的事情，博物馆人往往几经权衡、酌斟再三，大纲和展品的最终敲定取舍并非易事，它直接决定了后期展览实际制作过程，一经决定，不能轻易更改。

至此，创建过程暂告一个阶段，一座博物馆的雏形已经诞生，在这个基础上再进行具体建造实施便是有据可循了。

（六）展览展具的设计

展览展具的设计要根据展览周期的不同而各有侧重点，分为常设展览和临时展览，但是无论是哪一类展览，展具设计考虑最重要的因素是保障展品的安全。安全是展具设计最基本的要求，是展览成功举办的基础。

在文物展具设计前，要对所展示的文物进行精细的测量，还要对文物的各方面情况进行彻底的了解。同时，初步形成展示的方案和展具的大体形式，然后针对性地对文物进行测量，并仔细查看、问询展品的状况，如有无修补、裂口，重心是否稳定，观察文物底面是否平整等基本状况，同时做详细的图像、文字记录，以备展具设计时参考。

展具的材料质地都有各自的特点，所以，设计展具时要针对不同质地的展品选择与之合适的材质。在展品展具设计中，除了考虑展托、展具及文物的摆放外，还要考虑采取辅助措施，将文物固定在设计好的展具上，如鱼线捆绑、卡件固定、硅胶或海绵加垫等方式，这样既能保障展品的安全，又使布展工作能够有条不紊地进行。

此外，展品是展览的主要内容，展具则是载体。展具的设计还要考虑到不能影响到展品的展示，即展具尽可能不遮挡到展品，给观众完整的展品信息。

临时展览文物展具设计对于常设展览的展品展具的设计来说，除了安全、美观等因素之外，还要考虑展具的撤换便捷和成本问题。将展品的历史、文化背景融入到展具设计当中，如文物原始摆放方式等，以其作为设计的依据，则是对设计人员更高的要求了。

二 博物馆的运行系统规划

一座博物馆的实体建造和展示设计的完成，只是一个创造过程，更为复杂的是让它如何良好地经营运转，充满生机和活力。因此，必须对博物馆运行体系进行规划，诸如经营理念、经营战略、运营模式、关键点和解决方案等。

（一）经营理念和总体目标

经营理念 尽管博物馆是公益事业，而世界现代博物馆成功经验说明了今天博物馆的多功能性和市场为导向的特点，越来越多的博物馆在重新定位自己，以新型的组织形式、展览设计、项目编排和各种服务，来适应受众群体不断变化的期望和条件。这表现为三个方面：第一，当今博物馆角色正经历着从藏品参观到学习，从学习到文化体验的转变。展馆不再仅仅提供产品或服务，而是以观众为中心，提供展示一个美妙、思考和记忆的新世界。第二，讲故事的方式是描述展览中展品的最好方法，创造体验环境是关键的一部，即使体验结束，体验的价值却保留延续。第三，当今成功博物馆不仅仅是收藏中心，展览中心，它还是文化中心、教育中心、娱乐中心和休闲中心。

总体目标 作为经济社会的公共文化机构，博物馆也要设立收益目标，实现投资回报，确保博物馆的持续稳定发展，为推介、保护和传承中国传统文化提供更广泛、更雄厚的经济支持。在此基础上设定价值目标，博物馆应形成完整的产业链模式，实现产业的最大价值。一些重要的博物馆，应打造中国一流的综合性博物馆及独具特色、风格鲜明的博物馆品牌，成为城市文化旅游新亮点，消费者精神文化休闲体验新去处。设立品牌和形象目标，即具有传统文化底蕴的现代化博物馆双重形象，同时是一个获得情感、文化认识、艺术审美、互动体验的第三度空间。

（二）经营战略和关键点

未来博物馆经营战略，根本是必须走可持续发展之路。这是符合时代发展趋势的经营理念，不可目光短浅，临时抱佛脚，应使经营规划保有弹性，避免限制未来的发展。立足自身环境，走特色发展路线，推陈出新，开发特色的展陈设计、业态产品等。与产业发展相结合，采用品牌推广方式，并通过品牌化市场化的运作，为商业运作创造最大空间。开发博物馆交流合作，协作共赢。另一方面，博物馆必须进行科学经营管理。要有一支高素质的管理团队，依靠专业化的经营管理体系来确保执行力。同时借助于高新技术，提升功能空间、开拓创新思维。将整体目标分解，逐步推进，具有可操作性的分阶段实施计划。

基于对博物馆经营的理解及对总体经营目标的预期，我们找出关键点，对其进行分析并有针对性地制订解决方案去实现目标。首先应了解目标客户群体和他们的消费偏好，其次要创新运营模式，而最为关键是要创造品牌的核心竞争力。

（三）经营收益及运营模式创新

博物馆目前的收入来源主要有八种渠道，不同性质的博物馆各项收

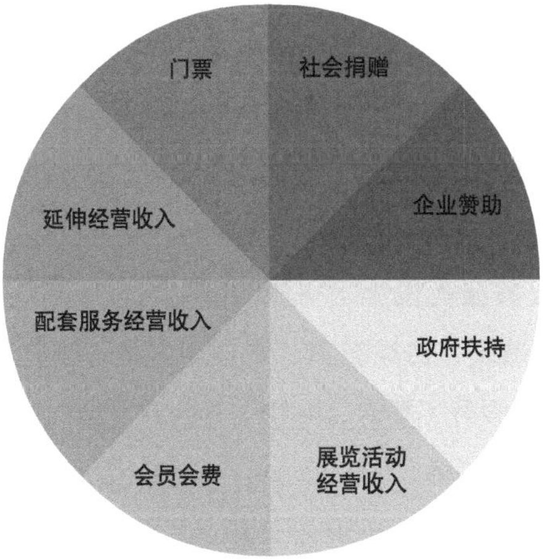

博物馆收入渠道

入所占比重差异较大。我国大部分公立博物馆以政府扶持为主，许多私立博物馆则依靠企业赞助、会员会费和社会捐赠维持运转，兼有一定门票收益。公立博物馆过分依赖政府扶持和门票收入，随着经营理念的渗透，展览活动经营收入和配套服务经营收入也在逐步提高，并继续增加延伸经营收入。

未来博物馆应该转变经营观念，开创新的运营模式。可在有条件的情况下，大力发展体验经济、临展经济、旅游经济和文化创意产业，让观众在愉悦中消费，在审美中体验。让临展创收与文化产业在博物馆收入比例中超过三分之二。利用自身优势和自身的品牌价值塑造，开发无形资产授权及展览业务加盟巡展等方式形成价值最大化市场运作机制。

通过博物馆后续衍生产品的开发和博物馆品牌的营销，形成上下联动、左右衔接、一次投入、多次产出的博物馆产业开发链条。博物馆在产业链中起主导和核心作用。与之配套的餐饮、旅游、娱乐、影视、购物等综合服务设施以博物馆为中心形成产业化经营，从而构建良性循环的博物馆产业开发链。

展开多种合作，文化与商业、与创意产业相结合，开发各种可持续发展的产业业态，形成具有可操作性、可持续发展的博物馆和工艺美术、非物质文化遗产产业经济架构。

（四）品牌核心竞争力

博物馆要形成品牌效应，必须具备核心竞争力，其中馆藏资源、展陈内容、硬件设施等为客观因素相当重要，而展陈模式、软件服务等受人为控制的因素也是不可忽视的。

有特色的展陈内容和展品 在展览体系和藏品内容里，已经做出一定阐述。博物馆展陈的组织将基于我们全方位的调研分析和策划，以确定本博物馆展陈内容体系和展品的核心竞争力。

有完备舒适的公共服务设施 一流的博物馆必须设有咨询处、休憩空间和设施、导视系统、各类教室、专业图书馆、阅览室、盥洗空间、医疗站、参观配套服务（餐饮、购物）等公共设施，让参观者享受博物馆的星级服务是必然趋势。

创新展陈模式 博物馆品牌形象塑造和运营机制的基础需要从展陈

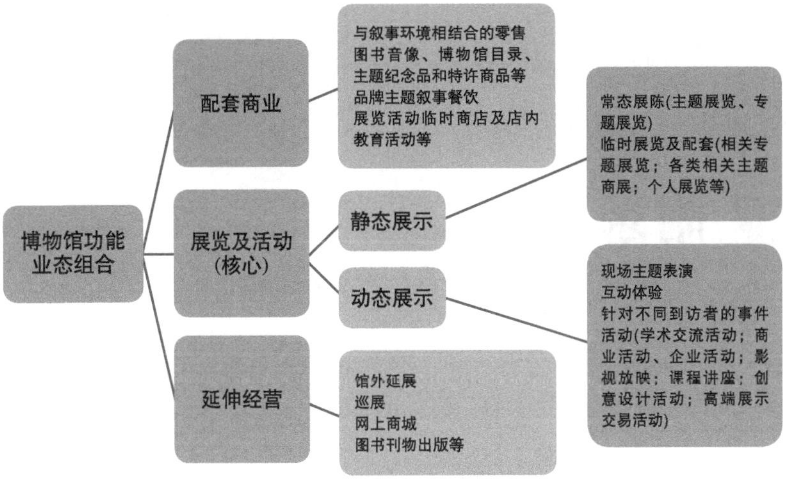

博物馆功能业态组合

创意与设计开始打造，成功的博物馆，需要构建有主题、有铺陈、有高潮的展览情节，通过叙事空间新颖的展陈设计理念，在展陈中采用的开放式设计和强调精神文化与叙事内容的导入，将摆脱无新意、短效性、脱离市场机制容易受到消费者心理抵触的展览模式，并积累大量的物质和文化的、有形的和无形的财富并传递给社会。

形成特色的业态组合和产品 综合目前博物馆的运行态势，笔者将它的功能业态进行归结，总体为三个方面：

一是，举办展览及活动是所有博物馆基本的主体业务；二是，大多数博物馆还在积极开发馆内配套的商业经营；三是，一些大型博物馆正在逐步进行延伸经营，即将博物馆业务拓展到馆外，目前欧美等发达国家的大型博物馆在此项业务上已经做得比较成功，如美国的大都会博物馆、英国的大英博物馆等，这也是未来我国博物馆经营的重要发展方向。

注 释

① 郭小凌：《北京标志性的基础文化设施：新首都博物馆》，《2007年：北京文化发展报告——文化创意与城市精神》，社会科学文献出版社，2007年。

② 齐玫：《博物馆陈列展览内容策划与实施》，文物出版社，2009年。

附录
从无到有——中国文字博物馆的诞生

（一）为何要建设中国文字博物馆

数千年来，源远流长的中国文字，作为传承中华民族悠久历史文明的载体和精神纽带，以其强烈的民族凝聚力和绵延不断的历史见证了中华民族前进的足迹，展现出中华民族的伟大智慧和创造，不仅促进了中华民族文化的发展，而且也对世界文明做出了不可磨灭的贡献。

博物馆的建设是一个国家经济发展、社会进步的重要标志。安阳市作为河南省的直辖市，是中国八大古都之一、国家级历史文化名城、甲骨文的发祥地，也是我国历史上最早的有文献可考，并被甲骨文和考古发掘所证实的古代都城——殷墟的所在地。2001年，专家学者和安阳市提出希望在安阳建设一座以文字为主题的博物馆。此想法一经上报，得到了中央及河南省委、省政府领导的高度重视。2007年8月17日，由中宣部牵头，在北京召开了“中国文字博物馆专家委员会第一次会议”，会议宣布成立“中国文字博物馆建设专家委员会”，该委员会由三十几位国内一流专家担任，会议同时明确中国文字博物馆以文物为佐证，以文字、文化、文明为主线的知识信息型博物馆布展形式，各专家委员会成员从专业上指导中国文字博物馆的建设。2007年10月，国务院办公厅致函河南省人民政府，将建设在安阳的文字博物馆正式定名为“中国文字博物馆”。

在中国最古老文字甲骨文发现地安阳，建设一个以文字为主题的专题博物馆、汉字文化科普中心、爱国主义教育基地、展示中华文化的窗口、国家的汉字文化中心和国际性文化交流平台，对于促进我国文字、文化、文明的保护、展示、传承和研究，展示中华民族悠久历史，弘扬民族精神，增强民族自豪感，具有十分重要的意义。中国文字博物馆的建设是时代的需求、社会进步的需求、百姓的需求。

(二) 大纲的撰写

在中国文字博物馆建馆之初，拟定整个陈展体系包括，“序厅”、“基本陈列”、“专题陈列”和“临时展览”四个部分。其中“中国文字发展史陈列”为基本陈列。陈列大纲决定着陈列展览的质量和水平，如何在从古至今的海量文字文物中确定陈列文物及知识文本？如何定位陈列展览，体现中国文字的发展脉络等内容？如何将专业的文字知识通过通俗易懂的方式展现在观众面前？这一系列的问题都是中国文字博物馆建设初期所面临的必须妥善解决的问题。

2008年9月，由国内100余位专家编制完成了《中国文字博物馆陈列布展知识文本》，同时由六位国内知名博物馆的研究人员组成“中国文字博物馆陈展策划案编制组”，共同讨论编写《中国文字博物馆陈展大纲》。几经争辩讨论，大纲初稿完成，在广泛听取考古学、历史学、语言学、文字学等领域的著名专家学者意见和建议的基础上，编制组进行了大量的修改工作，几易其稿，完成了中国文字博物馆基本陈列“中国文字发展史陈列”的大纲。

“中国文字发展史陈列”共分三个部分：即汉字的起源、发展和演变，中国少数民族文字大家庭，印刷术与信息时代。以史话风格的展览语言，以诗画般的艺术手法，注重历史性、艺术性、科普性、趣味性的统一。从翔实丰富的文字学研究资料出发，以时间线索为序，以中国文字的历史遗存为主干，以大量实物（原件、复制、仿制、拓片、摹本、影像等）为依托，在以汉字为代表的中国文明发展线索背景下，将历代与文字发展密切相关的人、事、物作为展览亮点；参照世界文字史背景，概览文字史、书法史，突出甲骨文、金文精华；揭示古代造字法原理，讲述中国文字使用、传播方式的发展轨迹，强化文字发展史的点、线、面关系，有主次地展示各时代文字风貌。

2008年11月20日，河南省政府召开了《中国文字博物馆陈展大纲》评审会，对陈展大纲进行了初步论证。2008年12月23日，国家文物局在北京召开了“中国文字博物馆陈展大纲论证会”，专家组原则通过了中国文字博物馆陈展大纲，至此中国文字博物馆的展览大纲基本完成。

(三) 文物的征集

文物征集是博物馆建设的重点更是难点，是决定博物馆陈展水平、研究价值的关键标尺。中国文字博物馆的文物从征集到陈列展览的过程，与其说是文物的整理、搜集、协调的艰辛历程，倒不如说是一个创造奇迹的过程。根据《中国文字博物馆陈展大纲》，满足中国文字博物馆长期陈列布展需要文物容量约2520余件，其中办好开馆第一展需要文物实物746件，涉及世界文字、甲骨文、金文、陶文和玉石文、古玺和古币字、简牍和帛书、历代碑碣、汉字印刷术与汉字信息处理、《说文解字》与古代字书、汉字发展史、汉字书法史、少数民族文字等方面。鉴于中国文字博物馆拟征集文物涵盖面广、数量大、时间跨度长等问题，领导小组提出"捐赠、调拨、借展、租赁、购买、联合办展、复制和仿制"相结合的原则，开展文物征集工作。

从2008年7月至2009年4月期间，国家文物局、河南省政府分别召开中国文字博物馆文物征集工作会议，对中国文字博物馆文物征集工作进行总部署、总动员。随后河南博物院、省文物考古研究所及安阳、郑州、开封、洛阳、焦作、信阳、商丘、驻马店等有关单位高度重视，纷纷慷慨解囊，包括息鼎、王铎草书立轴、《熹平石经》、《正始石经》等石经残片或拓片，龙门二十品、升仙太子碑和石淙河摩崖题记的文物拓片等极为珍贵的藏品，共160余件正式入藏中国文字博物馆。

与此同时，在中国文字博物馆文物征集过程中，同样得到全国众多文博单位的大力支持，中国文字博物馆文物征集工作取得了显著成绩，全国91家文物收藏单位通过调拨、征集、借展、复制、拓印等方式为中国文字博物馆提供了4123件文物，满足了开馆陈列展览的需要，探索了新形势下文物资源馆际合作、资源共享的新思路，共创了博物馆建设的奇迹。

(四) 建筑设计

中国文字博物馆总建筑面积34500平方米，主题馆高32.5米，博物馆建筑设计理念按照"后现代"理论进行设计，设计方案、造型包含了殷商时期的高级宫殿建筑形象的基本要素，采用殷商时期的饕餮纹、蟠

中国文字博物馆夜景

蟠纹图案浮雕金顶，引起殷商宫殿“四阿重屋”联想，并采用红黑图案的雕墙和雕柱，以产生殷商文化辉煌的装饰艺术效果。其造型定位采取殷商甲骨文、金文所概括的最富有哲理、最经典、最神圣的建筑形象——象形文字的“墉”字进行设计，整体建筑布局充分体现了中国传统建筑的艺术风格。

中国文字博物馆门前屹立着高大的字坊。字坊高18.8、宽10米，取甲骨文、金文中“字”字之形。通向展馆的主干道两旁，由28片极具代表性的青铜甲骨片组成的碑林，隐含了殷商时期最具代表性的两种元素——甲骨文和青铜器。这批甲骨文精品大都来自《甲骨文合集》、《小屯南地甲骨》和《花园庄东地甲骨》，最大尺寸高达1.4、宽0.9米，总重量3吨，青铜甲骨片背面则为这些甲骨卜辞的释义。同时28片向上天卜问吉凶祸福的甲骨片又代表着28星宿，象征人与自然密切相连，生动体现了我国古典哲学中“天人合一”的思想。

(五) 展陈设计

展览陈列设计及实施的品质，关系到一个博物馆的内在品味，展陈设计及实施的好与坏，关系到一个博物馆对外展览教育的成败。

1. 展陈设计启动

（1）设计团队的形成

2009年5月，根据深化设计需求，中标设计单位组织项目所需各个专业人员组成项目深化设计团队，并邀请具有博物馆或研究经验的杰出文字专家、教授、学者、研究员作为顾问，汲取宝贵的第一手资料和经验。

聘请设计团队文字专家，对设计团队进行中国文字相关知识的专业培训，对设计过程进行专业指导，并对设计成果中的文字知识予以把关，深化设计工作全面开展。

邀请博物馆评估专家也参加设计过程，加强项目管理，运用国际先进评估体系，讨论和评估了设计的可靠性和可实施性。

明确项目工程人员参与设计，为实际制作、预算分析、安全及质量等各方面提供依据，从而保证了设计的可行性及成本控制与管理。

明确培训体系，对参与项目设计过程的所有人员进行文字知识培训，各设计人员不仅要知其然还要知其所以然，提高设计人员对文字知识及内涵的理解力，发挥其设计想象，给文字知识的展现赋予生命力。

（2）设计理念的确立

以文字为主题而展开的博物馆建设，不同于其他类型的文史类博物馆建设，首先，文物历史跨度大。汉字的光辉之处表现在几千年来不断发展，从未中断，因此博物馆展陈文物几乎涉及了整个中国文明史；其次，丰富的文物更多的是文字的载体，他们虽然极为重要，但文字始终是展陈的主角，大量的文字如果只以单一的展陈形式出现，势必造成视觉疲劳。再次，除文物外，文字的政治、经济、文化背景也是文物陈列中表现的重点。

促进我国的全体公民形成科学的发展观，建立和谐社会已成为我国的基本国策，同时也是博物馆建设的根本使命和宗旨。中国文字博物馆的设计方案以此明确的原则贯穿和指导全部设计过程：

传播中国文字文化、历史等知识内容；

促进对文字历史发展观的形成；

延伸对中华文化的记忆；

通过展陈，引导观众参观，提高文化素养，增强民族自豪感；

基于以上理解，在展陈设计中我们将重点做好文物保护，在文物陈设布置中突出文字的主体性，采用丰富多样的展陈手段。对文字的展示分为时代背景、重点文物、文字知识三个层次，引入场景复原、互动展项等手段。各单元设置序言，承上启下。公共空间放置指示系统，形态上突出文字构成特征，力图全方位的建设一座普通观众“看得懂”、

"喜欢看"的博物馆。

在这几个预定目标中，传播文字知识和信息是媒介，而形成历史发展观是根本目的。主题和内容的选择，展品目录和展示形式可以依据资源、时间和空间的具体条件变化而调整，而整个展览过程则需实现以下设计诉求：

文史类博物馆的共性与文字主题展馆个性之间的协调性；

博物馆的常规展览与可持续发展之间的协调性；

展陈设计与建筑主体的协调统一，合理地规划四周回形廊展厅，并将四周回形廊展厅与中央大厅关联起来，使之相互呼应；

公共空间与展厅之间的分异、衔接和呼应；

多元的交通通道对展厅分割和参观路线的制约。

观众参观、学习心理与展览布局、展项的协调性，妥善解决参观路线的明确性和连贯性；

在具体的设计过程中主要表现为：

所有展厅中，力图客观展示，最大限度地提供真实资料，选择中性的展览格调，引导观众自己形成结论。

在展示和观众之间，形成一种对话的氛围，体现出文物与观众之间深切的交流。

所有展厅都应有一个被视觉化、图像化的解构的文化概念—中华民族璀璨文化，通过解构主义的展览语言表达出点、线、面的汉字构成原理。

以科学性、知识性与体验相交融。

传统博物馆是一个集展示、研究、教育等功能为一体的场所，既要满足传统博物馆的基本需求，更应扩展和延伸其功能。各个展厅、科学性是第一位的，因为它确立了博物馆的权威性、严肃性。而艺术性是各个展厅必须具备的要素，中国文字本身就是艺术，器物藏品同样是艺术，整个展陈方式及手法则应该是辅助人们完成对艺术品解读的工具。

以人为本，设计陈列内容和主观的顺序。

采用"讲故事"的形式来组织展厅内容。

每个展厅的内容，除按照科学研究的顺序展开，空间顺序变化以故事的顺序来结构，尽量避免枯燥的学理研究，而是把学术研究成果转化为一个个生动的故事，更容易被观众所接受，因为文字本身对于普遍观众来说较为枯燥。

（3）设计理念创新点

截止到2009年7月23日，仅征集到285件文物，与大纲要求严重脱离，整个展陈布展面临着文物严重不足的状况，但这些文物的征集非一日之成，所以，如何弥补文物严重不足，同时还能保证展览内容的完整性等问题，设计团队、专家团队、馆领导等人召开专题会议，研讨调整布展方式和文物征集，最终明确整个展区的展陈设计由四个部分构成：

以文物实物为主的陈列设计；

以图文展板为主的展线设计；

以展览亮点为主的支撑场景设计；

以讲述文物背后故事为主的多媒体互动展示主题设计。

上述四个部分互为补充，得到馆方布展组领导的充分肯定，营造张弛有度的展示空间，通过不同的展示形式，增加展览方式的灵活性，为观众提供更为多元的参展环境，既可以静下心来研读出土文物上的铭文信息；也可以通过艺术化的场景复原，了解先人的生活状况；既可以通过阅读展板上的图文解说，也可以通过模拟的动画场景，了解货币的发展历程，在富有节奏的参观体验中，了解中华文字的魅力所在。

（4）设计技术路线的选择

中国文字博物馆的设计方案运用国际普遍认同的教育性展览的设计原理及叙事空间的手法进行。

根据布展大纲的要求确定信息点。

选择适合不同信息点的展示方式，如实物、仿真文物模型、说明文字、照片、景观、多媒体、影像制品以及参观者自己动手项目等。

引进其他学科的先进技术与手段，主要包括计算机技术、舞台视觉、雕塑壁画和音响效果手段来增加展览的可观赏性、可参与性和动感，将丰富的最新的信息和理念以观众喜闻乐见的方式予以诠释和传播。

引进评估体制，前瞻评估（市场评估）、规模评估以及总体评估，保障展陈设计及制作最大程度的符合设计大纲追求目标，保证所设计制作的展示内容符合主体观众的理解水平和要求，并最大限度保证本设计制作的展览展示的视觉形式为观众所理解和欣赏。

2. 深化设计过程中的难点

截止到2009年7月23日，伴随着深化设计全面展开之际，展陈深化设计却面临着文物不足、文物描述不清和缺乏专家跟踪、指导等问题。

首先，大纲可用文物数量严重不足，导致主展线设计无法深入。

仅有的285件文物，与大纲要求严重脱离，充实整个展线其余500多件文物空缺将如何弥补，相关的文字如何确认、相关的英文翻译如何确认、展板如何制作、文物展架如何制作……这些都将是决定本展览能否正常、按时开馆的先决条件。在这种复杂情况下，领导小组与设计团队灵活变通，不懈的努力，从实际出发，及时调整布展策略，适度增加多媒体、景观、艺术品等展陈形式内容，丰富展线，弥补文物不足的先天缺陷，同时加强场外设计制作的工作面，减少现场工作压力，保证布展时间。

其次，文物描述不清及文物资料匮乏导致展板设计无法进行。

由于中国文字博物馆作为新建设博物馆，在组织架构方面没有专业的文物、文字、展陈等诸方面专家与深化设计及实施团队的组织架构对接，提供准确而翔实的上展资料。在这种情况下，领导小组也竭尽所能予以支持，指导设计团队走访三十多位专家，对展陈大纲中明显硬伤的部分进行修改，对上展内容文字进行梳理。同时，设计团队充分发挥自身的资源优势和灵活性，采买了大量的相关书籍、走访图书馆进行实物拍摄。以汉字1～7单元为例，共需1410张图片，设计团队独立完成了其中1100张的数据采集，且均达到上展喷绘品质。

再次，缺乏专职专家跟踪、指导设计团队深化工作，导致展陈大纲后期调整。

文物、主题、建筑及展示四为一体，有机的结合，才能保证博物馆的整体水平。布展设计工作进行中，由于专家组的频繁更换甚至设计工作进行到后期阶段时对展陈大纲进行的调整，导致展陈内容组织及设计上产生了巨大的额外工作量。根据上述难点，2009年8月7日部分专家学者再次对确定方案进行评审。同时，与设计团队聘请的文字专家共同指导深化设计的全面开展，保证新馆建设的稳步实施。

3. 关于建筑设计与展陈设计

如何保证建筑的完整性，同时又能体现展陈内容和形式的科学性、艺术性、趣味性、可读性这是中国文字博物馆设计过程中遇到过的一个无法逾越，且必须直面解决的问题。

在序厅的设计过程中，展陈专家组与建筑师各自从自身专业出发点，阐述对本区域的设计要求。展陈专家组要求前厅、序厅完全贯穿，形成通畅的公共空间；而建筑师则坚持设计玉笋造型语言的设计方案。于是，展陈专家组、建筑师、展陈深化设计团队三方一体，为呈现一个完整且有文字馆特色的建筑和展陈空间进行研讨。如果单独解构每位专家，都是业内有着不凡专业实力与水平的行家里手，然而面对序厅的空间设计及展示方式，大家从自身专业出发，言无不尽， 最终形成融集体智慧于一体的现有展陈空间。

4. 设计概述

（1）展览流线简介

设计过程中，设计师严格依据《中国文字博物馆展陈大纲》进行设计，其中，二层汉字部分的展陈大纲以材质载体、历史进程、字体字形、教育传播为原则，对汉字的发展进行了表述。不仅层次丰富，而且“汉字”这一主体脉络清晰，观众参观思路连贯，能够对汉字发展的全

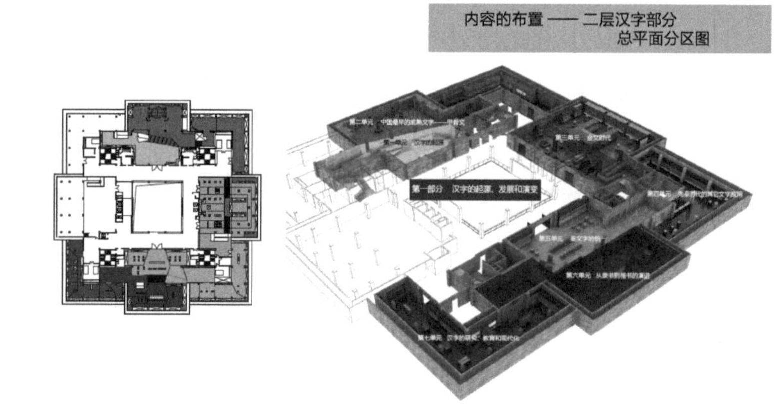

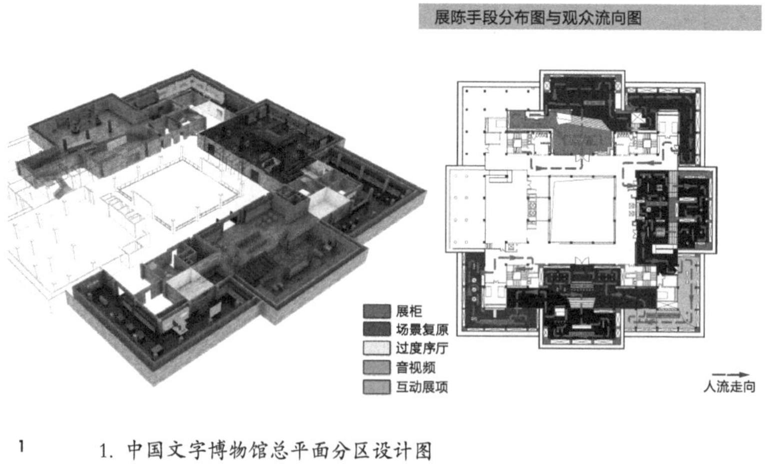

1. 中国文字博物馆总平面分区设计图
2. 中国文字博物馆展览手段及观众流向设计图

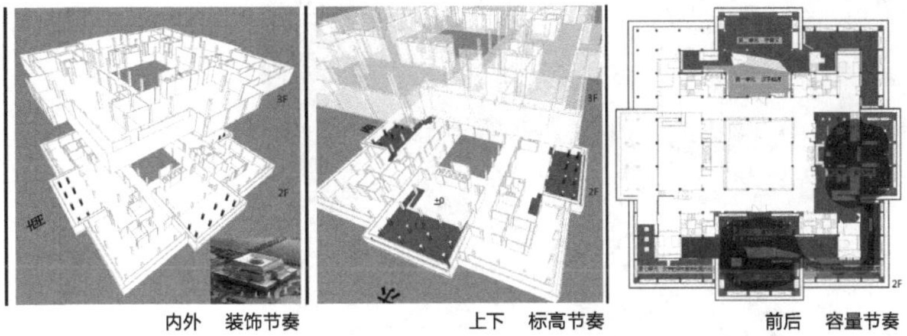

中国文字博物馆空间设计分析图

貌形成完整的认识。三层“中国少数民族文字大家庭”、“印刷技术与信息化”两个展厅的设置，使展览更加全面、系统。

（2）对建筑空间的理解

建筑是展陈大纲施展的场所，在布展设计中本着尊重建筑的原则，通过实地踏勘和空间分析，理解、归纳出中国文字博物馆建筑设计的三个“节奏”：

外立面后现代主义的满装饰处理和内部空间洗练且富于变化的视觉效果之间形成的“装饰视觉节奏”。

建筑空间中标高的抬升与降低造成观众视点的垂直变化而形成的“标高节奏”。

二层四个展厅开敞庄重，其间由L型展厅连接，使得观众流线时而舒展时而收束，形成张弛有度的“容量节奏”。

汉字知识自身是一个庞大的知识系统，展陈的各部分本就相互联系，我们的设计不再对空间进行硬性分割，而是利用建筑特征进行软性界定。在保留残疾人通道的前提下，于不同标高间设置大体量踏步，增加空间的丰富性，使各展示单元融会贯通。

5. 各支撑展区设计

（1）前厅及中厅设计简介

前厅、中厅的设计首先要解决参观人流疏导与运输，力求简洁但不简单。前厅的浮雕创意灵感来自于《康熙字典》，密布的汉字，仿佛要一下把观众引入文字的殿堂。

通过水墨感极强的地面、柱面配合四幅通天彻地的文字主题浮雕，畅快淋漓的展示中国文字的力量，升华中厅的灵与魂。

中国文字博物馆前厅设计示意图

每块浮雕个性鲜明又和谐统一。北侧主立面自上而下讲述汉字的变化轨迹，由最早的象形刻画符号到今天广为人知并深远影响世界的汉字；如果把北立面当成一位学者，那么东侧立面就是一名诗人，这里的浪漫言语用着世界上最美丽的方式表达—书法；如果没有甲骨文的出现，真的很难想象我们的语言是否能够延续、我们的文化是否能够传承、我们的种族是否依然存在。这就是它的意义，而它的名字始终与一个地理名词紧紧联系在一起，那就是“安阳”。少数民族的文字则像夜

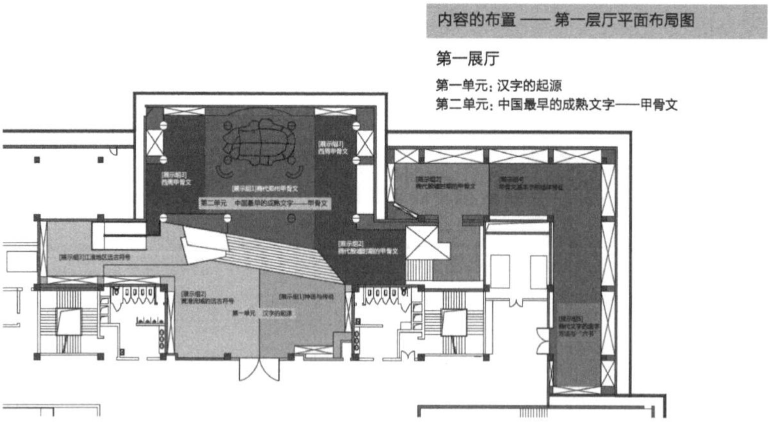

中国文字博物馆第一展厅平面布局图

空中璀璨的星辰，不会因为月亮的存在而消失，而月亮却因为它们显得更加熠熠生辉。

（2）汉字的起源与中国最早的成熟文字——甲骨文

我们将“汉字的起源”和“中国最早的成熟文字——甲骨文”的内容，在建筑空间上分配于同一展厅。

汉字的起源部分有两个展示脉络——“神话传说”和“考古发现”。实景复原的“考古探方”是这个区域表现的重点，这两部分相互对照，围绕“仓颉造字”和“刻画符号”两个具有代表性的形象展开。

延石阶向上，是对中国最早的成熟文字——甲骨文的陈列。

视觉设计上，采用具有代表性的色彩、纹样。空间使用方面，利用新抬升的1.2米，还原了甲骨的发掘现场。以此为核心，结合纪录片与重

1 | 2
3

1. 中国文字博物馆汉字起源设计图 2. 中国文字博物馆汉字起源设计图 3. 中国文字博物馆商王问卜设计图

1
2

1. 中国文字博物馆甲骨发掘现场设计图　2. 中国文字博物馆动态展示设计图

点文物陈列，立体化的展现甲骨文的考古价值。

作为象形文字，单纯的通过图版表现甲骨文的字形变化不仅“力量不足”而且“语言单一”。因此我们将甲骨文单字放置于墙面，观众触及这些按键即可观看文字形态变化的动画演示，手段形象生动，观众印象深刻。

（3）金文时代（钟鼎千秋）

金文的主要载体是青铜器，本单元文物器型、材质特点突出，涉及商、周、春秋多个历史时期。

布展设计中我们在展厅中央设置一核心筒，大纲各单元围绕核心筒布置，以满足内容逻辑性的要求。

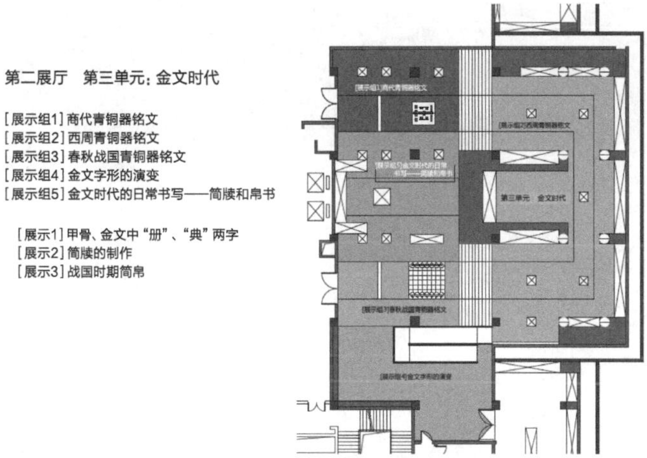

1
2
3

1. 中国文字博物馆金文时代分区设计图　2. 中国文字博物馆商代铭文设计图
3. 中国文字博物馆金文铸造场景设计图

中国文字博物馆曾侯乙编钟互动设计图

核心筒面向入口处突出展厅主题，反映文物材质特点。两侧为青铜器和金文的铸造场景演示，同时兼具收纳展厅光电设备的功能。以此为“核心”反映金文产生背景和工艺，理顺展陈顺序。形式上外松内紧，通过这个媒介将内容与形式有机的整合起来。

本展厅的出入口共三个，我们在设计中利用展厅过渡空间，展示单元前言等手段，确保了观众无论从哪个方向进入展厅或者离开都可以得到完整的参观体验。

为了进一步突出本展厅展陈中金文的主体地位，我们还设置了增侯乙墓编钟互动展项。观众敲击编钟，相对应的铭文即会出现于地面，通过这种形式使观众在欣赏文物的同时，通过创新展览方式引导观众深入参观，了解可见文物背后的故事。

（4）物以载文（先秦时代的其他文字应用）

先秦文字展厅与金文展厅在原建筑空间上是分开的，我们通过对建筑墙体的微调将这两部分在空间上进行了融合，使得展线更加流畅。在这一展览空间，强调“时代背景”对文字的发展起到的作用。

由于分类原则的改变，文字载体的类型一下子丰富起来，因此展陈设计在这一部分的首要任务是，提供给观众一个平静、清晰的参观环境。

在展陈设计上通过战国时期量器单位的直观展示和诸侯会盟等场景的复原，使观众了解大历史背景下的文字发展。

第三展厅　第四单元：先秦时代的其他文字应用

[展示组1] 先秦陶文
- [展示1] 商代陶文
- [展示2] 西周陶文
- [展示3] 春秋战国三晋陶文
- [展示4] 战国齐系陶文
- [展示5] 战国时期燕国陶文

[展示组2] 先秦玉、石器文字
- [展示1] 商代玉、石器文字
- [展示2] 春秋战国盟书
- [展示3] 中山国玉、石器文字
- [展示4] 秦石鼓文及刻石

[展示组3] 商周玺印
- [展示1] 商代和西周铜印
- [展示2] 战国玺印文字
- [展示3] 古玺特征字（含偏旁用字）举例

[展示组4] 金文字形的演变
- [展示1] 先秦货币概览
- [展示2] 货币文字形体特征

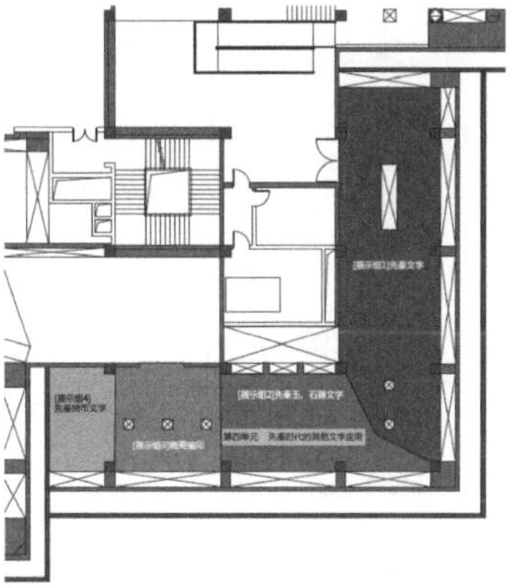

1
2
3

1. 中国文字博物馆先秦时代的其他文字应用设计图　2. 中国文字博物馆先秦时代设计图
3. 中国文字博物馆先秦文字—量器设计图

（5）“秦文字的统一”与“从隶书到楷书的演进”

“秦文字的统一”与“从隶书到楷书的演进”两个单元被安排在了同一建筑空间。在设计中对于建筑空间的利用是依托标高展开的，抬高部分一侧属于“秦文字的统一”单元，重点塑造秦始皇的形象，反映重要历史人物对文字发展的贡献。另一侧属于“从隶书到楷书的演进”部分，通过场景复原、结合文物展示的方式，介绍造纸术的发明。两个单元在视觉上同时出现，空间和材质上各有归属。

秦始皇统一文字是中国文字发展史上的大事件，设计原则在上一展

1. 中国文字博物馆第四展厅平面布局图　2. 中国文字博物馆秦始皇统一文字设计图　3. 中国文字博物馆秦始皇统一文字设计图　4. 中国文字博物馆从隶书到楷书的演进设计图　5. 中国文字博物馆从隶书到楷书的演进设计图

1
2 3
4 5

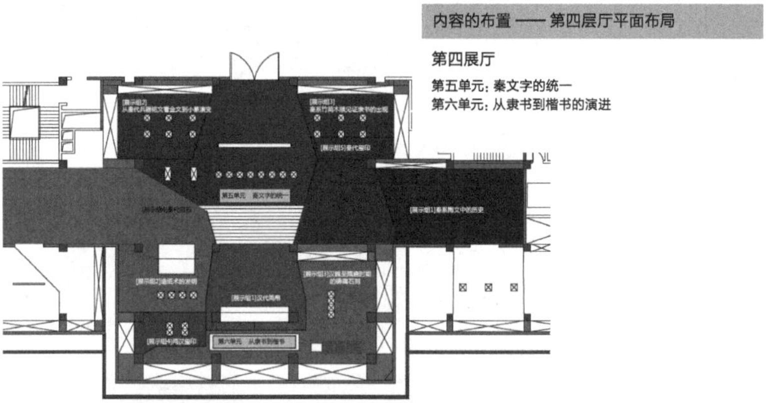

厅的基础上递进，空间造型与展陈内容相呼应，表明皇权统一了文字，文字的统一推动了民族的进步。围绕此主体形象，秦代文字依照载体的不同在展厅两侧分别放置，以丰富的文物陈列传达主题。

观众走上石阶进入到“从隶书到楷书的演进”部分，这一单元主要从字体字形角度介绍汉字。

展陈的特点是文物中拓片占有相当的比例，同时“佛学东渐”等社会变化也对汉字的演变起到推动作用。因此，展陈设计原则是一方面明确体现出汉字字形变化的阶段性特征和社会背景，另一方面重点展现汉字的美学价值，展陈环境力求稳重、内敛。

（6）汉字的研究、教育和现代化

本展厅是汉字部分展陈的尾声，展品中书籍占有相当比例，而字书与教材又是展品的主体，汉字简化的相关内容贴近生活。在这种情况下

1. 中国文字博物馆第五展厅平面布局图　2. 国文字博物馆第五展厅设计图

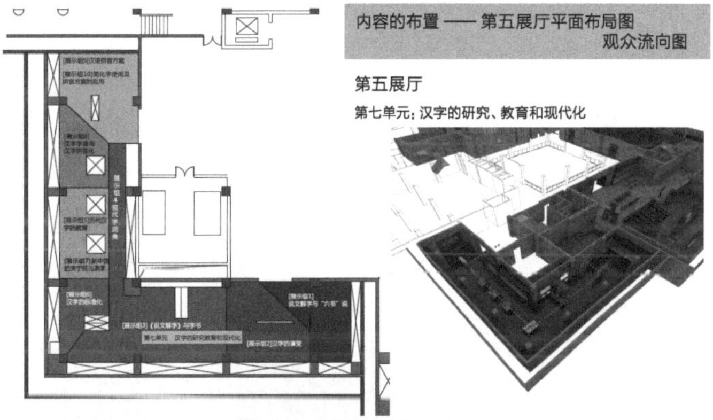

1
2

的设计原则是，要让观众知道作为文物的书籍说的是什么，事情的来龙去脉又是怎样。

博物馆三层的大纲内容是“中国少数民族文字大家庭”和“印刷技术与信息化”两个单元，这两部分内容相对独立，展厅间的参观顺序没有特定要求。

（7）中国少数民族文字大家庭

本单元展陈内容层次多、数量大，展陈设计既要体现各民族文字特色又要兼顾展陈形象的平等性。在此基础上为了避免视觉形象的单一，展厅中央由雕刻有各民族文字的彩色立方体堆积成了展厅的视觉形象中心，以饱满的体量，丰富的色彩体现中国少数民族文字的丰富性和各民族的团结。

在功能上立方体可观、可坐，成为展厅中的公共设施，通过这种方式，缩小了少数民族文字与观众的距离。

1/2 1. 中国文字博物馆第二部分平面布局图 2. 中国文字博物馆中国少数民族文字大家庭设计图

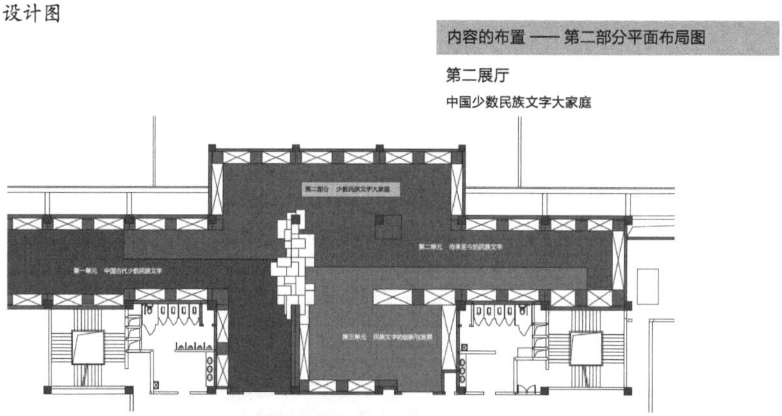

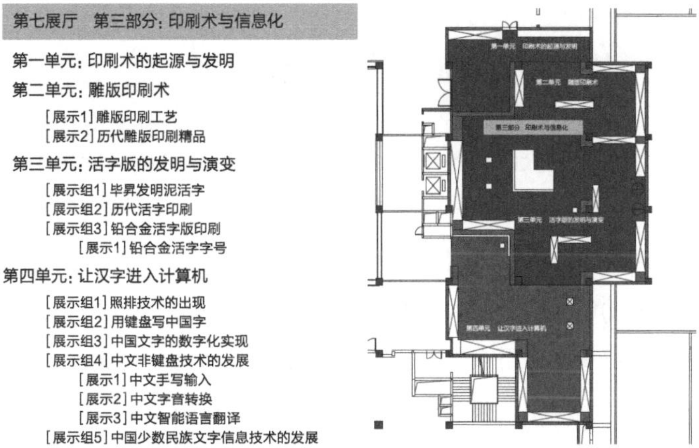

1
2

1. 中国文字博物馆第三部分设计图　2. 中国文字博物馆印刷术与信息化设计图

（8）印刷技术与信息化

“印刷技术与现代化”展厅的展陈内容随着印刷技术的进步而展开。

展陈设计除基本陈列外，通过复原活字排版车间、古代印刷设备等方式，使观众对印刷技术进步的各个阶段一目了然。在视觉形象上选择印刷技术有代表性的工艺形象，如雕版、铅活字等作为柱面装饰，通过塑像、文物、视频、图片、组成的展示组重点反映“毕昇”王选在文字印刷和信息化领域做出的巨大贡献，表明展陈大纲的逻辑关系，强调出印刷技术与文字的字体、字形以及文化传播等方面的密切关系。

（六）关于多媒体互动亮点设计

根据展览大纲对各个展厅不同主题的展示要求，除采用传统的图文展板、场景复原等展示形式外，在遵循可靠性、系统实用性、先进性、可扩展性等的设计原则，秉承科学、技术与艺术相结合的展览理念前提下，借助创新展示艺术手段和科学技术的支撑来反映展览主题内容，强调通过更多地运用声光电技术、多媒体以及计算机软硬件集成、机电一体化等展示技术，有效展示展览内容，丰富展览形式，增加观众参展趣味性。

根据具体展示内容要求不同，互动亮点分为展示型和互动型两种多媒体方式。

1. 展示型多媒体

感应式视频播放系统

该展示形式主要与图文展板及文物形成呼应，补充静态展示的不足，挖掘文物内涵，随着展厅内参观流量的增减，自动识别，播放相应知识内容。

该系统通过定制远程管理软件，使用相应的网络接口，支持远程升级播放内容。同时，基于场馆未来使用过程中的系统升级等需求，本展示方式制式支持扩展功能，支持网络管理的多媒体播放器，既可以通过网络从制定网络地址传输播放内容，同时支持使用独立的外置移动存储设备介质播放，系统结构图如下：

中国文字博物馆系统结构计图

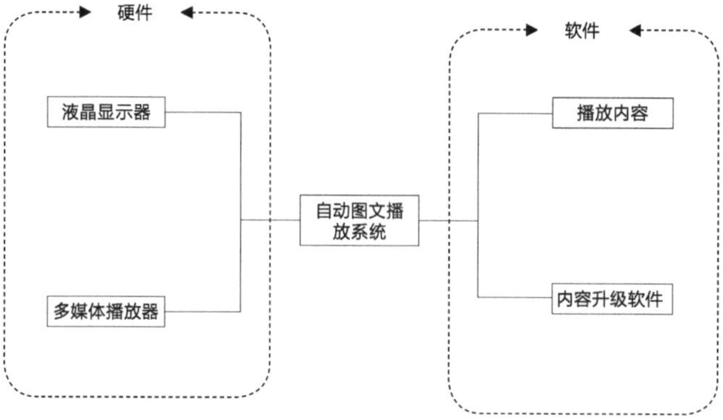

1
2

1. 中国文字博物馆效果示意图　2. 中国文字博物馆效果设计示意图

图形电脑灯

展厅内文物与展板在静静诉说着文字数千年来的点滴，行走其间的观众突然被灵动的刻画符号所吸引，的确，这也是互动展览中的一部分。通过电脑灯的方式，为观众在文物与展览空间搭建一线灵动，活跃整个展览氛围。

2. 互动型多媒体

（1）商王问卜

从殷商的甲骨文看来，当时的汉字已经发展成为能够完整及在汉语的文字体系，殷商时代的甲骨文基本上都是商王统治者的占卜记录。通过投影技术和3D动画与展览环境相结合，为观众复原商王问卜时的情景，给参观者以更加形象具体的体验感受。

中国文字博物馆效果设计示意图

（2）货币的发展（幻影成像）

古钱币也是文字的载体之一，钱币文化也透视着文字的发展。古钱币上的文字是考古的重要线索。通过“幻影成像”技术，将静态景观与影像内容有机结合，产生亦虚亦实的光影效果，给观众以生动的参观体验。

(七) 智能中控系统设计

无论在科技馆还是博物馆的建设过程中，设备多样化、大型化趋势越发明显，传统意义的图文展板、展柜形式越来越受到大量新型多媒体等高新科技互动设备的冲击，整个科技展项比重已经上升到了一个前所未有的高度。如何系统、有效的管理、监察和控制这些创新展示方式是博物馆建设过程中面对的一个重大机遇与挑战。

1. 需求分析

传统意义的展览展示中控往往仅能独立地进行设备控制开关，没有充分考虑到设备多样化大型化的特点，同时对系统运行状况的监视也往往仅停留在简单的摄像头视频检查之上。中国文字博物馆采用的集单点统一控制，多维度监控，统一数据服务平台并支持单点开放式系统交互接口的智能中控系统，有效地解决了博物馆日常工作中遇到的下述问题：

大量科技展项位置分散，传统手工开关维护工作量巨大。

大量科技展项集中声、光、电、机械、化学等多学科复合知识，操作控制技术要求高，难度大。

大量科技展项运行状态监控不力，即便使用了大量摄像头，受摄像头拍摄角度、距离、位置、清晰度等限制往往也不能完整地检查到每个展项点的具体完整信息，除传统的视频监控外，缺乏其他有效监控途径。

一些展项子系统如智能播控平台，特殊多媒体互动展项等应用到大量信息数据，在传统的制作过程中，往往各自为政，各自建立自己的数据库系统，大量重复建设，且无法统一有效管理。

在各个展项与展览展示外围系统交互中，各自为政，各自开放接口通讯，整体架构混乱无组织，效率低下且缺乏有效的控制和安全保障。

2. 设计思路

在中国文字博物馆智能控制体系之中，通过集成了智能播控平台的集中控制系统，对整个博物馆进行了立体化的单点控制，同时提供了统一的后台数据支撑平台服务，统一对外接口服务，另外配备视频流、信息流、动态人流的多种监控手段，使管理者对于整个博物馆的管理能力更上一层楼。

控制体系图如下

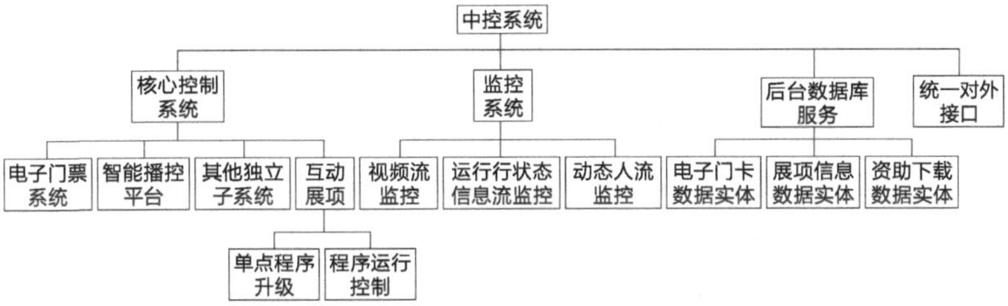

中国文字博物馆控制系统示意图

本展馆所有景观、互动展项统一采用了中央控制系统，结合机电控制技术和定制的软件系统，对馆内的景观，灯光效果，互动展项，数字化查询系统进行了高效的管理调度。同时展馆还对重点展区实时监控以方便系统管理。达到控制各种设备、简化工作人员的操作以及日常维护，进而达到减低日常维护成本的目的。

同时，设计过程中还充分考虑系统的扩展支持能力，预留接口供业主方在需要的时候扩展相关功能，支持智能强电控制、智能照明控制、计算机信息流监控及报警等。

（八）关于照明设计及实施

如何在庞大的场馆展览体系中突出所需传达给观众的展览信息，照明灯光设计在这一过程中有着举足轻重的作用。

通过照明的色温、照度、对比度等要素，恰如其分滴营造各个展览空间的灯光氛围，实现各个空间的照明过渡。同时，通过具有视觉引导性的照明，加强空间的条理性和连贯性，使观众能轻松地参观、游览，传递环境给观众的关怀。

1. 照明要素详解

色温设计：考虑到展陈主题和展陈材质颜色，照明基调色温以3000K暖白为主，用古典的色调营造文字历史的厚重感和文化感。

显色性设计：为能较好地还原展品的色彩，使用显色性大于90的低压卤素灯、高显色性荧光灯光源。

照度、对比度设计：围绕文物展品，展示物和周围的照度对比度设置为1∶3至1∶10，过道、走廊等区域对比度适当减弱。而根据展品对光的敏感程度不同，设置不同的照度水平。

眩光控制：通过照射方向、截光保护角、防眩光装置等手段，严格控制眩光，避免引起失能眩光及直射眩光形成安全隐患；另一方面有效控制眩光则能提高空间的品质。

展品保护与防止损伤：鉴于纺织品、绘画、彩绘等展品面照度≤50LX；对光不敏感的展品如金属、陶瓷器等照面度≤150LX。通过控制照度标准和年曝光量及控制光学透镜过滤光源辐射的红、紫外线，实现文物保护。

照明控制与节能：为实现节能环保，使用高光效的光源、灯具和电器，节省电能；在展柜前安装传感器连接展品照明，当有人参观时，照明系统启动。

2. 照明手法示意

中国文字博物馆照明手法示意图

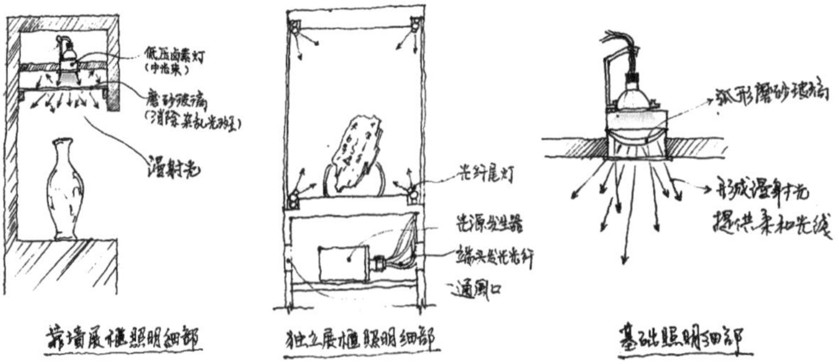

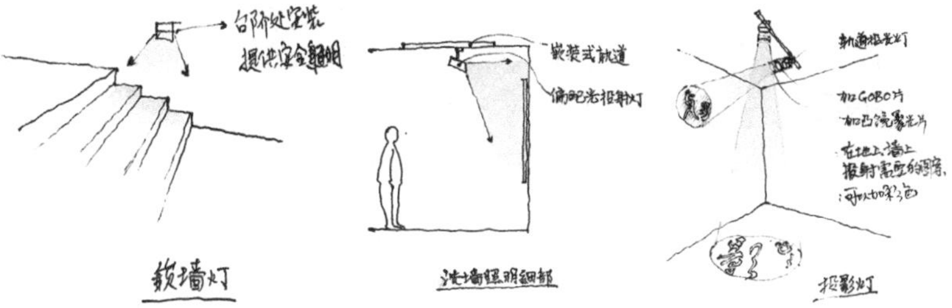

中国文字博物馆照明手法示意图

3. 照度分析示意

中国文字博物馆照明分析示意图

(九) 现场设计调整及施工管理

鉴于时间紧迫等客观因素，设计团队在没有确定展陈内容、建筑总包方未进行施工面交接、布展专家组刚成立的情况下，应建设方要求，成立中国文字博物馆项目部并于2009年6月12日进场施工。

专家团队组成员与设计团队克服困难，边变更边设计，边确认，边施工。鉴于项目实施阶段的特殊性，依据布展设计及实施单位拟定的《中国文字博物馆项目管理计划》、《中国文字博物馆项目深化设计实施计划》、《中国文字博物馆项目施工组织计划》、《中国文字博物馆项目现场管理计划》、《中国文字博物馆项目质量管理计划》、《中国文字博物馆项目应急管理计划》、《中国文字博物馆文明施工管理规定》等全面展开。

截止到2009年8月底，设计团队根据专家组确定的展线格局，排除万难，使中国文字博物馆的陈列布展工作在2009年10月25日圆满完工。

物华天宝的归宿

——博物馆藏品征集、保管、修复

一座博物馆，不但在它建立之初需要积累一定数量的藏品，而且在它成长之时，也需要不断地补充和丰富藏品。藏品是博物馆的重要组成，是博物馆开展一切业务工作的基础和出发点，也是博物馆存在与发展的命脉，离开了藏品，博物馆就将不复存在。没有藏品的博物馆就会成为无源之水、无本之木，其他一切无从谈起。

博物馆的藏品不仅是博物馆进行业务活动的物质基础，而且是长久保存、科学修护的对象，其保护管理和科学研究，对于人们认识人类社会和自然环境发展的客观规律并促进当今社会的发展，具有重要意义。博物馆的藏品保护管理是一项系统工作，涉及不同职能和多种领域、学科的部门。现代博物馆的概念在不断地扩大，各种类型博物馆的藏品包罗万象，准确理解和处理好博物馆藏品与博物馆功能的关系是新时期、新形势下博物馆工作的要点，有助于完善博物馆藏品的管理、保护和利用，达到扩大博物馆社会效应的预期。

一 博物馆藏品的征集

博物馆藏品是博物馆各项业务工作有机地联系在一起的核心，博物馆藏品的数量、质量及其研究利用程度，是衡量一所博物馆发展规模、科学价值总体水平及社会意义的主要要标志[①]。

(一) 藏品征集的途径和理念

一直以来，各国博物馆都不遗余力地致力于藏品收集工作。中国博物馆收藏主要为文物，外国博物馆则将所有的艺术品纳入其收藏范围。目前，博物馆所收藏的藏品已远远超出传统的内容，即包括所有的历史和艺术作品。但是并不是所有的实物都能成为博物馆的藏品，博物馆的收藏根据博物馆自身性质和社会需要搜集文物和自然标本，要具有一定历史价值、科学价值和艺术价值。

博物馆的藏品来源一般分为以下几种：旧藏；无偿调拨；由政府、文物局等部门批准，从海关、公安、司法等机构调拨查没的文物；通过馆际交流采用交换展览或有偿借展的形式获得文物；无偿接受社会各界团体及个人捐献文物；有偿文物征集；协商转让，与文物合法拥有者进行协商而取得藏品的购买方式；捐赠奖励，文物合法拥有者将其所拥有的文物捐赠给博物馆收藏，而付给一定的奖励经费；拍卖购买，是指通过国内外拍卖市场，采用拍卖手段而合法取得的文物藏品；田野搜集、考古发掘，等等。而对于博物馆的可持续发展而言，收集藏品的工作是补充博物馆藏品并使之有序的主要途径之一，是博物馆重要工作的职能，也是博物馆发展的动力源泉。

在此，值得一提的是，私人收藏家与博物馆同样是这些物华天宝

国际友人向首都博物馆捐赠民国时期的中式结婚礼服

的拥有者，特别是在社会繁荣、经济高速发展的时代，一些知名人士、富豪商贾往往热衷收藏。私人收藏家不可避免地与博物馆发生千丝万缕的联系，因此，博物馆向社会经营机构和收藏家收购藏品是征集途径之一，而这种收购不仅仅是一种交易关系，而是包含着博物馆与收藏家和经营机构的信任和友情因素，因此在很多时候都表现得较为微妙。“他们有的表达了对博物馆事业的关心和支持，有的出于对民族文化遗珍的保护意识而寻求良好的归宿，有的与博物馆专业人员有着很好的交谊，他们对博物馆的文物价值判断怀着信任和认同的态度，在价格上往往不是锱铢必较，而能真诚相见，合理成交。”②

博物馆的藏品收集是一项专业性、科学性、社会性很强的工作。文物资料浩如烟海，博物馆要根据自身特色和定位有针对性地收集文物，要反映最典型、最具代表性的地域文化特色的文物、资源。例如，具有地域性、行业性、专题性、特色性的文物，展览缺项的文物，与非物质文化遗产相关联的实物和相关的文物资料等收集项目等。博物馆通过藏品清理，掌握馆藏空白和业务需要，针对馆藏文物构成中的缺项和薄弱环节，重点突出收集文物的范围，并且还要进行充分的公众调查，以了解社会需求，制定适合博物馆性质、特点和实际情况的收集工作的阶段性和长远性的目标规划。

1 | 2 1. 首汽集团向首都博物馆捐赠夏利汽车 2. 首都博物馆姚安副馆长向紫砂雕塑的捐赠者颁发证书

馆际之间交流与合作是促进藏品收集的一个有效途径，既可以促进各博物馆资源优化配置，又可以充分发挥文物的社会价值和作用，但毕竟这样收集的文物数量有限，博物馆一般都设有文物征集部门负责文物的收集工作，担负起主要的收集任务。

随着经济的发展，城市的开发建设进程加快，城区的改造和居民的搬迁，使许多文物遭到破坏，甚至消失。为适应这种变化的需要，及时地保护、抢救城市建设中稍纵即逝的文物，征集人员应主动地深入社会进行文物调查和征集工作，除了到各种文物艺术品市场和文物商店收购藏品外，还要到工地、旧货市场、废品站等地方拣选、搜集这些散落民间濒临流失或损毁的文物资料。这就要求征集人员既要有文物研究、鉴定的能力，又要有高度的使命感、责任感、敬业认真的工作态度，以及有一定的社会交往面和成熟的文物收集经验，收集到符合博物馆入藏要求的文物藏品，确保文物收集的质量与数量。

博物馆还可以通过广泛的文物保护宣传，依靠社会各界提供线索，支持、协助博物馆的征集。博物馆举办讲座、各种公益活动以及发挥网络传播优势作用，向社会公众普及保护历史文化遗产、文物鉴赏、收藏保护等基本知识，宣传博物馆文物征集工作的重要意义，了解博物馆的征集内容，提高公众爱护、保护文物的自觉性和责任意识，有利于博物馆征集工作更好地开展，较大地拓宽博物馆收集文物信息的渠道。并且积极倡导单位或个人提供各种文物线索信息和文物捐赠，鼓励单位或个人向博物馆捐献、送售或捐售文物。博物馆应根据其文物价值和市场行情合理补偿收购送售或捐售的文物，而对于向博物馆捐献文物者，不仅要予以表彰奖励，颁发“捐献文物荣誉证书”，在主流媒体上宣传报道，还要建立专门的文物捐献档案，总结征集文物的成果，举办专题展览，这既是对社会的回报，也是对捐赠者的感谢和尊重。例如，2010年5月首都博物馆举办的“收获·十年——首都博物馆征集、接受捐赠文物展”就是对十年来首都博物馆所征集、接受捐赠文物藏品的回顾展，对于展出的捐赠品，明确标出了捐赠单位、团体的名称或捐赠人的姓名等，以示纪念和敬意。

博物馆征集藏品的理念要不断更新、与时俱进。以往对近现代文物重要性认识不足，把距离现实生活很近、甚至与生活同步的典型历史见证物当作文物看待的意识不强[③]。现代博物馆在逐步改善调整自己的征集策略，例如首都博物馆的立足点是充分展示北京的地域文化特色，因此近些年来，充分收集1840年以来北京城市发展方方面面的实物资料，这也是现在为未来保存历史。与此同时，国外其他同行业者也意识到了这个问题。韩国首尔博物馆的文物征集就提出“现在就是历史的现场”原则[④]，对于刚刚过去的近一段时期的遗留物也进行收集，这与目前首都博物馆的征集思路是不谋而合的。

（二）藏品征集规章程序

文物包含和承载着各种社会历史文化信息，诸如历史背景、流传经过等都蕴含其中，征集人员应详尽全面了解所征集的文物，严格做好原始记录，完整保存好文物的征集调查记录，如文字笔录、摄影、摄像、录音等，并且确保记录的真实、可靠、完整、准确。在开展文物征集活动时，征集人员要按照博物馆拟订的文物征集计划和方案，有目标、有针对性地进行文物调查。

博物馆无论是通过何种方法、方式征集文物，为了确保文物入藏质量，慎重运用经费，博物馆必须制定和完善与文物征集相关的各项规章，做到文物征集手续完备，征集的文物没有权属纠纷，价格没有异议，并填写相关的征集单据。征集人员在办理此项文物报账手续的同时，须将所征集文物单据交由业务馆长核实并登记在博物馆文物征集总账册上。文物的征集从信息的收集、真伪的鉴定、价值的评估、最终的征集、入藏后的建档都要有章可循，有序实施。只有严格按照文物征集程序，才能防止和杜绝在文物征集工作中可能发生的漏洞。

以首都博物馆为例，对于藏品征集，主要有以下步骤：

（1）由征集部工作人员提供拟征集文物的信息及原始资料，撰写文物评估报告，提出征集建议（包括大致的征集价格），征集部经手人不参加征集文物鉴定组的审核工作；

（2）征集部征求保管部、业务研究部等相关部门的意见，以便了解本馆是否有同类文物，是否具有收藏、研究、展示的价值；

（3）由征集部组织首博鉴委会成员，每次不少于五名，对拟征集的文物藏品进行鉴定。鉴定的内容包括：名称、时代、质地、真伪、用途等，并在《文物征集凭证》的相关位置签署征集意见；

（4）征集一定金额以上的文物，由文物局相关部门、文物鉴定委员会联合组织鉴审；

（5）邀请拍卖公司的专业人员，成立征集文物价格评估组，对拟征集文物的价格进行评估；

（6）征集部依据上述结论，报馆主管领导批准并填写《文物征集凭证》相关内容，按照馆长办公会或文物局批示进行征集；

（7）文物档案随时整理，相关内容输入计算机，每半年整理出文本、电子档案。

文物征集入馆后及时做好整理移交工作，包括对正式办理移交入库手续的文物、资料，进行拍照、绘图和资料的初步整理，以及文物鉴定机构对征集的重要文物的书面鉴定意见等资料的移交入库。征集的文物需逐项填写“博物馆文物入馆凭证”，其内容应包括：总 账号、征集号、收据号、文物名称、时代、数量或重量、完残情况、来源、征集日期、备注等，并由文物征集部门和文物保管部门留底以备查。

博物馆应不断地总结文物征集工作的经验，研究行之有效的方法、措施和手段，不断扩大博物馆藏品的来源及收藏途径，提高博物馆藏品的数量和质量，为博物馆的业务研究提供更丰富、全面、翔实的文物史料，同时完善展览内容，使博物馆更好地服务于社会公众。

二 博物馆藏品的保管

博物馆藏品是珍贵的科学、文化财产，藏品保管是博物馆的重要职能之一。无论公立博物馆还是私人博物馆都应以保存、维护藏品为重。

（一）藏品保存

藏品能否长久保存依赖于它的存放环境，有效地控制收藏环境可以延长藏品的寿命。藏品保存场所应该具备适合藏品长久、稳定保存并能有效控制延缓其自然损毁、防止人为破坏的环境条件。藏品的保存环境是一个重要条件，只有为藏品创造一个有利的养护环境，藏品才不会遭受损毁。博物馆建筑类型多样，既有古代建筑，也有现代建筑，它们在建筑材料、结构形式、设备装置等各方面存在一定的差异。现代博物馆在建筑设计时就要重点研究展厅和库房的建筑，展厅陈列室、库房及其他业务用房面积的适当分配，文物、标本保护温度、湿度的参数及各项相应的装备、设施等。古建筑类的博物馆只能在保持建筑物原貌的前提下装置设备，尽量改善建筑物内部的环境。

库房是收藏、保护、管理、研究文物藏品的重要场所，博物馆都应有专门为收藏藏品而建立的具有防盗、防火、防潮湿、防干燥、防污染、防灰尘、防光辐射、防虫蛀、防霉菌、防腐蚀、防糟朽、防变色、防老化等功能的库房。库房的建筑材料必须达到文物保护的标准，建筑结构应易于取放、移动藏品，除了保证藏品的安全还有人员的安全。藏品库房应有环境控制设备等确保藏品处于安全稳定的环境，此外还要定期清洁和检查维修，有一套应对突发情况的紧急措施。

博物馆的藏品库区一般由藏品库、暂存库、周转库、保管设备贮

首都博物馆文物库房

藏室、照相室、藏品鉴赏室和保管员业务工作室、风淋更衣间等部分组成。藏品应贮存于柜、箱、盒、匣、囊、袋中，进行封闭、避光保存。大体量文物应根据材质采取防尘、防潮、防震和避光措施。对泥质、陶瓷、玉器、玻璃等易碎易损文物，要采取防震、减震措施。珍贵的有机质地文物应选用除氧充氮密封的特殊柜保存。

对于藏品的保存环境，空气的温度和湿度最为重要（藏品保存的条件见下表）。博物馆内的气温、湿度会随着室外气温的波动和观众流量的多少而变化，展厅安装智能化控制温湿度的空调系统，展柜内温湿度调节器、干燥器和自动开关的灯光，可以避免藏品受到外界不利因素的影响，保持利于文物保护的温湿度。此外，展厅还应配备有防尘、防震、防有害光线辐射和易拆卸功能的展陈设备、温湿度检测调控设备及空气净化过滤系统⑤。

首都博物馆工作人员监测展厅温湿度

博物馆藏品保存环境温度、相对湿度标准

材质	藏品类性	温度（℃）	相对湿度(%)
金属	青铜器、铁器、金银器、金属币	20	0 ~ 40
	锡器、铅器	25	0 ~ 40
	珐琅器、搪瓷器	20	40 ~ 50
硅酸盐	陶器、陶俑、唐三彩、紫砂器、砖瓦	20	40 ~ 50
	瓷器	20	40 ~ 50
	玻璃器	20	0 ~ 40
岩石	石器、碑刻、石雕、石砚、画像石、岩画、玉器、宝石	20	40 ~ 50
	古生物化石、岩矿标本	20	40 ~ 50
	彩绘泥塑、壁画	20	40 ~ 50
动植物	纸张、文献、经卷、书法、国画、书籍、拓片、邮票	20	50 ~ 60
	丝毛棉麻纺织品、织绣、服装、帛书、唐卡、油画	20	50 ~ 60
	漆器、木器、木雕、竹器、藤器、家具、版画	20	50 ~ 60
	象牙制品、甲骨制品、角制器、贝壳制品	20	50 ~ 60
	皮革、皮毛	5	50 ~ 60
	动物标本、植物标本	20	50 ~ 60
其他	黑白照片及胶片	15	40 ~ 50
	彩色照片及胶片	0	40 ~ 50

注：环境温度日较差不得高于2～5℃，环境相对湿度日波动值不得大于5%。

博物馆藏品存放环境空气质量标准

污染物	一级标准　日平均浓度限值（mg/m^3）
二氧化硫	0.05　0.019ppm
二氧化氮	0.08　0.0425ppm
一氧化碳	4.00　3.5ppm
臭氧	0.12(1小时平均浓度限) 0.061ppm
可吸入颗粒物	0.12

博物馆藏品存博物馆藏品保存环境光照水平标准

藏品类性	照度标准（勒克斯）
对光特别敏感的藏品有：丝毛棉麻等纺织品、织绣品、中国画、水彩画、水粉画、水墨画、版画、素描和书法、拓片、手稿、文献、书籍、邮票、图片、相片等纸制藏品；壁画、彩绘泥塑、彩绘陶瓷、染色皮革、各种动植物标本等	≤50
对光敏感的藏品有：油画、蛋青画、不染色的皮革、角制品、骨制品、象牙制品、竹木制品和漆器等	≤100
对光不敏感的藏品有：青铜器、铁器、金银器、兵器、古钱币等金属制品：石器、画像石、碑刻、砚台、化石、印章等石材制品；陶器、唐三彩、瓷器、玻璃器等硅酸盐制品；珠宝、翠钻等宝玉石制品；搪瓷器、珐琅器和各种岩矿标本	≤300

以上这几个表格，参考了《博物馆藏品保存环境试行规范》。除此之外，照明系统、防火监测系统也是格外重要。合适的光照对于藏品库房的重要性不言而喻，走廊和储藏室的适度光照能防止搬运藏品时发生事故，同时也有利于微生物、灰尘和污垢的清扫。同时，采取适当措施保护藏品库免受火灾，设置良好的防火系统，进行早期预警也是非常必要的。相对于失窃或毁坏的文物可以修复或买回，火灾的破坏力则是极为可怕的，大火能在转瞬间将一座博物馆夷为平地。虽然人为原因、纵火、电子设备老化和拥挤的藏品库只是构成火灾威胁的一小部分因素，但是被焚毁甚至仅仅受到烟熏火燎的藏品却很可能再也无法得到了[6]。

（二）藏品管理

博物馆对藏品的管理有很高的专业要求和严格的保护措施，早在

1986年6月19日，中华人民共和国文化部就颁布了《博物馆藏品管理办法》，其中总则第三条规定："保管工作做到：制度健全、账目清楚、鉴定确切、编目详细、保管妥善、查用方便。"各博物馆都必须有严格的库房管理制度，并配有责任心强、忠于职守，具有较高素质的业务人员担任管理工作⑦。

科学的藏品管理方法不仅可以防止藏品的丢失、损坏，还可以便捷地研究、利用藏品。藏品管理要按照一定的步骤进行，主要有：鉴定、定名、定级、登记、分类、入库排架、编目、统计、建档、检查、清点等。博物馆对入馆的藏品进行认真鉴选，按照馆藏品的标准对文物、标本确定真伪、年代、是否入藏并划分等级，根据每件文物的具体情况和现行定名方法给文物定名，对文物进行鉴定并填写鉴定意见表和文物移交清单、入藏凭证，及时登账、编目、入库，并在此基础上建立起藏品的档案，随时记录藏品动态。随着博物馆数字化的普及应用，各个博物馆逐渐建立了计算机管理系统，将总登记账、分类账、卡片、文字、图像档案及各种报表等资料录入藏品管理数据库，以便研究、保存。同时，根据中国国家文物局《博物馆藏品信息指标体系规范（试行）》的指导，结合不同种类藏品的特征，制定完善的藏品信息指标著录规范，对藏品的各指标项在计算机录入过程中的记录方式、字符长度、数据类型进行了统一规定，使博物馆工作藏品登记著录标准化、规范化（见本讲附录一）。中国博物馆协会登记著录专业委员会联系有关专家学者，正与国际博物馆协会登记著录委员会（CIDOC）同行开展合作研究，期望在已有成果基础上吸收国际上关于藏品登录的通行和公认规范，将中国文物登录的原则和标准推向世界。

登记　藏品登记从一个侧面反映了一个博物馆藏品科学管理工作水平的高低。藏品登记的范围包括：入馆凭证登记、总账登记、分类账登记、注销登记、借出借入登记等，其中总账登记最为重要。总账登记又分有总登记号（藏品编号）、藏品名称、藏品年代、藏品计件、藏品计量、藏品现状、藏品来源等。藏品的定名要准确、规范的反应藏品的本质特征，根据《博物馆藏品管理办法》历史文物的定名一般为三个部分组成，即年代、款识或作者；特征、纹饰或颜色；器型或用途。藏品的年代考古文化期、历史年代或具体年代；藏品的计量按照国家计量总局公布的标准单位办理；藏品现状按照藏品的完残程度和主要附件填写；

藏品的来源注明来自单位或个人，以及发掘、收购、旧藏等，自然标本写明时代和产地，出土文物写明出土时间、地点、发掘单位等。

出入库 藏品入库之前，文物保管人员应将其送至相关的科技保护部进行消毒，并提交一份具体消毒情况的报告。如果不采取任何消毒措施就进入库房，不但这些藏品会因携带许多细菌、虫卵等继续受到侵害，而且还会影响到库内原有藏品的安全。文物保管人员在藏品入库时，必须认真验核消毒情况的报告。有些严重损坏的藏品，入库前须进行必要的技术处理，如除尘除垢、防锈、薰蒸、修复等。同时对文物进行实测，记录其图像资料、尺寸、重量、成色、完残情况及重要附件等。入库时，文物保管人员应对照藏品，认真核对藏品号、藏品件数及藏品现状，检查藏品卡片上注明修复的具体部位、藏品描述用词是否准确、全面。完成以上工作后，由相关人员一起进行核查清点，正式办理入库手续。

藏品在入库后，就要对其进行科学方法分类保管。博物馆的藏品种类繁多，有多种分类方法，如按藏品质地、用途、年代、制作工艺、来源等分类方式。自然科学博物馆库房一般按学科分类分库保管。但是由于不同质地的藏品对保存环境的敏感情况各异，最好根据按材质分类保存。例如可以分为青铜器、陶瓷器、玉器、书画、织绣等藏品库，或是分为无机、有机质、复合材质藏品库。另外，根据藏品的珍贵程度分列级别，一级文物藏品应设专库或专柜收藏，重点保管。博物馆的文物保管人员每天应填写《文物库房工作日志》，详细记录馆藏文物的变化情况、文物库房温、湿度等信息和文物保存状况，及时了解掌握馆藏品保存状况。

在藏品库房的各项管理工作中，藏品出入库的管理是一项非常重要的工作，各博物馆利用馆藏文物组织对外展览、临时展览等各项业务活动，藏品经常会被提取出库，藏品安全易受到威胁，藏品动态化管理于是就成为博物馆管理中的重要一环。保管部门严格规范藏品的出入库手续，成为藏品安全的重要保证。藏品出入库房必须办理出库、退库手续，由藏品提借人填写不同的出库单据，对数量和现状必须核对、点交清楚。如发现文物藏品损毁、丢失，及时报告文物行政管理部门。

藏品管理中人的因素也不能忽视，必须要提高全员的法律意识，以法律法规来指导自己的业务工作，对文物、博物馆的法律法规要熟悉掌握和运用[8]。

（三）藏品包装

藏品的包装是在文物保存、运输、利用等过程中为维护其完好的状态采用的方法，运用适当的材质容器和辅助品，加以一定的技术给予保护，控制其内部环境，缓冲外界环境对藏品产生的不利影响，并对意外震动起保护作用，也是藏品保管的手段之一。这一般分为库房的相对静态的保存包装和过程中的运输包装。在库房内的包装传统上制作囊匣、函套等，随着科技的发展，包装的技术方法多样化，具有防腐、防锈、防震、充氮、脱氧、无菌、防潮、防霉等多种。藏品的运输包装就比较复杂，从包装材料的选择到包装的方法涉及方面较多。在借出合同中就要包括藏品现状报告、包装要求、运输方式等条件，在确定运输方式后，包装根据运输方式、运输途中和目的地的温湿度变化进行调整。选择包装材料时首先要保证藏品的安全，再考虑材料的环保程度、重复利用率和费用的高低，包装要求牢固结实、密封性好、防雨、防潮、防火、大小适宜。在包装过程中，所有包装材料在使用之前应预先做防水、杀菌处理，使其达到与藏品展出或存储环境相同的条件，一般使用木材、胶合板、金属制造箱子，并有“易碎”、“朝上”、“保持干燥”等标识在醒目位置。内衬填充物取决于运输条件和内外环境，运输中避免温湿度变化过大，昆虫、微生物的污染等。藏品周围放置纤维板、泡沫板、碎海绵、瓦楞纸、无酸绵纸等震动缓冲材料，藏品应与包装材料隔离，以防意外粘连或尘埃堆积，也不能使用塑料薄膜直接包裹藏品，以避免温度突变产生的冷凝现象。另外，还要在业务熟练的技术人员的监督下包装运输。

博物馆的保管工作能够有效地降低和防止自然因素、人为因素对文物、标本的危害，加强藏品的科学保护管理，确保藏品的安全，充分发挥藏品的作用，有助于博物馆事业的长远发展。

三 博物馆藏品的养护修复

文物藏品所蕴含的历史信息和展示的现象丰富而复杂，历史变迁使藏品在其制作出来时的原始状态发生变化，如果不经养护修复，很多藏品可能只是斑驳陆离的碎片，损失了所储存的大量信息。藏品的日常养护和修复处理是阻止、延缓各种因素损坏所做的工作，它是博物馆藏品管理的一个重要工作内容，运用传统修复工艺和现代科学技术手段对藏品进行科学保护、保养、分析和检测，有助于延长藏品保存年限，更好地发挥其社会服务功能。

藏品的修复并不是一个新的课题，在人们有意识地收藏文物艺术品时代就出现了，世界各个国家民族都有自己传统的修复工艺，但大多只局限于修补旧的损伤。19世纪，随着科学的进步发展，对藏品的维护有了新的认识，将化学、物理学、生物学等自然学科的理论和研究方法应用于藏品的维护，在对藏品材质检测、分析的基础上，进行材质质变机理的研究、预防性的保护和修复技术的研究。健全和发展藏品养护修复技术是博物馆事业实现现代化的重要内容，也是衡量博物馆综合实力的重要指标。

（一）藏品破损原因

藏品被破坏的原因是多方面的，除自身结构、质地不稳定外，还受到自然因素和人类因素的影响。博物馆藏品虽然看似保持静态，但实际上本身始终进行着微观变化，容易发生不同程度的外部变形或是内部结构损坏。自然因素的破坏包括：地震、洪水、火山喷发等灾害性的；温湿度、光辐射等物理性的；灰尘、有害气体污染化学性的；微生物、昆虫、动物侵蚀等生物性的。人为因素的损坏包括：战争、盗墓、火灾、不适当的开发、随意触摸、涂刻文物、保护方法不恰当等。自然的与人为的这些因素，使文物藏品衰败，如金属腐蚀、石雕风化、壁画褪色、书画虫蛀霉变、织物粘连、木质干裂糟朽等。这就要分析研究藏品的损害原因和质地材质，运用不同的手段修复，采用传统文物保护技术与现代科学技术相结合的方式。

（二）养护修复技术手段

博物馆根据规模和性质设置技术工作区，社会科学博物馆设有文物保护科学实验室、文物修复室、文物复制工场等，自然科学类的博物馆设有标本制作室、化石修理室、模型制作室，还要有适当的科研经费，先进的分析检测仪器、修复技术设备和有高素质专业技术的人才等客观条件。

养护藏品一般是采取缓蚀保护处理，改善外部展藏环境等防护措施，还要清除文物、艺术品、标本上的附着物，进行缓蚀、除锈、去污、脱水、脱酸、杀虫、灭菌等处理，防止附着物的继续危害，但附着有价值的古代信息遗存，要尽力保存下来，不能因清除病害而使藏品面目全非。有破损残缺部分的藏品，在必要时还要进行修补，如连接、加固、充填、补配等，对劣化质变的地方进行技术性处理，以恢复藏品的本来面貌。藏品的保养和修复还包括有藏品年代测定、对藏品做微观研究、分析藏品的成分结构、研究藏品的质变机理、原生埋藏环境、在博物馆的保存环境、

1 | 2

3 | 4

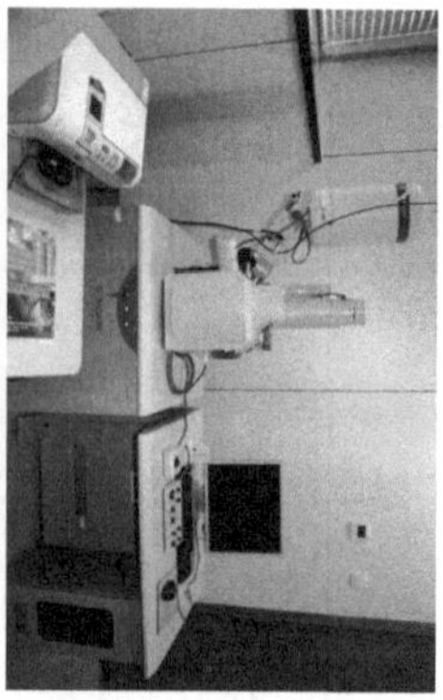

1. 首都博物馆文物保护分析实验室 2. 首都博物馆工作人员修复破损文物 3. 首都博物馆工作人员修复绢本挂轴《钟馗驾牛图》修复前记录各部分尺寸 4. 首都博物馆实验室扫描电子显微镜(带牛津能普仪)

养护修复的科学技术、藏品复制技术、自然标本制作技术等基础工作。

（三）养护修复原则

藏品养护修复时必须遵循一定的原则，不能任意改变其形状、颜色、纹饰图案。保持藏品的原状，也不是简单机械地回复藏品最初的原始状态，而是处理的范围和风险越小越好，达到最小干预、减少干预，实际上是使藏品延年益寿而不是“返老还童”，切勿急于求成、草率处理，必须慎重对待。因此在养护修复时，综合看来可以归结为以下七项：①最小干预原则；②可逆性原则；③不改变原状原则；④消除隐患原则；⑤保存和再现历史信息遗存原则；⑥兼容性原则；⑦可辨识原则。此外，在藏品修复前做好影像记录，修复过程中对配方、用料、工艺过程等记录同样重要。文物藏品具有不可代替性和不可再生性，更安全的测试和处理方法可以减少藏品养护、修复出现的疏忽和失误，避免造成不可弥补的损失[⑨]。

随着研究的深入以及科学技术所提供的技术手段愈多，对藏品价值深层次的认识也会愈来愈多，通过检测可以分析出藏品的材料来源、产地、制作工艺以及藏品的化学成分、物质结构、绝对年代等数据，分析出的结果是藏品鉴定和养护技术的可靠依据，促进藏品的科学研究，并为人们提供认识和评价文物价值更加科学的凭证。

博物馆藏品的概念不断扩大，藏品的价值和作用也在不断提高，不只限于作为博物馆业务研究的物质基础，也要向公众展示更多信息，博物馆是开放的公共文化机构，应该积极创造条件，利用藏品体现其社会职能，这也是文物保护管理和科学研究的目的。新形势下衡量博物馆发展的标志不仅是藏品的不断增加和良好的保存，更重要的是如何提高藏品利用率，充分有效地利用以满足公众和社会的需要，也是探索博物馆发展新型的运作模式。藏品的保护与利用相辅相成，只有在保护好的基础上才能充分发挥藏品的作用，如果不经过科学养护和修复，许多藏品只能深藏库房，博物馆也将失去它的公众吸引力。如果能充分挖掘藏品的各项功能，对参观者产生潜移默化的影响，藏品便能与参观者产生互动效应，启迪人们的心智，陶冶艺术情操，提升人们的综合素质。同时，博物馆逐步采用现代化的科学技术，实现博物馆藏品信息资料数字化，博物馆的藏品得到更快捷、更广泛的传播和利用，最大限度地为公众服务。

注 释

① 李军：《博物馆征集工作的思考》，《中国博物馆》2000年第3期。

② 单国霖：《论博物馆收藏与社会收藏之互补互动关系》，上海2008华人收藏家大会供稿。

③ 王春城：《漫谈新首博文物征集工作》，《北京文博》，2004年。

④〔韩〕郑明尔：《近现代首尔文物收集的多样化》，《2010年中日韩博物馆国际学术研讨会论文集》。

⑤ 王宏钧：《中国博物馆学基础》，上海古籍出版社，2001年。

⑥〔斯里兰卡〕亚历山大·阿里克著，王冠一、许淑贞译：《简述博物馆藏品库以及藏品保管系统的规划》，《博物馆研究》2009年第1期。

⑦ 白琰：《谈博物馆保管工作者的职责》，《南方文物》2002年第1期。

⑧ 冯亚武：《试论博物馆藏品的保护与管理》，《黑河学刊》2010年第1期。

⑨ 周宝中：《古物分级保护的科技措施》，2005年“古物普查分级国际研讨会”发言稿。

附录

杂项藏品信息指标著录规范

说　明

一、本规范参考中国国家文物局《博物馆藏品信息指标体系规范（试行）》、结合杂项类文物的主要特征，确定信息类目。

二、为适应杂项类藏品登记著录的标准化、规范化要求，本规范对各指标项在计算机录入中的记录方式、字符长度、数据类型进行了统一规定。

三、本规范各指标项的编号，基本对应《博物馆藏品信息指标体系规范（试行）》中的编号，凡《博物馆藏品信息指标体系规范（试行）》中不涉及杂项藏品的指标项，予以省略；有部分关于杂项信息的专业指标，进行了添加。

四、因各博物馆收藏文物的范围、特色不同，对杂项文物包含的类别界定也不统一，因此有必要先明确哪些类别的文物属于“杂项”。本规范暂以漆器、珐琅器、竹木牙角器、其他等类文物为代表。

五、本规范还需增加有关国家杂项文物的特征信息，并增加相关国际标准。

（一）信息分类与指标体系结构

本规范采取层级分类法，将杂项藏品信息指标分为指标群、指标集和指标项三个层级，其体系结构如下表所示：

指标体系结构表

<table>
<tr><td rowspan="4">指标群</td><td rowspan="2">指标集</td><td>指标项</td></tr>
<tr><td>指标项</td></tr>
<tr><td rowspan="2">指标集</td><td>指标项</td></tr>
<tr><td>指标项</td></tr>
</table>

藏品信息指标体系包括3个指标群，28个指标集，96个指标项。其中，核心指标项11项。

（二）指标编码方法

本规范的指标类目代码为字母数字混合型层次码。每一个完整代码分为3层，长度为5位。其结构如图所示：

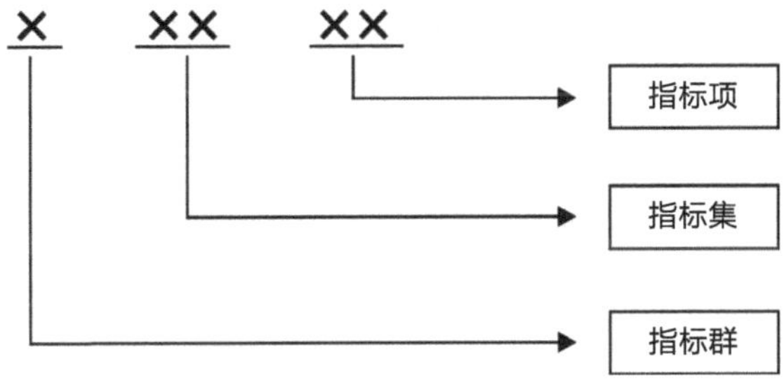

指标群用1位大写拉丁字母表示。

例如：A　杂项藏品本体信息指标群

B　杂项藏品管理工作信息指标群

C　杂项藏品文档与声像资料信息指标群

指标集用2位阿拉伯数字表示。

例如：A　杂项藏品本体信息指标群

A01　名称指标集

A02　分类指标集

A03　年代指标集

……

指标项用2位阿拉伯数字表示。

例如：A01　名称指标集

A0101　原名

A0102　名称

……

(三) 相关标准

杂项藏品信息指标体系中有关指标项的著录，应参照下列标准：

GB/T2659—2000　世界各国和地区名称代码

GB 3100–1993　国际单位制及其应用

GB/T2260—1999　中华人民共和国行政区划代码

GB 3304–1991　中国各民族名称代码

GB/T 7408–2005　数据元和交换格式　信息交换　日期和时间表示法

ZB40–94/CBLB　论著出版形式类别代码

(四) 杂项藏品信息分类代码表（带*者为核心指标项）

（1）杂项藏品本体信息指标群

（长度单位：字节）

序号	项目	对应指标	录入方式	长度	数据类型
A01名称	原名	A0101	填写	不限制	文本
	名称*	A0102	填写	不限制	文本
A02类别	藏品基本类别（文物）	A0201	选择	10	文本
	文物类别（杂项）*	A0211	选择	20	文本
	漆器*	A0202	选择	10	文本
	雕漆器	A0221	选择	20	文本
	彩绘漆器	A0222	选择	20	文本
	珐琅器*	A0203	选择	20	文本
	掐丝珐琅器	A0231	选择	20	文本
	画珐琅器	A0232	选择	20	文本
	竹木牙角器*	A0204	选择	20	文本
	竹器	A0241			
	木器	A0242			
	象牙	A0243			
	犀角	A0244			
	其他*	A0205			

续表

序号	项目	对应指标	录入方式	长度	数据类型
A03年代	年代类型	A0301	选择	100	文本
	年代表示方式	A0302	选择	100	文本
	年代*	A0310	填写	50	文本
A04地域	地域类型	A0401	选择	100	文本
	地域表示方式	A0402	选择	100	文本
	地域	A0410	填写	200	文本
A05人文	人文类型	A0501	选择	50	文本
	人文表示方式	A0502	选择	50	文本
	人文	A0510	填写	50	文本
	人物传略	A0540	填写	1000	文本
A06质地	质地类别	A0601	选择	50	文本
	质地子类别	A0602	选择	100	文本
	质地	A0610	填写	20	文本
A07功用	功能类别	A0701	选择	50	文本
	实际用途	A0711	填写	100	文本
A08工艺技法	成型工艺	A0801	填写	100	文本
	装饰生成工艺	A0821	填写	100	文本
	文字生成工艺	A0822	填写	100	文本
A09形态	形态特征*	A0911	填写	2000	文本
	独特标记	A0912	填写	500	文本
A10完残	完残程度*	A1001	选择	20	文本
	完残状况	A1011	填写	100	文本
A11光泽	光泽类别	A1102	选择	20	文本
	光泽	A1120	填写	100	文本
A12装饰	装饰形式类别	A1201	填写	50	文本
	装饰题材类别	A1202	填写	50	文本
	装饰组合方式	A1203	选择	50	文本
	施饰部位	A1204	填写	50	文本
	色泽	A1205	填写	200	文本
A13题识内容	款识	A1302	填写	100	文本
	题名	A1304	填写	100	文本
	内容提要	A1306	填写	1000	文本

续表

序号	项目	对应指标	录入方式	长度	数据类型
A14文字	文字种类	A1401	填写	50	文本
	字体类别	A1402	填写	50	文本
	字体	A1410	填写	50	文本
	字迹颜色	A1403	填写	50	文本
A16计量	尺寸*	A1611	选择	20	文本
	尺寸单位*	A1612	填写	50	文本
	质量	A1631	选择	50	文本
	质量单位	A1632	填写	50	数字
A17计数	实际数量	A1701	填写	50	数字
	实际数量单位	A1702	填写	20	文本
	传统数量	A1711	填写	50	数字
	传统数量单位	A1712	填写	20	文本
A18附件	附件名称	A1801	填写	50	文本
	附件现状	A1821	填写	500	文本
	附件数量	A1831	填写	50	文本
	附件数量单位	A1832	填写	20	数字
A19附属物	附属物名称	A1901	填写	50	文本
	附属物现状	A1921	填写	500	文本
	附属物数量	A1931	填写	50	文本
	附属物数量单位	A1932	填写	20	数字
A20备注	备注	A2001	填写	2000	文本

（2）杂项藏品管理信息指标群

序号	项目	对应指标	录入方式	长度	数据类型
B01搜集	*来源	B0101	选择	100	文本

续表

序号	项目	对应指标	录入方式	长度	数据类型
B01搜集	来源单位或个人	B0102	填写	50	文本
	来源号	B0103	填写	50	文本
	搜集经过	B0104	填写	200	文本
	流传经历	B0121	填写	1000	文本
B02入馆	收藏单位*	B0201	填写	100	文本
	入馆登记号	B0211	填写	50	文本
	入馆日期	B0212	填写	10	文本
	总登记号*	B0213	填写	50	文本
	分类号	B0217	填写	50	文本
	入藏日期	B0214	填写	10	文本
B03鉴定	鉴定日期	B0301	填写	50	文本
	鉴定机构	B0302	填写	50	文本
	鉴定人	B0303	填写	50	文本
	鉴定意见	B0304	填写	1000	文本
B04定级	藏品级别*	B0401	选择	20	文本
	藏品保密级别	B0402	选择	50	文本
B05现状	当前状况	B0501	填写	不限长	文本
	当前处所	B0502	填写	200	文本
	当前保存条件	B0503	填写	不限长	文本
B06保护	保护优先等级	B0601	选择	20	文本
	保护措施	B0611	填写	不限长	文本
	保护技术类别	B0621	填写	50	文本
	保护记录	B0630	填写	不限长	文本

（3）杂项藏品文档与声像资料信息指标群

序号	项目	对应指标	录入方式	长度	数据类型
C01管理文档	文档名称	C0101	填写	50	文本
	文档编号	C0102	填写	50	文本
	文档类型	C0103	选择	50	文本
	制档日期	C0104	填写	50	文本
	制档人	C0105	填写	50	文本

续表

序号	项目	对应指标	录入方式	长度	数据类型
C02研究论著	研究论著题名	C0201	填写	200	文本
	研究论著类型	C0211	选择	50	文本
	研究论著情况	C0220	填写	不限长	文本
	研究论著详细内容	C0221	填写	不限长	文本
C03声像资料	声像资料名称	C0301	填写	50	文本
	声像资料编号	C0302	填写	50	文本
	声像资料类别	C0311	选择	50	文本
	声像资料情况	C0320	填写	500	文本

(五) 指标项的说明

A0101　　原名

为现收藏单位杂项藏品入藏登记账的名称。

***A0102　　名称**

杂项藏品的规范化名称，含国别、时期年代、产地、工艺技法、纹饰题材、款识题名、材料质地、器别形制等特征内容。

A0201　　藏品基本部类

根据藏品的文化属性、自然属性等情况，分为：文物/标本/模型/复制品/其他等，选择“文物”项。

***A0211　　文物类别**

在文物类别中选择“杂项”项。再分别选择“漆器”、“珐琅器”或“竹木牙角器”、“其他”及其子类项。

示例：漆器　　*A0202

雕漆器　　A0221

彩绘漆器　　A0222

珐琅器　　*A0203

掐丝珐琅器　　A0231

画珐琅器　　A0232

竹木牙角器　　*A0204

竹器　　A0241

木器	A0242
象牙	A0243
犀角	A0244
其他	*A0205

A0301　　年代类型

表明时间概念与杂项藏品之间的关系，可以区分为制造年代、使用年代等。

制造年代：杂项藏品的最初制作年代

使用年代：杂项藏品的实际使用年代

A0302　　年代表示方式

杂项藏品蕴涵的年代信息表示方式，以公历纪年、各国纪年、中国考古学年代、中国历史学年代、帝王纪年、常规碳14年代等方式表示。可选择其中一种年代表示方式，如确知藏品的公历纪年，应予选择。

***A0310　　年代**

杂项藏品的实际年代。

示例：公历纪年：1795年

各国纪年：日本明治四十年（1907年）

中国考古学年代：新石器时代

中国历史学年代：清代

帝王纪年：清乾隆六十年（1795年）

碳14年代：2600BC

A0401　　地域类型

表明地域概念与杂项藏品之间的关系，可分为制造地、出土地、采集地和使用地等。

A0402　　地域表示方式

杂项藏品蕴涵的地域信息表示方式，可用世界各国和地区、中国行政区划、中国古代国家与地方政权、中国历史地名等方式中的一种表示。

A0410　　地域

杂项藏品的实际制造或使用地点。

示例：世界各国和地区：日本京都

中国行政区划：浙江省湖州市

中国古代国家与地方政权：西夏

中国历史地名表示方式为朝代+地名，如：汉长安；

A0501　　**人文类型**

表明杂项藏品的人文概念与藏品的关系，分为制造者、仿制者、使用者或属有者等。

A0502　　**人文表示方式**

杂项藏品蕴涵的人文信息表示方式，可选择各国考古学文化、中国考古学文化、中外个人等方式中的一种表示。

A0510　　**人文**

杂项藏品蕴涵的人文信息内容。

示例：各国考古学文化：

中国考古学文化：新石器时代河姆渡文化

中外个人：杨成

A0540　　**人物传略**

主要包括姓名、字、号、别名、室名、国别、民族、籍贯、性别、生卒年月、主要经历、事迹，或专长、代表性作品等。

A0601　　**质地类别**

根据构成藏品主体材料的物质成分分为无机质、有机质、复合材料、组合材料四大类。

A0602　　**质地子类别**

每一大类再分为若干小类，每一小类包含若干具体种类名称。

A0610　　**质地**

根据器物的实际质地填写如“竹”、“象牙”、“复合质地”等。

A0701　　**功能类别**

根据杂项藏品在社会生活中的功能与用途划分。可分为：生活用品、艺术品、丧葬用品、宗教礼仪用品、其他用品等。

A0711　　**实际用途**

杂项藏品与特定事件或人物相关的用途。

A0801　　**成型工艺**

杂项藏品的整体成型工艺。

示例：雕漆、彩绘漆

掐丝珐琅、画珐琅

镂雕、透雕

A0821　　装饰生成工艺

杂项藏品的纹饰或图饰的生成工艺。

示例：剔红、剔犀、剔彩、

　　　掐丝

　　　镂雕、透雕

A0822　　文字生成工艺

杂项藏品上的文字的生成工艺。

示例：镌刻

　　　手写

　　　掐丝

　　　铸造

A0901　　物态类别

表明藏品整体的物质存在状态。其类别包括通常所说的物质三态，即固态、液态、气态，以及复合态等。杂项藏品一般选择“固态”。

***A0911　　形态特征**

藏品的整体形态特征的描述。杂项藏品描述的基本原则是：

（1）按照先整体后局部、先上后下，先表后里的顺序描述，对比较复杂的图案，要表达得层次分明，主体突出。

（2）描述用语客观，力求准确、简明、规范。

（3）应使用文物、考古学对器物描述的基本术语。

（4）揭示藏品的内涵，指出它的历史、科学和艺术价值。

杂项形态特征描述内容应包括：

（1）造型：器皿、雕塑等

（2）纹饰：主题纹饰、辅饰、布局等

（3）质地：竹、木、牙、角、漆、珐琅、胎质、胎色等

（4）色泽：漆或珐琅颜色等

（5）款识：题记、款识、部位等

（6）工艺：彩绘、雕刻、掐丝等

示例：

明剔红人物纹小圆盒　盒为扁圆形，木胎，外髹紅漆，上下开启。盒盖上半部分雕海水纹，海浪间高悬一弯新月；下半部分以锦纹表示河岸，一僧盘腿坐于岸边诵经。盒底以海水纹为底纹，其上雕三组梅花

纹。盒内髹黑漆。器形小巧别致，雕工细腻圆润。

汉小漆案　木质胎，案面为长方形，栅状足由五根竖枨组成，枨下有横木承托。案面及足以褐漆为底色，案面以朱漆勾勒一矩形框，框四角同案面四角以朱绘直线相连，将案面四边划分为四区，四区内饰朱绘云纹，漆案侧面饰以朱绘云纹。栅状足竖枨上装饰朱绘三角纹和云纹。漆色鲜亮，画工细腻，线条纤细流畅，是汉代漆器中的精品。

清铜胎鎏金掐丝珐琅凤纹四足熏炉　炉上设三层罩盖，盖顶饰铜鎏金狮钮，底承四鱼龙形足。通体以掐丝珐琅装饰为主。炉座上翻边盘口上雕夔凤螭龙纹，间饰大量各式花卉纹，两节炉身和炉盖每面开光，交错饰以铜鎏金镂雕和珐琅，主纹饰为凤纹并辅以花卉纹。此器器型高大美观，色泽雅艳，纹饰雍容华贵。

明竹雕“小松”款松鼠纹盒　椭圆形，子母口。盒身、盒盖通体高浮雕过枝松。松树上浮雕卵石状松鳞和蘑菇状松针，并有三只颇具动感的松鼠，使虬枝老干间充满盎然生趣。盒身下部松干刻“小松”款。朱小松是明末嘉定派刻竹高手，善于透雕和高浮雕，并有很高的绘画艺术造诣，竹雕作品往往以刀代笔，在方寸之间使画意跃然而出。

A0912　　独特标记

杂项藏品最具识别意义的局部细节特征，以区别同类藏品的不同个体。

***A1001　　完残程度**

入藏时单件藏品的完残程度和成套藏品的完缺程度的类别，可分为：完整、基本完整、微残、重残、缺、失六大类。选择其中一项。

A1011　　完残状况

入藏时单件藏品完残状况和成套藏品完缺状，其具体描述，应以规范的语言说明单件藏品的伤残部位与情况以及成套藏品的失群情况。

示例：完/完整

基本完整/

微残/一般残；口裂，裂纹长0.2厘米

重残/重度残；圈足破裂，裂纹长2厘米

缺/局部缺；缺一前足（不可分离的整体部分的缺失）

失/失部件；失盖（组件的丢失）

失/失群；原为4条通景屏，现存第2、3条。

A1102　　光泽类别

一般指杂项藏品表面光泽的类别。选择“非金属光泽”项。

A1120　　光泽

杂项藏品的具体光泽，先确定光泽的类别，再描述光泽的具体情况。

示例：非金属光泽／油脂光泽；光洁润泽

非金属光泽／土状光泽；暗无光泽

A1201　　装饰形式类别

与杂项藏品定名相关的装饰形式类别，分为：附加物（如：清黑漆嵌螺钿人物纹银里碗）、纹饰、图饰、装饰性文字等。

如，“清铜胎鎏金掐丝珐琅凤纹四足熏炉”中的“凤纹”属纹饰类；“明剔红人物纹小圆盒”中的“人物纹”属图饰类；

A1202　　装饰题材类别

纹饰或图饰的题材类别，一般与杂项藏品定名相关。依纹样的主题，纹饰类可分为自然物纹、植物纹、动物纹、人物纹、什物纹、几何纹、字符纹等大类；图饰类可分为花鸟、山水、人物、器物、画诗等大类；文字装饰类依文字种类划分。可选择其中一种或多种表示方式。并具体描述详细装饰内容。

示例：植物纹／莲花纹

什物纹／绳纹

几何纹／菱格纹

中国少数民族文字／满文、蒙文、藏文、契月文

各国文字／英文、俄文、梵文

A1203　　装饰组合方式

纹饰或图饰的组合方式，一般与文物藏品定名相关。纹饰或图饰的组合方式可分为传统组合方式、图案组合方式等大类，每一大类再分为若干小类。

示例：传统组合方式／团枝

折枝

缠枝

……

图案组合方式／单独纹样

散点图案

连续图案

平面构成

传统组合方式既可以用于藏品定名(如前例“清掐丝珐琅缠枝花卉纹炉”的“缠枝”)，又可以用于藏品描述；图案组合方式往往仅用于藏品描述。

A1204　　施饰部位

纹饰或图饰施在杂项藏品的具体部位的名称。如，颈部、腹部、耳部、足部、器内、通体等。

A1205　　色泽

杂项藏品外观颜色，如施漆或珐琅的特征等。

A1302　　款识

杂项藏品的款识的原文及其释文、译文。汉语古文字款识一般录其释文，中国少数民族文字款识和外国文字款识一般录其译文。

A1304　　题名

关于杂项藏品内容的标题或标记符号，有的为原有题名，有的为后代添加的题名，有的是博物馆入藏以后新标的题名。

A1306　　内容提要

杂项藏品上文字内容的提要。内容提要应简明、准确、规范，尤其是与藏品定名相关的内容提要，更应简练、确切。

如果器形为真，而其上的装饰和题识即款识、题名、印鉴等，也应录入，并注明“伪铭”、“伪款”等。

A1401　　文字种类

杂项藏品的文字按语种划分的种类。

示例：汉字

中国少数民族文字／藏文

蒙文

契丹文

外国文字／梵文

阿拉伯文

英文

A1402　　字体类别

杂项藏品的文字按形体划分的类别。

示例：书写体／中文／篆书

隶书

楷书

……

西文／圆体

意大利体奔式

意大利体楷式

手写印刷体

印刷体

其他

A1410　　字体

示例：中文／篆书

西文／圆体

A1403　　字迹颜色

杂项藏品的文字的字迹颜色。应先确定颜色的类别，再描述颜色的具体情况。

示例：单色／蓝；褪成浅蓝色

多色／黑、红；黑色字，红色句识。

***A1611　　尺寸**

杂项藏品的测量部位名称及其具体尺寸。

（1）一般形体顺序填写长、宽、高；圆面填写自外沿量起的直径

（2）复杂形体测量最大长、宽、高。

***A1612　　尺寸单位**

杂项藏品相关部位的尺寸的计量单位。以“厘米”为基本单位，特大的藏品可用“米”。可保留小数点后两位数字。

A1631　　质量

杂项藏品物体大小的物理量，即常说的“重量”。对同号多个体的文物应填写各个个体质量的总和。杂项文物的质量一律不包括附件的质量。

A1632　　质量单位

藏品质量的计量单位。以“克”为基本单位，特大的藏品可用“千克”。可保留小数点后两位数字。

A1701　　实际数量

具有保管意义、在物理上具有独立性的个体或不可拆分的最小个体

的数量。必须填写为半角阿拉伯数字，其后不能跟计量单位。计量单位只填写在A1702指标项中。

残次品为修复后的实际个体数。

示例：一套漆碗，实际数量：6个。

A1702　　实际数量单位

实际数量的计量单位。如：个、件、只等。

A1711　　传统数量

具有统计意义、在功能与内容上具有相关性的独立个体集合，或独立个体的数量。必须填写为半角阿拉伯数字，其后不能跟计量单位。计量单位只填写在A1712指标项中。

示例：一套漆碗，传统数量：1套。

A1712　　传统数量单位

传统数量的计量单位。如：对、套、组等。

A1801　　附件名称

杂项藏品入馆时所附带的部件的名称。

A1821　　附件现状

附件形态特征与完残状况的描述。参见A0911形态特征与A1011完残状况。

A1831　　附件数量

附件的实际数量。必须填写为半角阿拉伯数字，其后不能跟计量单位。计量单位只填写在A1832指标项中。

A1832　　附件数量单位

附件实际数量的计量单位。

A1901　　附属物名称

具有独立形体与功能，但附属于藏品的物体的名称。

A1921　　附属物现状

附属物形态特征与完残状况的描述。参见A0911形态特征与A1011完残状况。

A1931　　附属物数量

附属物的实际数量。参见A1701实际数量。

A1932　　附属物数量单位

附属物实际数量的计量单位。

A2001　备注

对藏品的补充说明。

***B0101　来源**

现收藏单位获得杂项藏品的行为方式。

示例：旧藏

社会搜集/拨交、移交、交换、拣选、捐赠、收购、征集

田野搜集/采集、发掘

制作

其他

B0102　来源单位或个人

现收藏单位获得杂项藏品的来源单位名称或个人姓名。

搜集方式为“旧藏”的，来源单位指是原旧藏单位。

搜集方式为“拨交”的，是指经主管部门批准调拨或主管部门指定其他单位拨交，来源单位是指原拨交单位。

搜集方式为“移交”的，是指公安、海关、工商等执法部门移交罚没的文物、标本，来源单位是指原移交部门。

搜集方式为“交换”的，是指收藏单位之间的藏品交换，来源单位是指与本馆交换藏品的单位。

搜集方式为“拣选”的，是指银行、冶炼厂、造纸厂以及废旧物资回收单位将拣选的文物、标本移交给主管部门指定的博物馆，来源单位是指原捐赠单位或捐赠人。

搜集方式为“捐赠”的，来源单位或来源人是指原移交单位。

搜集方式为“收购”的，来源单位或来源人是指原出售的单位或个人。

搜集方式为“征集”的，来源单位或来源人是指提供文物、标本的单位或个人。

B0103　来源号

杂项藏品被现收藏单位接收以前，来源单位或个人给予藏品的编号，或其他编号。

B0104　搜集经过

现收藏单位获得杂项藏品的经过。包括搜集时间、来源对象、经手人等。

B0121　流传经历

藏品被现收藏单位收藏以前的流传过程。包括藏品入藏以前的发

现、鉴藏、递藏的过程，以及修复、著录、传拓、有关传闻等。

*B0201　　收藏单位

杂项藏品现在的收藏单位的名称。

B0211　　入馆登记号

杂项藏品在现收藏单位入馆凭证上的登记号。

B0212　　入馆日期

杂项藏品被现收藏单位接收入馆的日期，即“入馆凭证”记载的日期。日期表示方式参见GB／T 7408-1994。

*B0213　　总登记号

杂项藏品在现收藏单位总账上的登记号。既可标记藏品在博物馆藏品总登记账上的位置和先后顺序，也是博物馆藏品的总序号。

总登记号中有冒号、逗号、正反斜杠、星号、问号、各种括号、竖杠等特殊符号时必须输为全角，且要与藏品对应的图片文件名中总登记号部分要完全一致。

B0217　　分类号

分登记号

B0214　　入藏日期

杂项藏品被现收藏单位登记入库的日期，即“总登记账”登记的日期。

B0301　　鉴定日期

对藏品进行鉴定的日期。

B0302　　鉴定机构

藏品鉴定人员所属的单位或组织机构的名称。

B0303　　鉴定人

对藏品进行鉴定的人员的姓名。

B0304　　鉴定意见

鉴定人对藏品的鉴定意见。包括辨别真伪、考证内涵、列举依据、评定价值、定名定级。

*B0401　　藏品级别

根据文物藏品的历史价值、艺术价值、科学价值确定的级别。中国杂项藏品参见《文物藏品定级标准》。

10　一级文物

20　二级文物

30　三级文物

40　一般文物

50　未定级

60　参考品

70　其他

B0402　　藏品保密级别

根据藏品保密工作需要确定的保密级别。参见GB 7156-1987。

示例：绝密

机密

保密

公开

B0501　　当前状况

藏品当前状况的实时记录。包括本次与前次记录相比较的完残状况变化情况、记录日期等。

B0502　　当前处所

藏品当前存放的具体位置。如，在1号库房；在3号展厅；在修复室；在美国展出。

B0503　　当前保存条件

藏品当前所处的保存条件。包括库内环境与库外环境、空气温度与相对湿度、空气质量、采光照明、技防监控条件等。

如，1号库(杂项文物库)：温度20℃，湿度55％（据2010-07-28《库房日志》)。

B0601　　保护优先等级

根据杂项藏品价值及其遭受自然病害或人为损害程度确定的藏品保护优先等级。

10　紧急保护修复

20　亟需保护修复

30　需要保护修复

40　已保护修复

B0611　　保护措施

针对自然病害或人为损害对杂项藏品造成的危害，对库房、展厅和其他保存场所采取的保护措施。

B0621　　保护技术类别

根据藏品技术保护工作内容划分的类别。

示例：保护处理

修复

复制

B0630　　保护记录

对藏品采取技术保护工作的记录。包括技术保护方案、技术保护工作开始日期、技术保护工作结束日期、保护处理前藏品状况、保护处理中藏品状况、保护处理后藏品状况、审批单位、审批人、批准文号、技术保护工作单位、技术保护工作人员、验收人等。

C0101　　文档名称

藏品管理工作文档的名称。

如，《藏品总登记账》、《藏品编目卡》、《出库凭证》、《捐赠证明》等。

C0102　　文档编号

藏品管理工作文档的编号。

C0103　　文档类型

根据藏品管理工作文档的内容与形式划分的类型。分为：账册、卡片、档案、凭证、名录、统计表、原始文件等。

C0104　　制档日期

编制藏品管理工作文档的具体日期，对应《藏品档案》之制档日期。日期表示方式参见CB／T 7408–1994。

C0105　　制档人

编制藏品管理工作文档的人员的姓名，对应《藏品档案》之制档人。

C0201　　研究论著题名

与藏品相关的研究论著的题名。

C0211　　研究论著类型

与藏品相关的研究论著发表出版形式的类型。如，论文、专著，参见ZB40–94／CBLB。

A　专著(指专门的研究著作)

B　报告(大型考古报告)

C　简报(简要的考古报告)

D　论文(专题论文)

E　工具书(百科全书、字典、图典等)

F　一般读物(普及性读物)

Z　其他(不能归入上述几类的图书资料)

C0220　　研究论著情况

与藏品相关的研究论著的基本情况。包括研究论著的责任者、发表刊物名称、出版者或发行者、出版或发行年份、版本号或期刊号。

如，《中国古代漆器》

责任者：王世襄

出版者：文物出版社

出版年份：1987年12月

版本号：第一版

C0221　　研究论著详细内容

研究论著的全部内容或内容提要。

C0301　　声像资料名称

与藏品相关的声像资料的名称。

C0302　　声像资料编号

与藏品相关的声像资料的编号。

C0311　　声像资料类别

根据记录藏品声像信息所使用的物质材料及其制品划分的类别。

示例：纸制品／图纸

拓片

照相制品／底片

原版照片

数码照片

机读制品／磁盘

光盘

C0320　　声像资料情况

与藏品相关的声像资料的具体情况。包括数量或长度、尺寸、缩率或比例、制作日期、制作单位、制作人、批准文号、审批人等。

附件一：杂项类文物定名示例

一般应包括年代、制造者、工艺材质、绘饰、器形（通称）等内容，并顺序排列。如果漆器或珐琅器本身有年号款，则在时代后加上“款”字，如果款识是仿款，则应在年号款前加写“仿”字。

如：

中国　元　“杨茂造”剔红　观瀑图　八方　盘

清　铜胎鎏金掐丝珐琅　凤纹　四足　熏炉

（国别）（年代、款识）（制造者）（工艺材质）（工艺或装饰）（器形、通称）

附件二：杂项类文物形态特征描述

杂项形态特征描述内容应包括：

（1）造型：器皿、雕塑等

（2）纹饰：主题纹饰、辅饰、布局等

（3）质地：竹、木、牙、角、漆、珐琅、胎质、胎色等

（4）色泽：漆或珐琅颜色等

（5）款识：题记、款识、部位等

（6）工艺：彩绘、雕刻、掐丝等

世事洞明皆学问

——博物馆的研究

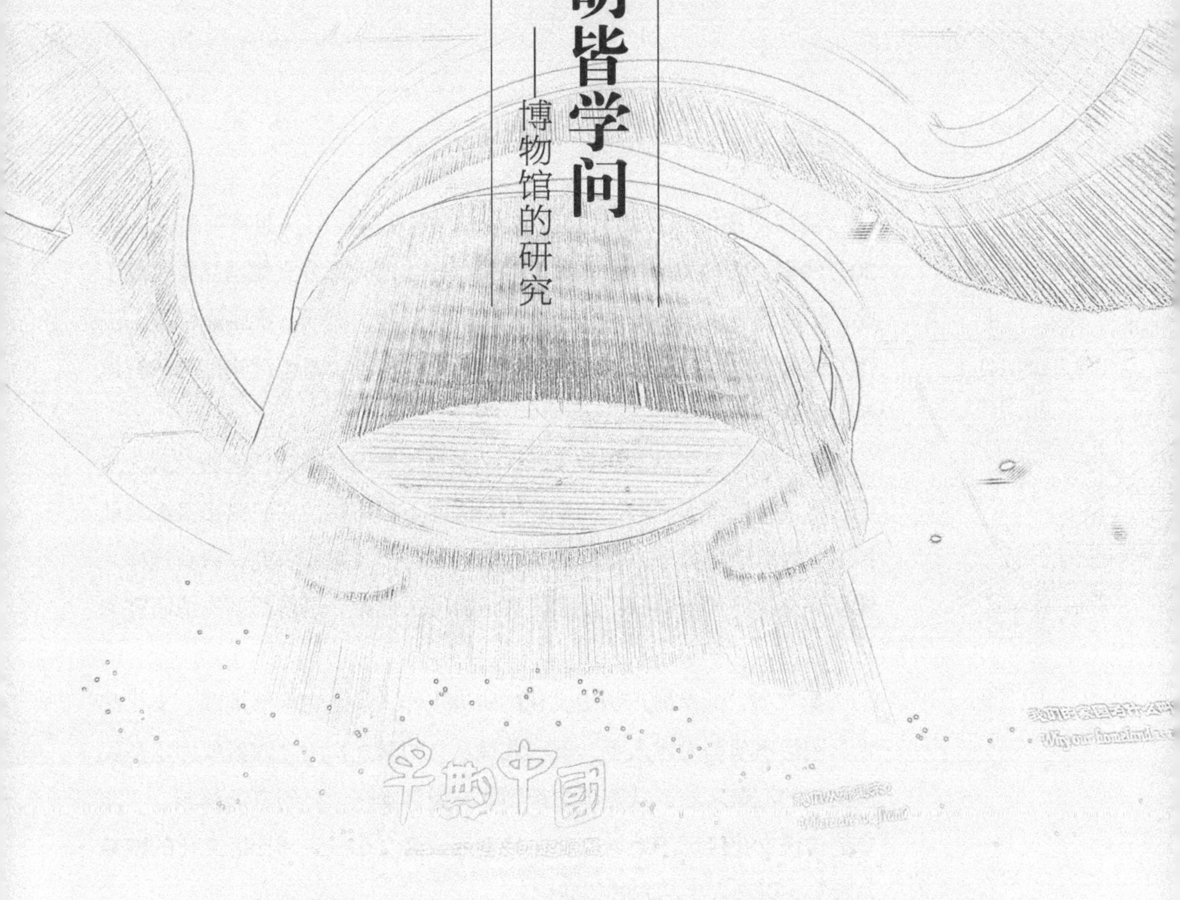

博物馆的三大功能：收藏、研究、展览，如果说收藏功能是基础，展览功能是功用，那么研究工作就是解析藏品信息、指导陈列展览之承上启下的重要环节。博物馆的研究范畴是很宽广的，如以围绕“文物”为中心的器物研究、考古研究，又如以围绕“展览”为中心的研究，包括临时展览研究、固定陈列研究、展览主题选择、展览策划探讨等，再如以围绕“博物馆”自身为研究对象，包括博物馆的安防、物业、开放研究等，可以说博物馆研究是极为宽泛的概念，研究对象有大有小、千变万化，各个博物馆依据自身特点，选择研究对象，侧重点略有不同。但从中不难看出，博物馆事无巨细皆有文章，可谓“世事洞明皆学问”。

首都博物馆作为北京地区最大的地方性博物馆，拥有馆藏文物约20万件套，文物类别26大类，北京地区出土的大部分文物精品均收藏于此，年代跨度从旧石器时代至今。特别是瓷器、铜器、字画、佛像、玉器为馆藏文物的优势。依据性质定位和馆藏资源，首都博物馆的研究体系可以分为四大类：

第一类，考古性的研究工作。馆藏是博物馆的基础，这些馆藏大多经过考古挖掘再现于人们的视野中，因此首都博物馆在研究自身馆藏前提下，对北京地区考古挖掘的重要发现进行了了解和研究，只有这样才能了解文物的背景情况。馆藏研究结合考古挖掘，是首都博物馆研究的一个重点。

第二类，北京城市历史文化的研究工作。从北京自然地理、文化艺术、民俗事项等内容入手，展现北京从文明曙光初照之时就成为了多民族文化的汇聚之地。从燕国之都到北方重镇幽州，再到京师都城，“北京的传统文化经历了地域文化—特别行政区文化—京师社区文化的嬗变过程”，以及人生活方式的变化。

第三类，专题性研究。依托本馆的一些课题研究，进行专题性研究。这些专题关注的都是时下的社会问题及社会现象，如非物质文化遗产、城市记忆的系列课题等。

第四类，博物馆陈列研究。对首博的陈列创意策划、形式设计、比较评估等有一定深入的挖掘和自己的见解。

一 考古研究

与丰富的地上资源相比，随着考古学、古人类学等学科科研成就的不断取得，地下资源以“出世”的姿态吸引着人们的眼光，并作为佐证文献的重要依据，丰富和填补了北京历史文化内涵的空白。同时，地下文物如同望远镜和显微镜一样，带领今人探寻过去的北京。所谓“望远镜”作用是说地下文物可以让我们看到北京更加古老悠远的历史，把北京的历史向前追溯到它应有的长度和最早的源头，使我们能深刻认识古都北京得以生成的文化沃土和更加广阔的历史背景。所谓“显微镜”作用是说地下文物可以让我们看到北京历史上许多事物的具体情景与细节，它们真实形象、直观生动，最具说服力和感染力，能给人以深刻的印象和启迪，也极具学术研究价值[①]。

(一) 北京历史文化的研究

早在20世纪初，北京周口店附近出土的“龙骨”揭开了北京史前文化的序幕。1929年，第一件“北京猿人”头盖骨的发现，将北京地区早期人类活动的历史追溯到50万年以前。新中国成立后门头沟区的“东胡林人”及平谷“上宅文化”和昌平“雪山一期文化”遗址的挖掘，显示了北京地区的古人类由穴居走向平原、开始进入新石器时代的重要资料。进入到文明时代后，从夏、商、周到元、明、清，历朝历代北京地区都有重要的考古发现：有关北京商周时代的考古资料可以通过对昌平雪山遗址、房山琉璃河董家林村古城及许多墓葬的发掘获得；对战国秦汉时期的古蓟城、汉代县城遗址，以及从唐代墓葬、墓志的发掘发现，为古蓟城、幽州城的定位、复原提供了重要材料；辽金时期墓葬、遗址和遗物的考古研究，为考察北京古地理和当时的社会生产生活提供了重要材料；对元大都、明清北京城及河湖水系等遗址的发掘勘察，丰富了北京城市史的内容。

具有鲜明北京文化特色的物质见证物，根据时段，以北京目前出土的重要文化遗址为基础，可分为以下几项，如图所示：

史前阶段	· 旧石器的北京人，“新洞人”、“山顶洞人” · 新石器时期的“东胡林人”、镇江营遗址、上宅遗址、雪山遗址等不同阶段的文化遗存
夏商周阶段	· 琉璃河遗址的青铜礼器群 · 原始青瓷器等
秦汉至南北朝阶段	· 松园遗址的砾绘陶制礼器群 · 军都山北方少数部族墓地的文化遗存等 · 老山汉墓出土的漆器 · 西晋华芳墓出土的玻璃器等文物
隋唐阶段	· 陶然亭何氏唐墓壁画、墓志等
辽金元阶段	· 石景山八宝山韩佚墓出土文物 · 丰台区王佐乡乌古伦元忠墓出土窑州青釉錾沿洗等 · 元大都遗址出土的青花莲纹梨式壶 · 耶律铸墓出土文物
明清阶段	· 贵族墓出土文物

（二）北京建城史的研究

在中国乃至世界，再没有一座城市像北京一样拥有如此丰富的文化意韵，“三山五水一平原，一河四道南北川，内城外城跨长城”。地理的自然屏障与天然水系为北京城的建立提供了最为适宜的自然环境，“辨证方位、讲求对称、突出中心、讲究风水”的设计理念，构筑了现代人所追

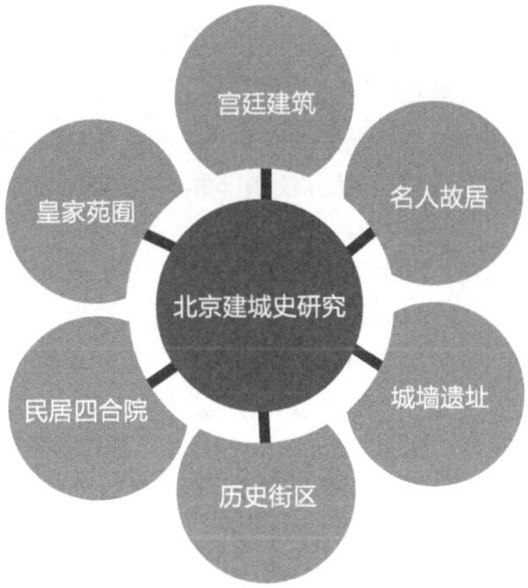

求的宜居城市。天坛、地坛、日坛、月坛位于城市的南北东西，城的中心是紫禁城，皇帝住在那里坐北朝南，左崇文、右宣武，表达他文治武备的治国方略。满城的塔影、牌楼、四合院、影壁等，西山之间三山五园的瑰丽风光，使人文建筑与自然山水呼应达到了高度的和谐统一。

北京建城史是研究北京城市文化的重要内容，而充满其中的文物古迹则像血肉一般，将北京文化的肌理变得更加充实而饱满。从皇家宫殿到官府宅邸，从寺庙宫观到名人故居，从亭台楼阁到雕塑石刻，每一处物质文化遗产都代表了城市文化的多彩深厚。

二 北京城市历史研究

北京城市历史的研究内容可以用包罗万象来形容，自然地理、文化人文、政治风云、英雄人物等，本文仅举目前首都博物馆的“民俗研究”为例，从中即可延伸出很多研究内容。笔者将其分为北京的物质民俗、北京的精神民俗、北京的生产民俗、北京的社会民俗、北京的口承语言民俗及其他、北京的行政民俗、北京的都市社会民俗七大类。每一个类别里又包含着丰富内容，具体又可以划分为诸多细目，如下图所示：

北京的物质民俗

- 1. 衣饰民俗：包括北京服饰历史的回顾；生活装（节日服装）；职业装；时装；衣饰美容等。
- 2. 饮食民俗：包括北京饮食历史的回顾；家庭饮食；节日民俗；待客民俗（a事物；b习俗；d结构；e餐具）；商业饮食（a名店；b名吃；c季节）；宗教饮食等。
- 3. 居住民俗：包括北京居住民俗概说；居民（大院、四合院、大杂院、居民楼、自住房、出租房）；公用建筑等。
- 4. 行为民俗：包括出行；购物；语言；理财(股市)；收藏；就诊；彩票；选美等。
- 5. 起居民俗：包括饮水、节水；睡眠；如厕；取暖等。

北京的精神民俗

- 1. 信仰与社团

（1）北京的宗教：包括北京的宗教团体；北京的宗教活动场所；北京的宗教活动（宗教节日；信教群众的宗教活动；民间信仰）等。

（2）北京的社团：包括民主党派；人民团体；行业协会；群众组织；社团管理等。

（3）北京的民间国际友好往来：包括友好城市；友好单位；社会交往（互联网）等。

- 2. 礼仪

（1）社交礼仪：包括形体；言行；书信；餐饮；交往等。

（2）家庭礼仪：包括尊祖礼仪（a追思；b祭扫；c继承一命名）；亲属礼仪（a父母；b夫妻；c兄弟姐妹）；家规教育（a家规家训；b家教；c家政）等。

（3）人生礼仪：包括生育民俗（产前；产后；育儿）；婚姻礼仪（婚前；婚礼；婚后）；老年民俗（老有所乐；老有所养；丧礼；庆生；礼仪教育活动）等。

- 3. 民间娱乐

（1）岁时节日（农业、商贸、文体、庆贺、宗教、社交）。

（2）庙会（活动日、节日）。

（3）民间娱乐。

（4）文化、体育。

（5）出行、休闲（因私出境）。

北京的生产民俗

- 1. 科技：包括科学与技术；医药与卫生；社会科学。
- 2. 生产：包括工业；农业；商业（管理）；房地产业；医药业；手工业；金融；典当业；展销会、小市。
- 3. 服务：包括物业管理；旅游；公共交通（飞机、火车、公共交通、地铁、城铁、出租车、畜力车、人力车）；婚庆；殡葬。
- 4. 传媒。
- 5. 劳动。

北京的社会民俗

- 1. 家庭和亲族民俗（各少数民族节日活动）。
- 2. 社会保障（公共卫生）。
- 3. 社会教育（大学、中学、小学、幼儿园、留学中介）。
- 4. 社区服务：包括环境（城区、郊县、社区、乡村；生活；信息；文化；医疗；服务）。
- 5. 社交：包括社会交往；业务交往；家庭交往；工作交往；个人交往。

口承语言民俗及其他

- 1. 民间文学：民间故事；民间歌谣；民间谚语；流行语；网络语言。
- 2. 民间工艺：展示活动；名作名品。
- 3. 民间游戏：活动；项目。
- 4. 语言。
- 5. 行为。
- 6. 消费民俗。
- 7. 老字号。
- 8. 非物质文化遗产保护：民俗；展示；传承人；交流；应用。

行政民俗

- 1. 节日、假日、活动日：节日；假日；活动日；纪念日。
- 2. 城管。
- 3. 就业：工资；就业；招考。
- 4. 人口：总量；性别；健康；外籍人口。
- 5. 优抚：养老；卫生；安全；孝道；殡葬。
- 6. 消费。
- 7. 公共活动场所：体育等。
- 8. 社会交际：国际；国内；家庭。

都市社会民俗

- 1. 政治。
- 2. 经济：股市；房价；个人财富。
- 3. 文化：电影；电视；网络；体育；拍卖。
- 4. 教育。
- 5. 生活：健康；慈善；物价；时尚用品；业委会。
- 6. 社会服务：衣；食；住；行。
- 7. 环境保护：绿化；空气质量；垃圾处理；低碳生活；宜居城市。
- 8. 北京之最 。

三 专题项目研究

首都博物馆依托本馆的资源和优势，进行一些专题性研究，关注的都是时下的社会问题及社会现象，如非物质文化遗产、城市记忆的系列课题等。

首都博物馆工作人员考察北京第三热电厂

（一） 工业遗址调查

北京工业遗迹调查是城市变迁的需要，是时代发展给文物工作者提出的新课题。北京的工业辉煌成为城市进程中的永恒记忆，曾经从辉煌到落寞的工业，它的遗迹能否熠熠生辉，成为一座现代化城市发展的组成部分？这是人们很关注的一个问题。北京工业兴起于19世纪末，20世纪50年代开始得以发展，这些工业区对北京城市的发展做出了不可磨灭的业绩。但随着20世纪90年代北京产业调整，环保要求和城市进一步发展的需要，原有的工业格局进行了重大调整。城区内150家工业企业退出城市，其中不乏有着百年历史的工厂要与这座城市告别。工业遗迹在北京的保护上存在一些问题：一是重视不够；二是家底不清；三是对工业遗产缺乏深入系统的研究，保护理念和经验严重匮乏。为此首都博物馆开展了工业遗产的普查工作，提高了对工业遗产价值的认识。

工业遗产中只有那些能标志历史阶段性转变的才是值得留存的，这些正是首博工业遗迹调查的对象。首博除了对工业遗址进行现状拍照和录像，对工业文物进行征集外，对于厂房的改造再利用，保留有代表性的厂房、机械设备，进行前卫性的、科学的设计与利用也将是研究中的课题。

(二) 非物质文化遗产调查、保护与展示

随着文化遗产概念的不断扩延和保护非物质文化遗产呼声的日益高涨，博物馆原有的以“物”为展出内容的理念正在面临挑战。越来越多的学者开始认同博物馆应该将非物质文化遗产与物质文化遗产结合起来加以研究的理念。

北京非物质文化遗产具有民俗性、包容性、递升性、皇家性特点。首都博物馆藏品丰富，在保护和传承非物质文化遗产上存在优势。“老北京民俗展”从多层次、多角度展现非物质文化遗产。展览截取了老北京人日常生活中的四个片段：洞房花烛、孩子出生、庆祝五秩（父亲的寿礼）、阖家欢度春节。在体现中国家庭习俗和北京特有民俗的同时，也展示了北京的非物质文化遗产。除了人们日常生活用品，如漆器、象牙装饰品、掐丝首饰盒、各类家具、针织绣品之外，大到逢年过节都要参与庆祝活动的舞狮，小到人们日常娱乐的鸽哨，还有鼻烟壶、景泰蓝

1. 首都博物馆“民俗展”中的旧时婚房场景
2. 首都博物馆“民俗展”中“儿童厅”场景
3. 首都博物馆“民俗展”中的庆寿场景
4. 首都博物馆“民俗展”中年节场景

1	2
3	4

制品和杨柳青年画，工艺水平高超，制作精良，是当时手工技艺的重要载体。

此外，“京剧文物展”也是首都博物馆展现非物质文化遗产的探索性尝试。展览以馆藏京剧文物陈列为主线，介绍了京剧艺术的一些常识，力求使观众通过实物对京剧艺术有更深了解，提升观众对京剧的兴趣。此外，还特意参照北京崇文区珠市口阳平会馆内的戏台在展厅内修建了一座传统戏楼。参观者置身其中，还能找到些许“老北京”听戏、观剧的感觉，从而直接并真切地理解京剧这一非物质文化遗产在北京文化中的重要地位和传承需要。

为了更好地保护和传承昆曲，与“京剧文物展”相呼应，也是弥补当前博物馆展示非物质文化遗产的不足，在“京剧文物展”展厅的戏楼长期举办昆曲表演活动，将文物的静态陈列与戏曲表演的动态展示结合起来，加强观众的参与性。在博物馆中，以生动的形式表现已经消失了的活的事件、人物、艺术，使观众在参观时得到真切感受的同时实现博物馆展示的目的。

首都博物馆的“北京地区非物质文化遗产保护研究”科研项目将完成考察报告、研究论文和数据库等，这些科研成果不仅会进一步深化首博的展览，也为北京文化的研究开辟了新的视角，还将为政府制定非物质文化遗产的保护措施提供决策参考。

首都博物馆“京剧文物展”展厅一角

在首都博物馆感受遗产——“中国非物质文化遗产数字化成果展”中展示“北京声音”

(三) 北京声音的调查与展示

声音的收集与展示逐渐成为博物馆新的研究课题和工作方向。首都博物馆对于北京声音的调查与展示，是在北京城市史研究上的新尝试。走在首都博物馆地下一层的竹林旁，耳边时而传来老北京的吆喝声、有轨电车的“哨哨”声、大街小巷小贩的吆喝声、邻里街坊的寒暄问候声……环绕在京腔京韵中，感受20世纪初期北京大街小巷的声音。其间还播放民间音乐和彼得·科萨克 (Peter Cusack)、大卫·托普 (David Toop)音乐家的作品，以反映北京城市的变迁和变化中的精神风貌。同时选取了一些声音在民俗展厅中播放，使观众仿佛置身于老北京的大街小巷中，渲染了展览的气氛。

首都博物馆拟用三年时间完成展示北京声音的展览计划，陆续把已经收集到的声音按历史、艺术、宗教、社会生活、戏剧、古迹等分类。资料越丰富，分析研究将随之深入，计划将收集来的声音制作《胡同的一天》、《四季的声音》、《天安门广场声音》、《奥运活动声音》等专题项目进行展示，在2009年国庆60年时推出“百年声音”作为国庆献礼，使公众到首都博物馆不仅可以看历史还能倾听历史。这是首都博物馆在保护北京声音资源方面的努力，也是作为城市博物馆的新举措。

首都博物馆基于以上多角度的深入研究，经过不断探索、实践和创新，从实际出发，以保护北京多元文化为己任，立足北京的历史文化，展示北京城的前世今生，架起了现实与历史之间桥梁，发挥城市博物馆应有的作用。

四 博物馆陈列研究

(一) 陈列展览的性质

博物馆陈列展览是专属于博物馆的一门专业性较强的综合性空间艺术，有时也是展览展示行业中的一项独具特质的艺术形式。它的主题、内容、形式、空间、时间、受众、目的等都有别于时效性展览、纯政治展览、纯艺术展览、商业会展等一般性展览。因此，只有研究了博物馆展览本体性质后，才能找到准确的定位，顺利而成功地完成一个博物馆的陈列展览项目。

1. 寄生艺术的特质

博物馆陈列艺术是寄生在博物馆藏品和博物馆研究肌体上的展览展示，它不是任意的艺术行为，它受着博物馆学的制约，受着展览主题、文物特质、受众范围的制约，因此，它的创造空间很小。尽管如此，这门艺术的主创人或设计师却有着与众不同的专业素质，艺术创作—空间设计—博物馆学。它有一整套完整的运行体系，虽然陈列艺术是新兴的艺术门类，但人们对博物馆陈列展览的审美取向是大致相同的。

2. 综合性的艺术

陈列艺术的前提是博物馆学、历史学、文物学、艺术学，实际操作是空间设计、平面设计、电气设计、结构设计、多媒体设计等，制作工艺是装饰装修工艺、写真印制工艺、雕刻油漆工艺、绘画雕塑工艺、金属制造工艺、文物保护技术、安全防卫技术等。所有设计、工艺、技术都是为陈列展览的完成服务的，这也构成了陈列艺术的综合性。

(二) 陈列展览的先决条件

陈列展览的策划、创意、设计有着必备的条件要求，如策展研究报告、展览大纲、大纲脚本。

1. 策展研究报告

对于陈列展览的设计策展研究报告有预热务虚的意义，确立一个展览项目，并非易事，一个博物馆的常设展和临时展应有内在的联系，临时展的选题在有整体规划的同时，对独立的项目要有可行性研究，它的内容应包括：主题确立的意义、线索的纵向延伸与横向展开、重点文物的描述、气氛营造设想、展场状况及周边环境研究、宣传范围及深入程度研究、文化创意商品的研发等。

2. 展览大纲

展览大纲仅仅是展览内容的大纲或基本构架。常见的展览大纲内容仅仅包括展览的主题（前言）、结构框架、基本内容及其主要陈列品等，类似是一本著作的篇章结构。

3. 大纲脚本

大纲脚本与大纲不能等同，是形式设计最直接的文本，如同影视脚本。同样，博物馆展览水准的高低，一个重要的决定因素是展览的内容脚本，没有高质量的展览内容脚本，就不可能创造出高水准的博物馆展览。多年来，我国博物馆展览水平之所以比较普通和平庸，一个关键的因素是把陈列大纲误认为展览内容脚本，以为展览大纲就可以支撑展览的形式设计和制作，没有进一步将陈列大纲深化为具体的展览内容脚本。忽视展览内容脚本的策划是制约我国博物馆展览水平提高的一个瓶颈。

(三) 陈列展览的创意、策划

陈列展览的创意策划是一个四部曲，先有创意，后有策划，再有图纸，最后成文。

1. 创意

陈列展览的形式创意可以有三种方法，一是遵照大纲的内容进行形式创意；二是以大纲内容为依据，按特定环境架构创意；三是以内容框架为依据，形式先行。这三种形式创意都是陈列展览的实质性工作，是分析展览内容后的艺术创作。需研究几个与展览内容、形式相关的问题：建筑外形和建筑内部结构，展览时代特征，展览地域环境（省、市、县、地区、民族），受众文化层次，主办方意图，编制创意文本等。

2. 策划

陈列展览的创意完成后，要考虑设计制作，也是一个先研究再进行实施的过程，包括形式设计定位研究、展览内容的表现方法、展线内容的线性分析、展览内容的横向展开点确认、阶段性设计成果评估、文本计划编纂、策划案论证并得出结论。

3. 图纸

经过以上两个步骤，一个陈列展览的整体设计方案便有了轮廓，下一步即反应在图纸上面，这是一项深化设计、深入研究设计方案的程序。必须包含平面图、轴测图、重点部位效果图、立面展开图、文物布置图、文物托台支架图、陈列柜效果图、制作结构图、平立面布展详图这九个方面，丝丝入扣，马虎不得。

4. 文本

最后将整个陈列展以文本形式表现，即将展览形式创意、策划、整体设计方案、局部细节方案，按阅读顺序编辑成册，应有详尽的文字描述和准确的数据，同时提供可参照制作的施工图。

（四）陈列展览的制作

陈列展览的制作研究是规范和工艺，我国目前还没有正式的陈列展览制作的规范或法规，通常情况是遵照建筑行业室内装修规范和相关法规。许多展览的空间分隔、文物陈列柜是展场中临时搭建的，展览中的许多项目，也是前所未有的，因此，制作中遇到新问题、新技术是很正常的。

1. 展墙、展柜制作

此项工作是展场中的最大规模项目，在遵守安全法规的前提下，选用制作材料和制作工艺；在熟知文物保护方法的前提下，研究文物展出的艺术效果。

1. 首都博物馆“多彩中华”展中的展墙
2. 首都博物馆“千古探秘”展中的多媒体视频

2. 展览专项制作

在遇到新的展览项目时，作为新展项的制作研究随之开始，这往往是展览中的亮点，需投入相当大的精力对结构、材料、效果进行研究。

3. 展具制作

文物陈列中文物与展台对接的部分，是观众视线最敏感的部位之一。这是比较特殊的工艺制作，首先是文物安全，因为展具的首要功能是保护文物，而后是美观精致。展具不可以破坏文物美感，影响观赏。

4. 多媒体制作

多媒体是展览内容的延伸，或是补充，是辅助展项。不可以喧宾夺主，它所处的位置和面积是需要研究的。

首都博物馆“卢浮宫珍藏展”中的场景模型

5. 场景、模型、辅助展品制作

场景大多有渲染气氛的作用，模型是故事的叙说，展览中有许多环境中的附加制作，有时是大纲需要，有时是环境氛围的营造。

(五) 陈列展览的设备设施

在陈列展览场所，各类展柜、灯光、音响、视频设备以及其他多媒体展示设备，在展览设计中必须精心地进行配置，才有可能取得良好的展示效果，并有助于表现陈列艺术的感染力。

1. 陈列柜

陈列柜设计必须遵循实用与审美相结合的原则。陈列柜直接服务于藏品，是博物馆藏品公开展出时的保管器具，因而必须满足安全防范的各项要求，诸如防盗、防火、防虫、防尘、防潮、防光害等[①]。陈列柜必须具有良好的展示功能，各个部位的尺度比例均须符合人体工程学的原理，使观众参观时感觉舒适；陈列柜开门的方位、开门方式、构造亦须要符合使用方便性的原则，以利工作人员提高效率。此外，陈列柜是决定整个陈列艺术形象的主要因素之一，应结合陈列室建筑内部装修，创造出博物馆环境特有的艺术气氛和气质，提高展品的表现力，给观众以美的享受。

首都博物馆“大英博物馆之250年藏品展”中的展示柜

首都博物馆临时展览展柜汇总表

展柜类型	数量	损坏数量	外尺寸（单位:厘米）			内尺寸（单位:厘米）			柜内地台尺寸（单位:厘米）		光源	玻璃类型	密封情况	恒湿机	产地
			长	宽	高	长	宽	高	长	宽					
平柜	16	1	161	81	93	156	77	16	156	77	无	1.3厘米安全夹胶玻璃	差	无	中国
黑半式立柜	25		81	81	200	77	77	107	73	73	无	1.3厘米安全夹胶玻璃	差	无	中国
通体立柜	50		81	81	200	77	77	180	77	77	无	1.3厘米安全夹胶玻璃	差	无	中国
大立方柜	2		120	120	197	112	112	109	112	112	无	1.3厘米安全夹胶玻璃	差	无	中国
汉氏800	14	1	80	80	200	77	77	105	38	38	光纤	1厘米安全夹胶玻璃	好	有	德国
汉氏900	16		90	90	201	86	86	98	79	79	光纤	1厘米安全夹胶玻璃	好	有	德国
克里克A	3		80	80	210	76	76	105	76	76	灯杯	1.1厘米安全夹胶玻璃	好	无	中国
克里克B	1		160	80	210	154	73	150	154	73	灯杯	1.1厘米安全夹胶玻璃	好	无	中国
克里克C	4		300	60	90	290	50	20	290	50	光纤	1.1厘米安全夹胶玻璃	好	无	中国

2. 灯光

光不仅是满足人的视觉功能需要和照明的主要条件，也是创造空间、美化环境的基本要素。光可以构成空间，改变空间，美化空间，但也能破坏空间。因此，博物馆陈列展览照明灯具的选择和运用，直接影响展示空间设计的效果。博物馆陈展设计中常用的照明光源和灯具有："一是直管型荧光灯，用在展柜内或展厅顶棚上；二是紧凑型节能荧光灯，主要用在展厅天花、挑檐下部，当然也可用在展柜中；三是混光型射灯，主要用来照亮展板、展墙和突显某件展品；四是可调式地灯，主要用来照射背景和后面的展品；五是装饰性照明，像霓虹灯、光导纤维、激光器、霓虹胶管、塑管灯带和隐形幻彩映画等皆是"[②]。

首都博物馆展览灯具汇总

设备名称	型号规格	功率（瓦）	产地	适用文物
墙面布光灯	erco77757	150	德国	墙面、壁纸
射灯	erco72009	100	德国	金属制品、陶瓷器、纸质物品、彩绘、陶器
射灯	erco72014	100	德国	石质器物、油画、壁画、染色皮革、岩矿标本、
射灯	erco73758	50	德国	中国画
射灯	erco73460	50	德国	角制品、骨制品、象牙制品、竹木制品、漆器
射灯	erco73752	50	德国	中国画
射灯	erco73465	100	德国	青铜器、金银器、兵器、碑刻、石器
UV滤镜片	erco74806		德国	纺织品、织绣品、绘画、纸质物品、彩绘、陶器
滤红外片	erco74805		德国	纺织品、织绣品、绘画、纸质物品、彩绘、陶器
椭圆雕刻镜片	erco74820		德国	书法绘画
柔光雕刻镜片	erco74830		德国	书法绘画
扩光镜片	erco74391		德国	书法绘画
雕刻镜片	erco83979		德国	书法绘画
遮光格栅	erco74830		德国	全部
条形雕刻镜片	erco74420		德国	书法绘画

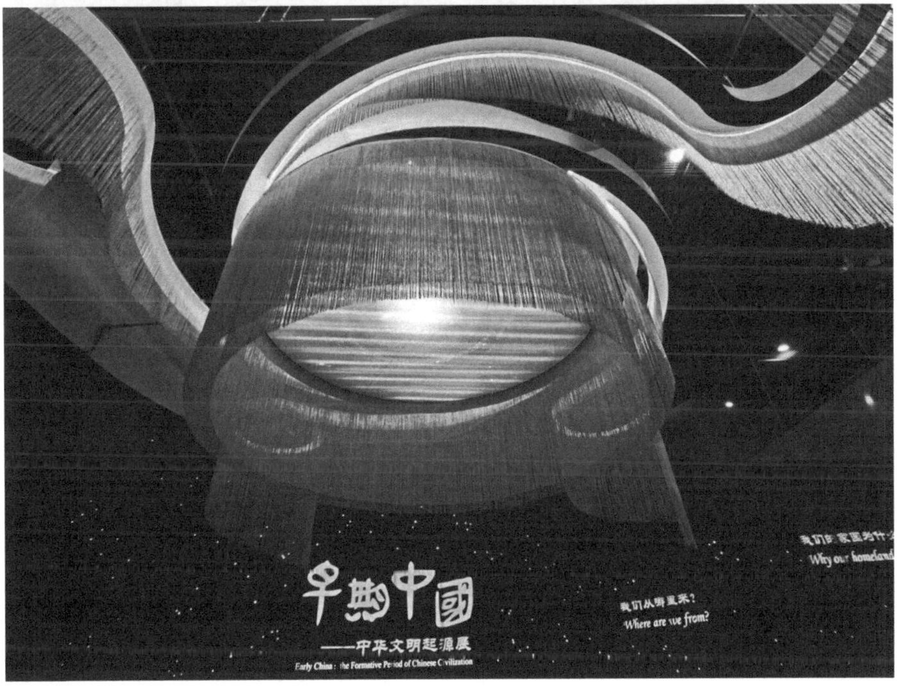

1. 首都博物馆“余震英国当代艺术展”中射灯的运用
2. 首都博物馆“早期中国展”顶棚的灯光效果

首都博物馆“灵动宝兔”展中的互动多媒体节目

3. 音响、视频

展览的陈列设计通过对视频、音频、动画等媒体加以组合应用，内容传播的信息很大，而且是动态的演示，能够营造陈列的环境气氛，深度挖掘展品或是展览所蕴含的背景、意义，实现普通陈列方法难以做到的，既有纵向深入解剖、又有横向关联扩展的动态展览形式，促进观众视觉、听觉及其他感官和行为的配合。例如：触摸屏、屏幕投影、幻影成像等，参观者只需选择所感兴趣的内容触摸荧屏即可，或是与沙盘、模型组合。首都博物馆“千古探秘——考古与发现”展为了缓解观众在参观展览时容易产生的疲劳感，在展厅中还设置了幻影成像的展示厅。在乐曲声中，沉睡千年的“小河美女” 翩翩起舞。新技术很好地融合在展览中，使观众不仅可以参观到静态的展品，还能感受其原生态环境。

这种展示创造了崭新的参观体验，以期达到对观众的心理、思想与行为产生有意识或潜在的影响，达到与观众完美沟通的目的。

注 释

① 许伟：《北京出土文物是北京历史研究的“望远镜”和“显微镜”》，《北京观察》2009年第6期。

② 李远：《展示设计》，中国电力出版社，2009年。

附录一

“城市记忆——百姓之家”展大纲提要

一 展览时间

2009年8月15日至10月31 日

二 主办单位

首都博物馆

协办单位

朝阳区文化馆

三 展览地点

首博地下一层13号展厅

四 展览面积

600平方米

五 上展展品数量

约800件

六 展览主题

首都博物馆是属于北京的博物馆，同时北京这座城市也是一座博物馆，因此，我们的坐标是“首都，我的博物馆”。当代城市中的文脉传承，人与物的存留递变，都可以成为博物馆的陈列展览，而许许多多美好记忆就在百姓的生活之中，我们将从百姓生活的角落发现博物馆陈列展览的物件和故事，发现新中国六十年以来城市环境和人文脉络的传承与提升。

我们将请百姓带着伴随自己生活几十年的物件，带自己有趣的故事，带着与北京城息息相关的情结走进首都博物馆的展览大厅，我们也将用宽敞的展览大厅、美妙的灯光色彩为百姓营造一个“家”的舞台。

以往的博物馆陈列展览大多是静态的，像一幅画或绚丽、或沉厚，或有旁白和影像帮助观赏者解读。而今天我们试图通过此项展览，请“画中人”走出来，陈列中的物件带着“家”特有的气味，跟随主人，向观众讲述，活的人，活的物，活的物件，使展览像一个“家”在迎接客人，博物馆像一个社区，一个街道，一个院落。

用活的人，活的物、活的故事，留住被高楼、广场、绿地和车水人流淹没的记忆，或许还能引发城市建设者们在新的创造中更加注意城市特征的保护。

七　展览内容设计思想

一座充满魅力和内涵的城市，绝非只有摩天大楼的林立和宽阔街道的通畅，那些像毛细血管一样渗透到城市最深处的窄街小巷才散发着城市的别样风情。北京就是这样一座城市，胡同在扩展城市空间的同时也在延伸着城市的历史发展。但胡同记忆的真正鲜活确是在胡同内老百姓的琐碎生活拼接起来的。胡同就像一个躯干，只有充满了普通人的生活足迹后，有了鲜活血液的注入，才生机盎然。当然，如果在过去那个年代能够有摄像机的话，也许我们能真真实实的看到过去人们的生活是什么样的，但时间并不能倒流，因此现在的我们只能通过遗留下来的老物件和老人们对于这些“纪念品”的故事来重构记忆。本展览将遵循这个轨迹来展现“百姓之家”这个展览主题。

本展览将由三部分组成。第一部分，我家叙说。这一部分主要是将老物件按照家庭的陈设要求进行组合排列，恢复70、80年代的普通家庭的生活场景。第二部分，岁月留痕。随着时间的推移，人们生活中的物品也在发生着更新换代，如日常用品的变化，电视、手机的出现等，同时每个时代因为一些特殊的事件可能出现一些特殊的物件，如抗美援朝的军人证、文革时代的红袖章都是那个时代的特征。因此这一部分选取了这些时代特征鲜明的老物件进行展示。第三部分，胡同余光。出了家门，就进入到人们生活的社区——胡同，胡同是家的延伸，在这里老百姓的生活足迹处处可见，孩子互相追逐嬉戏，邻里之间家长里短，充满的情趣，有很多有纪念意义的物品被遗留了下来。

展出的老物件的时间界定在建国后至本世纪初，以十年为一个时间表，如50年代、60年代、70年代、80年代等。其中有家具、厨具、书籍、服装、生活用品等。展出的物件力求有故事讲述。

八　展览形式设计思想

以朝阳文化馆收藏的老物件，和老物件的故事组织还原成60～80年代的百姓的家，其目的在于让京城百姓感觉到亲自参与了博物馆的展览，让观众体验当博物馆主人的感觉。与此同时结合在这些老物件身上发生的故事、图片、老照片、录音等全方位展示。

在展厅中划分出7个到9个4米×4米×4米的立方体模块，虚拟“百姓之家”。三个“家”的立方体陈列空间；三至四组老物件群组陈列；一组当时北京胡同遗存物件陈列。

陈列大纲

前　言

城市如人，她有自己的生命历程，喧腾热闹的胡同深巷被通畅宽阔的街道所取代，红墙灰瓦的棋盘城市被林立高耸的摩天大楼所延伸，古色古香的四合院落被标新立异的建筑地标所淹没……城市处处充满着古朴风韵与新贵之气的更替。

城市如人，她有自己的记忆：胡同内孩子们的追逐嬉戏，槐树下老人们的促膝而谈，四合院内邻里之间的和睦谦让，公园内年轻人自我释放的生活追求……城市处处都记载了发生在这里的大小事件和生活在这里的大小人物。

城市记忆就是一些虽然零碎但却有迹可循的记录，他的积累形成了城市完整的历史。就让我们从寻常百姓家开始探寻城市发展变化的轨迹吧。

第一部分　我家叙说

回想起过去，总是为时间的流逝而伤怀，可每每看到与家庭成长相伴的物品时，感动与温暖却沁人心脾。因为这些物件影像的边缘处，记忆会一直延伸、延伸，过去的时光历历在目。那些摄取生活气息的老物件会让你读懂琐碎日常生活起居的意义，会让你理解那些人情冷暖的寻常，会让你珍惜而今幸福生活的可贵。在睹物忆事的同时，也在叙说着我们过去的家。

【内容设计说明】

这一部分要求是对生活场景的局部恢复，但并不具体到某一类家庭或者某一特定时间的家庭，而是对70、80年代家庭一个大众性描述。在这一时段，中国家庭的陈设有着一定的共性与普遍性，因此本单元将概念化的恢复三个关于家的场景。其中一些有故事、具有特殊意义的老物件将做重点展示。

【形式设计说明】

在展厅内开辟出三个4米×4米的单元空间，将老物件按照当时家庭的陈设习惯摆放进去。此空间为开放性的，观众可以走进其中。

【涉及展品】

第一个家：

约20世纪70年代前的方桌1个

约20世纪70年代的椅子2个

20世纪60、70年代玻璃表罩1个

约20世纪70、80年代的玻璃茶盘1个

20世纪70年代前茶壶1个

约20世纪70、80年代茶碗4个

民国时期茶盒1个

20世纪60、70年代“毛主席是我们的红太阳”镜像1个

20世纪70、80年代铁皮暖壶1个

20世纪70年代末流行制作的输液瓶装西红柿罐头1个

玻璃框老照片6框

20世纪20年代陪嫁镜子1块

约20世纪80年代前饼干盒2个

在那个物质匮乏的年代，家里偶尔才会买些散装的八分钱一两的动物饼干。饼干、糖果在当时都是上档次的食品，难得才吃到，品种也很少，像这

种铁盒装的饼干就相当高档了。这样的铁盒子还是当时的嫁妆之一。至今仍有对这种饼干盒心有余悸的，小时候曾不小心把脑袋塞到了饼干盒里，吓得又哭又闹地折腾了老半天，才重见光明……

20世纪70、80年代流行摆放的碗泡白菜根1个

20世纪70、80年代流行摆放的红心萝卜1个

20世纪80年代制作的双开门衣柜1个

20世纪60、70年代流行的假领子2个

这两件“假衣领”其实就是衬衣的假领子。这些假领子需要像穿衬衫一样，解开扣子，伸胳膊穿进去。与真衬衫所不同的，是除了衣领，“衬衫”没有袖子，也没有胸部以下的部分。“衬衫”只是个装饰。在限量购买布料的年代，节俭、美观的假领子体现了人们没有忘记对美的追求。

20世纪70年代制作的大襟褂子2件

20世纪20年代老茶几1个

20世纪80年代前后流行使用的书夹4个

约20世纪80年代上海打字机厂制造的飞鱼牌手提打字机（英文）1台

20世纪70、80年代流行的红花瓶1个

20世纪70、80年代流行的绿花瓶1个

约20世纪60年代的带猫眼的电子管收音机1个

约20世纪70年代前油纸伞1个

20世纪30、40年代皮手套1副

20世纪70、80年代普遍使用的缝纫机1台

20世纪70年代前制作的纸笸箩1个

利用旧报纸等泡成纸浆，其中掺稀糨糊，用手一把一把在模型上沿底部逐渐往上拍纸浆、粘贴、抹平制作而成的，最后为了好看还要在表面粘贴一层花纸或旧画报。结实耐用，轻便，还非常环保。

20世纪70年代前使用的夹板1个

20世纪70、80年代的塑料底棉鞋1双

约20世纪70年代前后纳鞋底工具1套（7个）

20世纪70年代使用的夹板1个

20世纪60年代制作的袜板2（男女用各1个）个

20世纪80年代手工鞋底1双

20世纪60年代前制作的圆凳1个

约20世纪50～70年代绿釉瓦盆1个

20世纪70年代制作的搓衣板1个

20世纪70年代购买的灯塔牌肥皂1块

第二个家：一家三口生活在一个房间内在当时非常普遍

20世纪60、70全家福照片1个

20世纪70年代毛主席像1个

20世纪70年代双人床1个

居民住楼房前陪嫁的痰盂1个

20世纪70年代前普遍流行的白瓷水鳖子1个

20世纪20年代制作的箱子1个

约20世纪70、80年代的工作服2件

20世纪60年代制作的柜子1个

20世纪70、80年代的儿童书（含书挡）90本

20世纪60年代毕业证1个

20世纪70年代前铁熨斗1个

放到煤炉子里烧热后用来熨烫衣服的工具。

20世纪70年代左右流行的绿军装衣服2件

1956年购买的床头柜1个

约20世纪70年代手动推子1个

约20世纪70年代烙铁1个

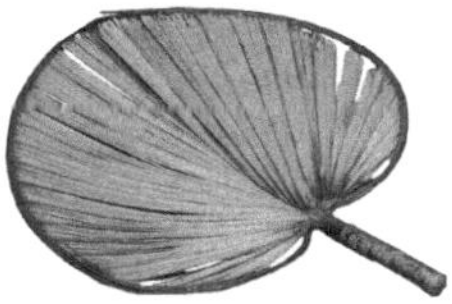

20世纪70、80年代蒲扇1个

20世纪60年代的瓶子（毛主席提词愚公移山、为人民服务、纪念白求恩）1个

1951年篮市买的碗柜1个

约20世纪70年代前后饼干盒1个

20世纪70年代巧克力盒1个

20世纪60、70年代制作的带有“为人民服务”字样茶缸1个

20世纪60、70年代制作的带有“毛泽东语录”字样茶缸1个

20世纪30年代的手摇缝纫机1个

20世纪80年代前后半导体收音机1个

20世纪60、70年代的口琴1个

约20世纪80年代儿童钢琴2个

20世纪60年代使用的铅笔盒1个

20世纪60、70年代唱片机（大海航行靠舵手、干革命靠毛泽东思想林彪题字）1个

约20世纪70、80年代扩音大喇叭1个

20世纪70、80年代唱片30个

20世纪70年代伞套上“为人民服务”字样伞1个

约20世纪80年代前刮头篦子1个

20世纪80年代流行的大地牌风衣1件

20世纪60、70年代圆镜1个

约20世纪60、70年代的梳妆盒1个

20世纪70、80年代台灯1个

约20世纪70、80年代普遍使用的大铝盆1个

约20世纪80年代长城牌肥皂1个

20世纪70年代北海牌肥皂1个

20世纪70、80年代流行的羊剪绒帽子1个

20世纪70年代末80年代初，羊剪绒帽子、大拉毛围巾、军大衣、进口蛤蟆镜一度是北京时尚青年的最爱，年轻人去什刹海滑冰，穿上将校呢的衣服，挎着冰刀，骑着大链套带转铃的车，这种装扮在当年可以说是酷到头了。当时这种羊剪绒帽子一顶需花费十几元钱，当年刚参加工作的年轻人一个月的工资也就仅能买到一顶帽子，所以此物在当时是绝对的奢侈品。当年的羊剪绒帽子就像现代人带的首饰一样是贵重物品，那时有人专门抢羊剪绒帽子，俗称“飞帽子”。

约20世纪70、80年代的三接头皮鞋1双

约20世纪70年代笔筒1个

20世纪50年代《宪法》草案1本

20世纪80年代羊拐4个

20世纪80年代的儿童竹车1个

20世纪80年代儿童三轮车1个

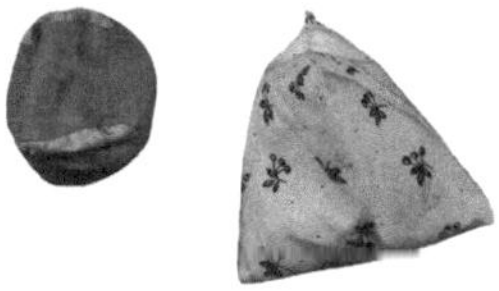

20世纪80年代沙包1个

20世纪80年代初流行的板砖录音机1个

1980年开始在国内流行，因货源有限，曾一段时间商场门口出现半夜一两点钟排队买板砖的现象。

1980年北京晚报1本

1980年小学生使用的书包1个

20世纪70年代9寸电视机1台

约20世纪80年代沾水笔1个

约20世纪80年代弹弓1个

20世纪80年代陀螺1个

20世纪80年代的鸡车2个

20世纪80年代的双层客车1个

约20世纪60、70年代的油车1个

约20世纪60、70年代的火车1个

20世纪80年代初的小熊照相1个

第三个家：过去的厨房当然虽然没有那么多现代化的家用电器，但人们的生活依然有滋有味

约20世纪70年代饭桌1个

约20世纪70、80年代板凳3个

20世纪80年代小椅子1个

约20世纪80年代水缸1个

约20世纪70、80年代水舀子1个

20世纪80年代瓢1个

约20世纪70年代酒柜1个

约20世纪70年代五粮液酒瓶1个

约20世纪70、80年代酒壶3个

约20世纪80年代酒杯12个

20世纪80年代苍蝇拍1个

20世纪70年代前普遍使用的灭鼠老鼠夹子1个

又称耗子夹子，是二十年前人们用来灭鼠的主要工具之一。老人说："用老鼠夹子灭鼠比用鼠药灭鼠有诸多好处，老鼠吃了鼠药后会到处跑，有时就不知老鼠死在了那里，如果死在床底下，就只能等到尸体发臭后才能发现；还有死老鼠如果被愚猫吃了，那可就惨了，猫会像鼠一样死掉，而利用鼠夹灭鼠则既经济又环保。"在用鼠夹捕鼠时，鼠夹的铁板上通常放一点沾了香油的碎馒头或老鼠爱吃的其他东西，条件好的家庭也有放些碎肉作为诱饵的，提前把夹子撑好，老鼠来吃时，碰到机关，夹子迅速关闭，老鼠就被逮个正着。

20世纪80年代晾晒粮食工具1个

20世纪80年代前后铝锅1个

20世纪80年代锅篦子1个

20世纪80年代铝盆2个

20世纪80年代铝饭盒1个

20世纪60年代的搪瓷勺1个

20世纪70、80年代普遍使用的煤油炉1个

20世纪80年代铁锅1个

20世纪40年代的铜勺1个

20世纪60年代的铝勺1个

20世纪70、80年代木制锅盖1个

20世纪70、80年代油勺子1个

20世纪70、80年代铁擦子1个

20世纪80年代柳条簸箕1个

20世纪70、80年代的猫壶2个

20世纪80年代花椒瓶1个

20世纪70、80年代案板1个

20世纪70、80年代木制筷笼1个（竹筷若干）

20世纪70年代笊篱1个

20世纪80年代碱面瓶1个

20世纪80年代擀面杖1个

20世纪80、90年代盖帘2个

20世纪70、80年代的糖罐2个

第二部分　岁月留痕

那些被冠以“老”的“物件”，曾经那么年轻、鲜活的存在过，或是一个时代的见证，或是一段岁月的印记，或是一场往事的记录。抗美援朝中一张张立证明书、一枚枚勋章是人们热爱祖国、保卫祖国最好的例证；从摇把电话到拨号电话再到手机的转变，则显示了信息时代的飞速发展；电视机、洗衣机、电冰箱等家用电器进入到寻常百姓家显示着人们生活水平和物质自愿的不断丰富和提高。他们不断提醒着人们，虽然经历岁月的洗礼和磨砺，布满灰尘，失去了使用功能，甚至已经退出了历史舞台，剥去原有的浮华，留下的确是那个时代的烙印，让人久久不能忘怀。

【内容设计说明】

这一部分很多老物件有些是因为特殊的历史时段和历史事件而产生的，虽然现在已不复存在，但他所具有的纪念意义却为很多人珍藏。还有一些老物件是与我们的生活紧密相连的，并随着时代的发展而不断进步，更新换代，他们从另一个侧面反映了人们生活水平的不断提高。因此，本部分会将按照不同类别，以专题的形式进行展示。

【形式设计说明】

将在展厅开辟4米×4米的空间，将这一部分的老物件分门别类按照博物馆的方式进行集群陈列，以保持相互之间的内在和递呈关系。

【设计展品】

第一组：抗美援朝物件区

“中华民国”开国纪念币1个

1949年5月8日革命军人家属通知书1个

1950年中国人民解放军革命军人证明书1个

1951年中国人民志愿军立功证明书

1951年立功证1个

20世纪50年代中国人民第一届赴朝慰问团赠给黄克明的工作学习笔记本1本

抗美援朝时期照片7张

1953年抗美援朝时期获奖喜报2张

1954年4月30日颁发的朝鲜文字立功证书1个

1955年3月5日颁发的朝鲜文字立功证书2个

1956年先进工作者证明书

1957年黄克明军用汽车驾驶执照1个

20世纪60年代烟斗1个

1969年黄克明复员材料1份

1969年黄克明转业军人证明书

1982年3月发的黄克明中华人民共和国机动车驾驶证1个

1987年黄克明的中华人民共和国老干部离休荣誉证1个

抗美援朝时期《功臣模范纪念史册》1本

抗美援朝时期黄克明荣获的军功章4枚

不同时期黄克明个人印章5个

抗美援朝物件将军呢1个

约20世纪50年代箱子2个

20世纪50年代的送给志愿军的锦旗1个

20世纪50年代茶壶1个

第二组：家电区

20世纪60～80年代电冰箱（雪花）1台

电唱机（一、二夹层20世纪70年代前1个，工作坊20世纪60、70年代1个）

1960年7月27日北京电子管厂赠新中国成立后第一代电视机1台

20世纪60年代购买的苏州产孔雀牌电视机1台

河北省廊坊市固安县的马文华先生20世纪60年代购买的苏州产孔雀牌电视机。马先生称20世纪60年代看电视只能在晚上7：00～11：30观看，先看新闻，然后看一场电影，白天是没有电视节目的。那时有这么一台电视是很了不起的，为此大家也比较珍惜这个物件，平时白天电视机都是放到专门的箱子里上锁保护。大家聚集在一起看电视的场面着实让人怀念。

20世纪30、40年代电扇1台

不同时期录音机（熊猫、菲利普、红色）5台

磁带（20世纪80年代邓丽君1盘、歌毛主席1盘）8盘

约20世纪80年代前后落地电唱扩音三用机1件

约20世纪90年代洗衣机1个

不同时期收音机（凯歌、东方红、红灯等）10台

约20世纪80年代前摇把电话2个

20世纪90年代前使用的转圈拨号电话2个

20世纪80年代末90年代初使用的大哥大1个

20世纪80年代末90年代初使用。移动电话最初的大块头，在国内被称为“大哥大”，是当年大款们身份的体现。西装革履，手持“砖头”，袖口上还有未剪下的商标，这样的形象在今天看来有点滑稽，但在20世纪90年代前期可谓派头十足。

20世纪90年代现代电话1个

20世纪90年代BP机3个

20世纪90年代大手机2个

第三组：饮食橱具区

约20世纪80年代大火锅1个

约20世纪80年代小火锅1个

20世纪80年代左右流行的煤油炉2个

提盒3个（20世纪50年代普遍使用的1个）

约20世纪70、80年代前后使用的茶盘4个

约20世纪70、80年代前使用的茶壶3个

20世纪60、70年代制作的茶缸2个

20世纪40、50年代茶筒5个

20世纪80年代茶筒1个

约20世纪70、80年代保温壶（带保温套1个、方格花纹1个）2个

20世纪50、60年代使用的水氽1个

烧水壶（生铁1个、铁皮1个、铝壶1个）3个

约20世纪70年代前手动压面机1个

约20世纪70、80年代的和面盆6个

20世纪50～70年代绿釉酱缸1个

约20世纪80年代前虎皮三色缸1个

20世纪80年代盛馒头或菜篦子2个

20世纪80年代前后使用的背筐1个

约20世纪70年代金属擦子1个

约20世纪80年代塑料擦子1个

约20世纪70年代保温筒2个

新中国成立前卖冰棍的保温桶1个

约20世纪70年代前金鼎牌暖壶1个。

第四组：大件工具区

20世纪70年代制作的织布机1台

20世纪70年代前使用的纺车1个

1968年购买的木箱1个

约20世纪70年代前铁皮箱（书屋）1个

约20世纪60年代羊皮箱（书屋）1个

20世纪50年代前的自行车1辆

20世纪60年代木制独轮车1个

20世纪50年代称量粮食的斗1个

20世纪60年代柳条箱2个

1943年缴获国民党的皮箱1个

20世纪70年代筛箩1个

20世纪70年代箩床1个

第五组：小件工具区

20世纪70年代前使用的煤油灯4个

20世纪70年代前使用提灯2个

20世纪70年代前烛台1个

20世纪70年代前油灯灯具1个

20世纪50年代使用的书包1个

约20世纪70年代常用药盒1个

20世纪70年代末制作的血压计1个

20世纪70年代药械盒1个

20世纪70年代前针管2个

20世纪70年代前针头4个

20世纪70年代前针管针头包布1块

相册5本

票证1本

20世纪70、80年代扇子2个

约20世纪70年代前后鸡盒1个

约20世纪70年代梳妆盒2个

约20世纪70年代前梳妆镜6个

约20世纪70年代前粉盒1个

20世纪60年代北京知识青年之歌歌词1份

20世纪60、70年代账本（最高指示任何地方必须十分爱惜人力物力，决不可只顾一时，滥用浪费）1个

民国时期以前使用的铜水鳖子1个

现在大家夏用空调、冬有暖气，而旧时北京人在入冬天冷后钻被窝时离不开的物件就是“水憋子”（后来演变成用暖水袋取暖），老人孩子都要用它来取暖。此为民国时期的铜水憋子，水憋子是元代就开始流行的，它肚大、口小、形状扁圆，因其形状像鳖而得名。里面灌进开水，外面包上毛巾，可以用来焐被窝、焐脚。最早的水憋子都是铜质的，清中期以后，出现了瓷质、锡质的。

20世纪70年代前普遍使用的白瓷水鳖子2个

20世纪70、80年代开始普遍使用的胶皮暖带1个

20世纪80年代前后普遍使用的棉帽4件

新中国成立后单帽（鸭舌、黄条绒）2件

20世纪50年代帽子（套头帽）1件

20世纪80年代棉手套2副

新中国成立前制作的袜板1个

约20世纪70、80年代气筒2个

20世纪80年代前折尺1个

约20世纪80年代直尺1个

20世纪70年代前使用的手动推子2个

约20世纪70、80年代中国上海生产的新中华刀剪厂出品的电动推子2个

约20世纪70年代前剃刀1把

20世纪80年代使用的材料筐1个

20世纪70年代前制作的纸筒5个

约20世纪80年代前中华烟筒1个

20世纪70年代前制作的针线筐2（放上针线板1个）个

约20世纪80年代前后钢号1套

约20世纪50年代前后手动计算机1个

20世纪80、90年代洗衣盆（白铅铁）1个

20世纪80年代搓衣板1个

朝阳区居民蔡先生的奶奶20世纪70年代购买的。据蔡先生叙述，此搓衣板前后经历了他家四代人见证，在这期间他们家前后更换了四台洗衣机，由于使用搓板能够洗掉顽渍，他的母亲习惯了使用搓衣板洗衣，这个老物件一直被他们家视为珍贵家物，此搓衣板以他的母亲使用的次数为多。搓衣板中部已被搓平，从其外表看它存在的历史文化气息及劳动人民的勤劳质朴的美德被充分体现出来。

20世纪80年代前大盆1个

20世纪50年代套鞋1双

约20世纪90年代前小照相机4个

20世纪70、80年代前后的闹钟及各种表8个

20世纪80年代前后的台灯5个

约20世纪70年代自行车灯2（方形圆形各1个）个

20世纪70年代前自行车喇叭1个

约20世纪50年代的铜鞋拔子1个

第六组：名人捐赠区（含其他配展物件）

20世纪30年代张中行的炉子1个

张中行的擀面杖1个

张中行锻炼身体的白蜡杆1个

20世纪50年代瓦盆1个

清末书架1个

国学大师张中行与朝阳区文化馆渊源颇深，老先生生前就曾多次来到文化馆参加活动，赠送给文化馆跟随了他一生的皮靴、日本炉子、大擀面杖、面盆等老物品，这些物品成为了文化馆的“生活老物件”展览中最引人关注的元素。张先生去世后，他的家人又将一件先生生前使用过的木质书架赠送给文化馆作为纪念。在此让我们在观赏这些年代久远保存完好的老物品的同时，共同缅怀这位令人尊敬的国学大师。

20世纪30、40年代皮靴1双

20世纪50年代制作的水氽1个

当年不是每家都有壶来烧水，水氽烧水导热快，招待客人很方便。

20世纪50年代摇煤球的筛子1个

20世纪70年代前普遍使用的煤球若干

20世纪50年代制作的木匠工具1套

第三部分　胡同余光

京城的春天转瞬即逝，非常短暂，但这时的胡同里已热闹非凡：蛰伏一冬的小商贩趁着春暖花开开始走街串巷，叫卖之声此起彼伏。树影斑驳的夏天，凉棚下，剃头师傅在谈笑风生间为胡同里的老主户剃着头发，孩子们则吃着冰棍来获得一丝丝清凉。天高云淡的初秋，金黄的银杏在满眼蓝天的映衬下，将胡同渲染的分外温暖，人们都开始用相机记录下靓丽的身影。冬天，为了渡过漫漫寒冬，总能看到大杂院外堆积成剁的煤堆和白菜。这些胡同内的生活场景与片断在现在看来很多已经不存在，但再次看到与之相连的物件时，相信还是会让您倍感无比亲切温暖的。

【内容设计说明】

本部分的展品是为与胡同有关的，或与在胡同里发生的事情有关的老物件。在时间上基本集中在新中国成立后70、80年代。

【形式设计说明】

胡同是那时人们家环境的一个延伸，展品在点题的同时，要注重展厅气氛的营造，在此要借助一定得辅助展品吸引和引导观众。

【涉及展品】

约20世纪70年代前后理发椅子2个（两块荡荡布）

1970年生产的放大机1个

约20世纪70年代前后使用的放大机1个

约20世纪50、60年代前老照相馆里的照相机1个

20世纪80年代前锯盆、锯碗工具1套

20世纪80年代前剃头挑子1套

20世纪70年代前灯罩2个

20世纪80年代前镲（吆喝工具）1个

约20世纪50、60年代老放映机1个

20世纪80年代济南轻骑1辆

20世纪70、80年代邮箱1个

20世纪60、70年代胡同牌（夏家胡同）1个

20世纪60、70年代胡同牌（椿树大院）1个

20世纪70年代5601幻灯机1个

新中国成立前卖冰棍的保温桶1个

走街串巷卖冰棍的保温桶，新中国成立前与成立后略有不同。

20世纪50年代摇煤球的筛子1个

宣武区的王先生送来的筛子，20世纪70年代前人们摇煤球的工序及摇煤球有关的其他故事。

20世纪60、70年代墙体悬挂镜子14个

20世纪60、70年代红卫兵袖章框1个

20世纪60年代毛主席油画像1个

20世纪90年代末，北京热电厂前有违章建筑拆迁时，画像被李孝花60元钱从被拆建筑的主人处购得一幅油画像，这幅画像长2.2、宽1.8米，画像创作于20世纪60年代末，当时画像被八里庄居民李孝花60元钱买下，由于画像太大，李孝将它砌在了新盖的大瓦房里。

民国女士旗袍10套

民国男士棉袍1件

20世纪20年代婴儿所用物品

清朝服装1套

约20世纪50年代斗篷1件

20世纪80年代前全家福照片24框

1959年建国十周年国家领导人与文艺汇演人员及其他人员合影留念1个

1964年国家领导人和文艺汇演人员合影留念

20世纪80年代流行的影星照两框

20世纪80年代前后信报袋2个

新中国成立后解放青年春满面、天然一对幸福花，幸福美满镜扁1副

20世纪60、70年代门帘1个

20世纪60～70年代使用，据说是当年窑洞专用门帘，门帘上的图案以红黑白三色为主，门帘分为上下两部分，上半部有“赶塞北、学大寨、农业学大寨”等字样，左右两侧上方还有两个红五角星，上半部门帘中间是《智取威虎山》的戏剧场景图案，门帘中部是一长条木板，木板中部有一挂环，可以把最底部的挂钩挂到中部挂环上，起到掀起半个门帘的作用。门帘下半部有“为人民服务”字样，两侧有《沙家浜》、《红灯记》、《白毛女》等戏剧图案，还有“双兔、鸣鹤”图案和“寿财童子”图案。

20世纪80年代前后使用门帘1个

1975年22人赠陆庆伍结婚的长江大桥镜子1个

镜题“南京长江大桥”，此为家住西城区的陆庆伍的22位亲朋1973年联合恭祝陆庆伍夫妇喜结良缘赠送的镜子，镜面题字“南京长江大桥”，据说当年每人添对两毛钱即可买到此物，小小的镜子凝聚着亲朋好友的祝福，体现着人们团结友爱和谐的社会氛围。

附录二

《多彩中华》展览脚本

一级标题	二级标题	三级标题
前言 中华人民共和国六十年的历史与成绩证明，中国实力的不断攀升在于民族的团结稳定，更在于社会的和谐发展。中国的美不仅在于她悠久的历史，还在于多元的文化根基，各民族多元文化的存在,是中华文明持续发展的动力。多彩的中华文化是生活在中国大地上的各民族共同创造的财富，蕴含在其中的精神内核是凝聚中华儿女的无形力量，是我们每个中国人的精神家园。各族文化虽然存在着差异，但在“中华民族”共同体的维系下，各族人民肝胆相照，休戚与共，用自己的勤劳与智慧共创美好的和谐家园。中华民族的统一发展与各民族的灿烂文化交相辉映凝聚成多彩的中华。中国在这样一种内在动力的推动下,必然会变得更加强大。		
团结自强 ——觉醒的中华民族 中华民族作为一个自在的民族实体已经历了几千年的发展历程，但作为一个自觉的民族实体，却是在近百年来中国与西方列强的不断抵抗斗争中被激发出来的。从近代历史上仁人志士救国图强的探索，到民主革命者“振兴中华”的实践，再到社会主义建设时期“中华民族伟大复兴”的提出，各族人民的团结奋斗，必将使中华民族以自信、自强、自立的精神品格谱写中华文明新的华彩篇章。	中华民族自觉实现联合 国家领土的统一并不等同中华民族意识的觉醒。第一次鸦片战争后，在外侮压迫之下，祖国的西南边疆，西藏、云南、广西等地各族人民自发联合起来，并肩作战，抵御外侮。生活在中国境内的各民族集合体逐渐以“中华民族”的自觉意识开始真正认识自身，各民族从自发的联合逐步走向自觉的联合，担负起富国兴邦的使命。	

四级标题/段落说明	辅助展品	展品及说明牌	展示要求
		清全盛时期地图	墙面展板
		《时局图》 1898年7月香港《辅仁文社社刊》上刊登了爱国华侨谢缵泰的《时局全图》，反映了帝国主义列强瓜分中国的严峻形势。画面中以熊代俄国，犬代英国，蛙代法国，鹰代美国，太阳代日本，肠代德国。其旁题词曰："沉沉酣睡我中华，哪知爱国即爱家！国民知醒宜今醒，莫待土分裂似瓜。"	墙面展板

一级标题	二级标题	三级标题

续表

四级标题/段落说明	辅助展品	展品及说明牌	展示要求
		立于五洲中之最大洲而为其洲中之最大国者，谁乎？我中华也；人口之居全地球三分之一者，谁乎？我中华也；四千余年之历史未尝一中断者，谁乎？我中华也。 ——摘录自 1902 梁启超《论中国学术思想变迁之大势》	墙面立体字
		19 世纪七八十年代帝国主义侵略中国邻近国家及中国边疆危机形势	墙面展板
		近代帝国主义侵略中国边疆及所在地区少数民族抗争形势表	墙面展板
		陈连升像 现代 广州博物馆藏 陈连升，沙角炮台守将，湖北鹤峰州（今湖北省鄂西土家族苗族自治州鹤峰土家族自治县）人，土家族，行伍出身，官至参将。1841 年 1 月，英军大举进犯虎门沙角、大角炮台。镇守炮台的土家族将领陈连升率子长鹏及六百将士奋起抵抗，毙敌数百。终因援兵未至，陈连升父子及炮台守军官兵以身殉国。陈连升是中国近代史上第一位为反抗外国侵略而捐躯的少数民族爱国将领。	需用展柜 两件为一组陈列
		节马图石刻 清 广州博物馆藏 陈连升牺牲后，战马一直在他身边徘徊，不舍离去，英军将其掳到香港。这匹曾跟随陈连升驰骋疆场多年的战马，凭着一身铮铮傲骨，一颗拳拳忠心，1842 年 5 月在香港绝食而死，成为一匹流芳百世的节马。清同治元年十一月（1862 年 12 月至 1863 年 1 月），驻守虎门的调署水师提标中军参将郑耀祥、右营游击赖建猷感其忠节，请人绘其形，附以文，刻于石碑上。这就是节马碑。碑刻图文并茂，记述了战马“贞操耻食夷人食”的事迹。	
		沙角炮台 摄影 广州博物馆提供 位于珠江口外端之东岸沙角山。始建于嘉庆五年（1800 年）。当年，两广总督吉庆上奏嘉庆帝：“虎门海口外沙角山逼近大洋，形势陡峭，丁横档、南山遥相对峙，形成联络、防御更为周密。”经嘉庆帝御准动工兴建，名为沙角炮台。沙角炮台台面朝西，与西岸大角炮台相对斜峙，构成虎门海口第一重门户。	墙面展板

一级标题	二级标题	三级标题

四级标题/段落说明	辅助展品	展品及说明牌	展示要求
历次抗击外敌的斗争，都是各族军民并肩作战的壮歌。 1859 年 6 月，蒙古族将领僧格林沁指挥大沽口守军，对无视警告驶入天津大沽口的英法舰队予以打击。战斗中击沉敌舰3艘，毙敌464人。 历次抗击法国入侵越南和中国广西的战斗中，刘永福领导的壮、瑶、汉等各族人民组成的黑旗军给予侵略者沉重的打击。1894 年甲午战争爆发，黑旗军奉命驻防台湾，次年《马关条约》签订，清政府割让台湾及澎湖列岛给日本。刘永福领导黑旗军及台湾军民发起抗击日军的武装斗争。		黑旗军军旗 复制品 黑旗军的主要成分是来自广西壮族自治区上思、宁明、崇左、靖西、睦边（今那坡县）、钦州一带破产的壮、汉、瑶等族人民，其主要将领吴凤典、黄守忠等 20 多人都是壮族。	
		中法战争中缴获的法军军服 近代 云南省博物馆藏	需用展柜
		十三世达赖喇嘛土登嘉措 摄影 西藏博物馆提供 尽管十三世达赖喇嘛土登嘉措是中国历史上一位颇有争议的少数民族历史人物，但在其早年曾与“九世班禅”一起曾率西藏僧俗民众坚持抗英斗争，尽力维护祖国统一和领土完整。晚年为改善西藏地方与中央政府的关系作出了贡献。	墙面展板
		第九世班禅洛桑土丹曲吉尼玛大师 摄影 西藏博物馆提供 光绪十三年（1887 年），面对英军入侵，达赖喇嘛与班禅额尔德尼态度一致，坚决抵抗侵略，发起西藏历史上第一次抗英斗争。西藏三大寺、扎什伦布寺、西藏地方政府的七品以上全体官员，向驻藏大臣文硕（1885–1888 年在任）上了一道公禀，声明“纵有男尽女绝之忧，惟当复仇抵御，永远力阻，别无所思。”	
		宗山城堡 摄影 1904 年，藏军及僧俗反击自印度入侵西藏的英军。7月5日，英军对坚守在江孜堡垒的江孜军民开始发动总攻。江孜军民凭借原始的大刀、长矛和石头死守城堡，并在半山前崖构筑炮台和其他防御设施。当时英军使用新式火器向宗山猛烈进攻，江孜军民誓死抵抗，以土枪、大刀、梭镖和弓箭坚持了 8个月之久。山上弹尽粮绝，守军与攻上宗山的英军展开肉搏，直至跳崖牺牲。	墙面展板
		抗英保卫战信件 清 西藏博物馆藏	需用展柜
		台湾人民反抗日军占领形势图	墙面展板
		台湾雾社起义雕塑 照片 1930 年 10 月 7 日，高山族马黑波社首领莫那・鲁达欧长子举行婚礼，由于一名日本巡查破坏了高山族的风俗，导致高山族民众长久积蓄在胸的抗日怒火爆发。在莫那・鲁达欧的领导下，雾社高山族民众于 10 月 27 日发动起义。日本殖民统治者得知雾社起义消息后，立即从各地调来军队予以镇压。日军对高山族同胞施放毒气，起义人员死伤较多。高山族同胞撤至山林，利用熟悉的地形，与日军展开游击战致敌死伤半数。	墙面展板

一级标题	二级标题	三级标题
	中华民族的独立与新生 中华民族的独立与新生是全国各族人民共同反抗外敌入侵，共同建设民主国家的伟大成就。从旧民主主义革命到新民主主义革命，乃至社会主义建设时期，中华民族的优秀儿女始终为民族平等与共生，为中华民族的伟大复兴而不断探索前进。	**五族共和与民族平等** 辛亥革命，接受了民主思想的中国知识分子认识到中国是由多民族构成的国家。在民国成立之初，即确立了“五族共和”的政体。孙中山的民族、民权、民生(“三民主义”)中明确提出了“中国境内各民族一律平等”。
		共荣共生与区域自治 中国共产党把民族问题作为执政要务之一，1928 年中共六大通过《关于民族问题的决议案》中指出：“中国境内的少数民族问题对于革命有重大的意义”。此后党的文件中多次使用“少数民族”概念，突破了“五族共和”的局限。中国共产党教育广大军民认识中华民族的构成，并制定政策发展民族文化，培养民族干部，提出了尊重各民族管理自己事务的权利，实行民族区域自治的主张。

续表

四级标题/段落说明	辅助展品	展品及说明牌	展示要求
		盐寮抗日纪念碑 照片 《马关条约》后，日本为了逼迫台湾民众投降，出兵台湾。台湾人民奋起抵抗，在奥底海岸一带组织义勇军，但因寡不敌众而全军阵亡。当地人为了纪念这些守土抗日牺牲的义军将士，特建了这座抗日纪念碑。	墙面展板
		“中华民国”大总统孙文宣言书 民国 广州博物馆藏 1912年1月1日，中华民国临时大总统就职典礼在南京举行，孙中山发布宣言，其中提到了“国家之本，在于人民。合汉、满、蒙、回、藏诸地为一国，即合汉、满、蒙、回、藏诸族为一人。是曰民族之统一。”	一级文物，需用展柜并保证温湿度保护
		“中华民国”临时约法 复制品 广州博物馆藏 1912年3月11日《中华民国临时约法》公布实施，这是一部按照西方资产阶级民主制度和“三权分立”的原则制定的资产阶级宪法。法律条文中明确规定了“中华民国人民一律平等，无种族阶级宗教之区别。”并明确了西藏是中国领土的一部分。	需用展柜
		铜币 民国 首都博物馆藏	两枚 需用展柜
		允许蒙、回、藏、苗、瑶、彝、番各民族与汉族有自己管理自己事务之权，同时与汉族联合建立统一的国家。 ——摘录自1938年毛泽东《在中国共产党第六届中央委员会扩大的第六次全体会议上的报告》	墙面立体字
		虽然文化发展的程度不同，但是都已有长久的历史。中国是一个多数民族结合而成的拥有广大人口的国家。……中华民族的各族人民都反对外来的压迫，都要用反抗的手段解除这种压迫。他们赞成平等的联合，而不赞成互相压迫。 ——摘录自《中国革命和中国共产党》	墙面立体字
		中华人民共和国民族区域自治法 解决民族问题，中国采取的不是民族共和国联邦的制度，而是民族区域自治的制度。我们认为这个制度比较好，适合中国的情况。我们有很多优越的东西，这是我们社会制度的优势，不能放弃。 ——摘录自1987年邓小平会见匈牙利社会主义工人党总书记卡达尔的谈话	需用展柜 墙面立体字
		现阶段我国的民族问题，比较集中地表现在少数民族和民族地区迫切要求加快经济文化的发展。 在新的历史时期，搞好民族工作，增强民族团结的核心，就是要积极创造条件，加快发展少数民族和民族地区的经济文化等各项事业，促进各民族的共同繁荣。 ——摘录自1992年江泽民《加强民族大团结，为建设有中国特色的社会主义携手前进》	墙面立体字

一级标题	二级标题	三级标题
多元一体——和谐的民族家园 中国地域文化具有多元的特征，多元地域文化在交融和汇集过程中，与汉族文化之间不断相互选择融合、借鉴吸收，在开放、包容的中国传统文化的母体中，逐渐行成了异彩纷呈的文化内容和单元。从白山黑水茫茫草原，到天山脚下戈壁大漠，从雪域高原到东海之滨，五十五个少数民族与汉族一起共同谱写多彩中华的动人诗篇，创建美丽和谐的民族家园。		
	东北、内蒙古地区 西北地 西南地区 中东南地区 西藏及周边的甘、青、川高原地区	
百工之艺——深厚的造物文化 在漫长的农耕社会中，百工之艺是社会生产的根本，手工劳动让人们认识到人和社会，人与自然的关系，认识到自我的精神存在。人们在手工生产活动中审视自我，形成了中国传统文化的哲学思想和美学思想。 中国传统哲学与美学思想是各民族在生产实践活动中共同创造的财富。选自第一批国家级非物质遗产名录“民间美术”和“传统手工技艺”项目中的少数民族遗产，在展示各具特色的民族造物文化的同时，也体现着中华民族的文化共性。而这个共性，就是我们作为中国人的文化名片。		
	追思祖先——霓裳华服的传说 少数民族大多以祖先崇拜和自然崇拜为主，在这种“溯源文化”的浸染下，“追忆祖先”成为了少数民族工艺美术品所要展现的重要内容之一。在服饰图案的运用方面，或用五彩的经纬记住祖先艰辛跋涉的辛苦历程，以激励后人不忘祖业；或用抽象的图案来表达对标志为祖先的图腾的虔诚膜拜，以此来凝聚拥有共同血缘的部落和族群。	贵州苗绣 苗族的刺绣艺术不仅装饰了人们的衣裳，还是苗族历史文化的载体。传说蚩尤部落就是苗族的先民，蚩尤与炎黄部落的战争失败后，部族开始了漫长的征战迁徙。流传在黔东南的苗族古歌《跋山涉水》中记载“日月向西走，山河往东行。我们的祖先啊！顺着日落的方向走，跋山涉水来西方”，而苗族服饰上的图案和线条，正是对迁徙历史的记录。

四级标题/段落说明	辅助展品	展品及说明牌	展示要求
		民族区域自治制度，是我国的一项基本政治制度，是发展社会主义民主、建设社会主义政治文明的重要内容，是党团结带领各族人民建设中国特色社会主义、实现中华民族伟大复兴的重要保证。在国家统一领导下实行民族区域自治，体现了国家尊重和保障少数民族自主管理本民族内部事务的权利，体现了民族平等、民族团结、各民族共同繁荣发展的原则，体现了民族因素与区域因素、政治因素与经济因素、历史因素与现实因素的统一。实践证明，这一制度符合我国国情和各族人民的根本利益，具有强大生命力。民族区域自治，作为党解决我国民族问题的一条基本经验不容置疑，作为我国的一项基本政治制度不容动摇，作为我国社会主义的一大政治优势不容削弱。 ——摘录自2005年胡锦涛在中央民族工作会议暨国务院第四次全国民族团结进步表彰大会上的讲话	墙面立体字
	中国民族分布图		
		苗族迁徙服 20世纪70年代 贵州省博物馆藏 定居的生活并没有使苗族忘掉先民那段漫长的迁徙历史和千难万险的征战历程，为了铭记征程中所遇到的各种事物，歌颂祖先的聪慧果敢，苗族用五彩的丝线来记录那段记忆。整套女装寓意鲜明，很多文化内涵融于其中。肩部的红色几何纹饰，代表祖先曾经居住在田园肥沃、山川秀丽的长江以北的广袤大地。后背配饰一块方形背牌，黑色边框代表固若金汤的城池，象征祖先曾经创建过繁华兴盛的城市。百褶裙上镶绣的三条红色纹饰，分别代表祖先迁徙途经的黄河、平原和长江。	柜内陈列

一级标题	二级标题	三级标题

四级标题/段落说明	辅助展品	展品及说明牌	展示要求
苗族的刺绣艺术，是苗族妇女勤劳智慧的结晶。苗绣讲究对称、充实和艳丽。在美的法则下，传统的图案中充满的是关于苗族始祖诞生的传说。一针一线的穿插之间，饱含着人们对祖先的敬仰，体现着苗族人民对自己文化的继承。	枫树生妹榜，枫树生妹留， 我们来赞美，我们来歌唱。 假如是现在，爹妈生你我， 生就生下了，有啥值得说。 回头看当初，枫树生榜留， 有了老妈妈，才有你和我， 应该歌唱她。 来唱生妹榜，来唱生妹留； 来赞生妹榜，来赞生妹留。 要是仰阿莎，生下那时候， 鹭鸶与白鹤，双双从南来， 平着水面飞，不高也不低， 落脚水井边，啄吃井中鱼。 姑娘在井里，口口声声喊： “啄就啄两边，莫要啄中间， 啄伤我手脚，我就起不来。” 来看妹榜留，来看老妈妈， 树干要变她，树心要生她。 两个啥好汉，从何地方来？ …… 妹榜长大了，妹留长大了， 三岁换妈妈，串门去喝茶； 六岁摘猪菜，帮着喂鸡鸭； 十岁到村边，游方在树下。 榜留去游方，穿的什么衣？ 围的什么裙？ 榜留去游方，穿的花花衣， 围的花褶裙，花衣合身材， 褶裙密又匀。 妈妈妹榜留，游方李树下， 同谁去游方？成双不成双？ 同河水游方，想和他成双， 河水太莽撞，他们没成双。 太阳来游方，差点要成双， 乌云来阻挡，他们没成双。 妈妈妹榜留，看谁最漂亮， 和他去游方，同他配成双？ 妈妈妹榜留，心爱小水泡， 会说也会唱，长得又漂亮， 同他去游方，和他配成双。 榜留和水泡，游方在哪里？ 成双在哪堂？ 榜留和水泡，游方急水滩， 成双漩水潭。 榜留和水泡，游方多少天？ 成双多少夜？怀了多少蛋？ 生了多少宝？ 榜留和水泡，游方十二天， 成双十二夜，怀十二个蛋， 生十二个宝。	花溪苗族挑格穗花衣背花块 20 世纪 30 年代 贵州省博物馆藏 在苗族的服饰中，处处都充满着象征化的具象和抽象图案样式。挑花中这种“※”的几何图案在很多人看来，就是一只变形的蝴蝶欲振翅高飞，甚至被认为是代表“蝶”字的变形文字，借以传达那段“蝴蝶妈妈”的历史传说。客观上反映了人们希望驾驭自然，希望得到大自然庇护的愿望，因此才出现了如此奇妙的人类童稚时期的“幻想”。 台江苗族平绣神鸟孵人绣片 20 世纪 50 年代 贵州省博物馆藏 台江苗族平绣鹡宇孵蛋绣片 20 世纪 80 年代 贵州省博物馆藏 传说枫木心中孕育出一只美丽的蝴蝶，与泡沫“游方”生下十二个蛋。一只叫“鹡宇”的大鸟帮其孵化，经过了数十年的艰辛，终于孵化出雷公，以及龙、牛、虎等动物，还有苗族的先祖——姜央。这是《苗族古歌》中的一段。苗族的先民将“神鸟孵蛋”这样一种古老的历史传说记录在服饰上传递给后人。动物本身是大自然的象征，反映了人们对于自然的崇拜和敬仰。	辅助展品的文字制成展板与文物配合 以下文物已经装进画框
与中国其他传统重彩的刺绣相比，剑河苗族的锡绣以其熠熠生辉的“锡”片本色，更显得细腻典雅，清丽脱俗。高度的抽象几何纹像迷宫般给人们以无限的遐想。有人认为这是先祖“蝴蝶”的变形，显示了对祖先的崇敬；有人说他是居住家园、农田的抽象，描绘了现实中平静的田园生活；有人更猜测是类似文字的表意符号，记录民族的心路历程……也许在不久的将来，我们会从这些抽象图案中读懂先祖想要告诉我们的话语。		剑河苗族锡绣前围腰 20 世纪 70 年代 贵州省博物馆藏 剑河苗族锡绣后围腰 20 世纪 80 年代 贵州省博物馆藏	

一级标题	二级标题	三级标题
		苗族银饰锻制技艺 银饰是苗族最喜爱的传统饰物，妇女们从头到脚，无处不饰。各类银饰彼此配合，呈现出完美的整体装饰效果。银饰的主题与服装协调，始祖诞生的故事传说与吉祥图案是这些闪亮银饰的永恒主题。苗族银饰锻制技艺在家庭内部传承，由绘图到雕刻和制作。包含铸炼、捶打、焊接、编结、洗涤等30道工序。
		贵州省三都水族自治县水族马尾绣 水族马尾绣是水族妇女世代传承的以马尾作为重要原材料的一种特殊刺绣技艺。马尾绣的丝线中包裹着三至五根马尾，妇女们将这种马尾芯的线刺绣在图案轮廓线上，再用彩色丝线盘绣填充，使图案富于层次感和立体感。在这平面与立体的交错中，娓娓讲述着和祖先相关的故事。
		青海省互助土族自治县土族盘绣 土族独具特色的刺绣艺术盘绣源于青海省东北部的互助土族自治县。吐谷浑墓葬出土的盘绣艺术品证实早在4世纪时，盘绣技艺就已经出现。盘绣是指在操针时，同时配两根色彩相同的线，一作盘线，一作缝线的丝线绣技艺。厚实华丽的盘绣图案由七色绣线绣成，如彩虹般美丽。而这其中源于自然的色彩正是对这片养育祖先的热土的眷恋。
		湖南省隆回县花瑶挑花 挑花工艺，即在棉布或麻布的经纬线上用彩色丝线挑出很多十字结构，组合成图案的织绣工艺。花瑶挑花是在湖南省隆回县瑶族女子中流传的独特手工艺，隆回瑶族因女子筒裙上装饰有艳丽的挑花而被人称为“花瑶”。花瑶挑花图案突出反映了瑶族人对生命的崇尚。

四级标题/段落说明	辅助展品	展品及说明牌	展示要求
在苗族人的眼中，万事万物都是充满灵性的，不仅鸟兽鱼虫具有人的秉性，日月亦能说话，金、银可以出嫁，从枫树中幻化出的蝴蝶和水的泡沫能够生育后代、繁衍子孙。作为一种重要文化现象的银饰，向外界展示了一个有着丰富内涵的苗族精神世界。苗族史诗《枫木歌·十二个蛋》中所提到的雷公，与蝴蝶、鸟、龙、虎、蛇、蛙、蜈蚣、象、牛等动物，苗族祖先、鬼怪和从汉地传入的一些瑞物一起出现在苗族姑娘颈间、头上、腰间、遍布全身。而这些图案造型因其具有一定的图腾含义在银饰中变得不可或缺。		雷山苗族蝙蝠铃铛银吊饰 20 世纪 80 年代 贵州省博物馆藏	
在苗族人心中，白色代表了生命、祖先、吉祥、正义和灵气。因此，对于白色的银饰，苗族尤其钟爱。在史诗中，银子出生时是黑色的，要用硼砂水洗白，银子长大后便嫁给了硼砂，有了硼砂丈夫。银子白皙的肌肤永远有了保障，银子便安了心。以史诗的形式来记录一种事物，可见它在这个民族中的重要性非比寻常。苗族的银饰由于地域的不同，在装饰风格上有着一定得差别，如乳丁纹银手圈造型就是雷山特有的。除此之外，共性还是主流，如在银饰上龙的体现就随处可见。		雷山苗族银压铃 20 世纪 80 年代 贵州省博物馆藏 雷山苗族乳丁纹龙形银手镯 20 世纪 50 年代 贵州省博物馆藏 雷山苗族镂花乳丁纹银手圈 20 世纪 50 年代 贵州省博物馆藏 雷山苗族六棱银手镯 20 世纪 80 年代 贵州省博物馆藏	
		水族尖头翘鼻布底鞋 20 世纪 70 年代 民族文化宫博物馆藏	
蝴蝶和凤凰是马尾绣背儿带的主题图案。凤凰代表女性，蝴蝶因为庇护过水族祖先而被赋予了“妈妈”的特殊含义。水族儿女从相伴他们生活左右的重要伙伴——马的身上获取素材，用丝线将其围裹，在布面上勾勒山轮廓，再将五彩的丝线，透过敏锐的观察和勤劳的双手，绣出能够保佑子孙健康成长、平安多福的吉祥图案。传说和神话是人们追求美好的一种意念，但人们相信将传说中的象征符号绣在背儿带和其他生活的服饰上，它们会像祖先一样护佑自己子孙后代的生息繁衍。		水族锁绣花卉翘鼻鞋 2001 年 贵州省博物馆藏 水族马尾打籽绣背儿带 20 世纪七八十年代 民族文化宫博物馆藏 水族辫绣福禄寿纹背儿带 20 世纪 50 年代 贵州省博物馆藏	
人们都说青海互助是“彩虹的故乡”，处处可见鲜艳夺目的七彩。黑色代表土地，哺育一方生灵；绿色代表秧苗，供给芸芸众生；黄色象征麦垛，收获就是喜悦；白色象征甘露，滋润草木山河；蓝色代表天空，洁净没有尘埃；橙色代表光芒，普照大千世界；金色代表太阳，激发无限希望。土族姑娘将这些美好的期盼用七彩的丝线绣出“太极图”、“富贵不断头”、“吉祥法轮”、“八宝云气”等图案以及动物、人物、佛像纹样，穿在身上，朴实而华贵。没有什么能比美丽的盘绣更能表达土族人对生活的热爱和理解。		互助土族黑布五彩辫绣女宽腰带 20 世纪 90 年代 民族文化宫博物馆藏 互助土族绿底丝穗三节彩绣腰带 20 世纪 90 年代 民族文化宫博物馆藏	
高岭深山的生活环境，塑造了隆回县虎形山的瑶民善于用自己的指尖和针线来发现并描述生活的能力。对现实生活的理解、追求和对民族兴旺发达的憧憬都成为了瑶族妇女抒发的主题：人丁兴旺的希望使瑶民认为蛇、鱼等都是生命力很强的动物；“盘瓠创世”的神话让世代陪伴瑶民生活的狗得到了极致尊贵的地位；在生产劳动中承担重要角色的耕牛形成了瑶民敬牛爱牛的风尚，甚至“怀崽的老虎”都被专家认为是生殖崇拜最朴素的体现。无论是飞禽走兽、树木花草、昆虫和历史人物，都是瑶族人最真实的情感体现。		瑶族挑花女裙 现代 民族文化宫博物馆藏	

一级标题	二级标题	三级标题
		苗族蜡染技艺 按照苗族的传统习俗，每个苗族妇女都从母亲那里学习蜡染技艺，传承下祖辈赋予图案的意义。蜡染是用蜡刀蘸熔蜡绘花于布后以蓝靛浸染，在浸染之后融掉封蜡，布面就呈现出蓝底白花或白底蓝花的多种图案，同时，在浸染中，作为防染剂的蜡自然龟裂，使布面呈现特殊的“冰纹”，尤具魅力。
		扎染技艺 扎染古称“绞缬”，是我国一种古老的纺织品染色技艺。大理白族自治州大理市周城村和巍山彝族回族自治县的大仓、庙街等地至今仍保留着这一传统技艺，其中以周城白族的扎染业最为著名，被文化部命名为“民族扎染之乡”。
		土家族织锦技艺 土家锦用棉线织成，俗称“打花”，主要有打花铺盖（土家语“西兰卡普”）和花带两大品种。它采用“通经断纬”的挖花技术，分为“对斜”平纹素色系列和“上下斜”斜纹彩色系列两大流派。西兰卡普使用古老的纯木质腰式斜织机织造，其技艺流程主要由纺捻线、染色、倒线、牵线、装筘、滚线、捡综、翻篙、捡花、捆杆上机、织布、挑织等12道工序组成,另以“反织法”挑织成图案花纹。

四级标题/段落说明	辅助展品	展品及说明牌	展示要求
		蜡刀 20世纪70年代 贵州省博物馆藏	
		丹寨苗族彩色蜡染加彩绣女上衣 20世纪80年代 贵州省博物馆藏 一首苗族古歌《蜡染歌》唱出了勤劳的苗家姑娘借助天地的启迪，凭借自己的聪明灵巧发现制作蜡染的故事。悠久的历史使蜡染技艺特别是图案的演变伴随着很多传说。在丹寨苗家女盛装的肩背和衣袖处,传承延续的几何图像——“漩涡”纹引起了人们无限的遐想：有人说这是代表鸟之部族的族徽“哥涡”；有人认为是传说《妹榜妹留》中蝴蝶妈妈的变形。但无论是飞禽走兽还是花鸟鱼虫都展现了苗族人大胆的想象力，富有童话般的梦幻色彩。	
		黔西南苗族蜡染火镰裙脚片 20世纪80年代 贵州省博物馆藏 黔西南苗族蜡染杉树果花裙脚片 20世纪80年代 贵州省博物馆藏 织金苗族蜡染窗棂鱼骨团花衣袖片 20世纪80年代 贵州省博物馆藏	
		白族扎染台布 现代 云南省博物馆藏 大理的蝴蝶泉就像《梁祝》一样，也有着一段缠绵悱恻、凄美浪漫的爱情传说，被流传千年。在白族人心中，蝴蝶是美的化身，爱情的象征，也是美好祝愿和幸福生活的象征。于是，蝴蝶的形象无处不在。在扎染的图案中，蝴蝶的具象纹饰与抽象变形随处可见。此外，白族人对自然的热爱，使各种带有吉祥寓意的景观生物经过巧妙地组合后，构成了许多寓意深刻、内容丰富、意趣无穷的扎染纹样。就如中国水墨画一样，蓝靛的浸透宛若墨色的晕染，蓝与白的虚实变化传达了白族人对生活的理解和美的向往。	
		黑底彩花“土王”织锦 现代 民族文化宫博物馆藏 所谓“土王”，即土司。在土家村寨中有土王庙，祭奠历代土司；在举行大型的庆祝活动，跳摆手舞之前要祭祖先、祭土王。在土家人心中，土司王是一方的统治者，是土家先民首领，而那些领兵抗敌的土司更备受后人敬奉，因此为了纪念那些在民众心中有极高威望的“土王”，人们用织锦的方式来表达对祖先英雄的敬重。	

一级标题	二级标题	三级标题
	师法自然——天人合一的技艺 “师法自然”源于道家思想，讲究一切事物特别是人的行为要以自然为师，尊重自然、顺应自然，即达到“天人合一”的理想境界。传统手工劳动的生产方式建立在自给自足的自然经济基础上，就一般的民用器物制造来说，多数是为了满足自身生活的需要。人们就地取材，因地制宜，人和自然基本上处于和谐的生态环境之中。	制陶工艺 取材于泥土，形成于水火的制陶工艺，是人类历史上第一次改变自然材料性质的创造，标志着人类在改造自然、利用自然的进程中迈出了伟大的一步。黎族的泥条盘筑成型、傣族的慢轮工艺、维吾尔族的模制法等制陶工艺，保留了早期陶器生产的特征，成为考察陶器发展史的重要佐证。
		海南省昌江黎族自治县原始制陶技艺 对史前制陶史研究具有重要启示作用的黎族原始制陶工艺一经发现就被人们称为“活化石”。这种泥条盘筑法是新石器时代制陶工艺之一，直接使用当地的陶土，不掺杂任何辅料；工具简单而易于找到，如竹刀、蚌壳都可就地取得；没有陶车陶轮这样的辅助工具，完全手制完成，露天烧制等等。以往的经验告诉学者，我们总是在考古学的圈中找寻着历史发展的轨迹，破碎而间接。直到看到黎族的原始制陶技艺活生生地呈现在面前，才意识到，少数民族文化中有我们挖掘不完的宝藏。
		云南省西双版纳州傣族慢轮制陶技艺 依水而居，稻作农耕的生产生活方式，使傣族先民自然而然地将身边的水、土、火结合利用起来，就地取材制造陶器。慢轮工艺制陶在现代人的眼中是落后的，但它却是成熟的陶艺制作必经的发展历程。闭塞的交通和相对恶劣的自然环境使这一低温烧制的工艺被定格在相当于4000年前的制造水平上。用木拍拍打出的装饰纹样与南方新石器时代出土的印纹陶器有着异曲同工之妙。传女不传男的沿袭方式更是母系氏族社会的遗风。
		新疆维吾尔自治区模制法土陶烧制技艺 在孕育过古老灿烂文明的塔里木盆地，无数条河流像历经岁月沧桑的老人从天山、昆仑山山脉卷着泥沙，流向维吾尔族定居的绿洲，带给他们美化生活、便利生活的陶土。这些就地取材的胎料在艺人的手中或凭借轮盘，用双手提拉成型；或借用模具，翻模压制成型，最后上釉烧制，成为一件件美观实用的土陶制品。拙朴的造型，代表着古老的技艺，浓密抽象的图案显示了外来文化的渗透，绿绿黄黄的色块蕴含了人们对待生活的感悟。丝绸古道随着历史的尘沙已被淹没，要想追寻它的足迹，这些土陶也许会带给您一些答案和启发。

续表

四级标题/段落说明	辅助展品	展品及说明牌	展示要求
		土家族织锦 现代 民族文化宫博物馆藏 “锦”意味着高贵美丽，土家人用这种美好的事物来表达对天地自然的崇拜和对族源的隐喻。不难发现，土家织锦很少有直接的人物形象，基本上都是自然物象图案。在土家人的眼中花草树木、日月星辰等万事万物都因神秘而受到敬仰。不同于直白的表达，土家人用源于生活的丰富想象将其升华、提炼，发展到我们现在看到的各种变形几何图案，这样一种纹样也更加易于生活的装点。	
		黎族陶器 现代 中央民族大学民族博物馆藏	
		傣族陶器 现代 云南省博物馆藏 傣族制陶工具 现代 云南省博物馆藏	
	“五星出东方利中国”锦护膊 “人马武士”锦 彩绘驮夫木俑 彩绘天干骼鬼木俑 彩绘泥塑人首镇墓兽 扎滚鲁克女尸 彩绘劳动妇女佣群 IMG_7115 陶轮 IMG_7160 提拉成型 IMG_7171 木制镂刻工具 IMG_7112 土陶半成品	绿釉洗手盆 现代 新疆文物总店藏 绿釉陶壶 现代 新疆文物总店藏 绿釉双耳陶缸 现代 新疆文物总店藏 黄釉陶缸 现代 新疆文物总店藏 黄釉陶壶 现代 新疆文物总店藏	

一级标题	二级标题	三级标题
		织绣印染 从人们美化自身的服装材料，到装饰环境的各类织物，乃至承载着人们精神信仰的宗教用品，各类织绣印染工艺折射出的是人们在取材制作中对自然的敬重。“天有时，地有气，材有美，工有巧”，不仅织物图案的题材源于自然界，材料的选择也充分体现了顺应自然规律的造物原则。
		藏族邦典、卡垫织造技艺 藏族人民常用的毛织围裙在藏语中称为“邦典”；卡垫即藏式地毯，是藏族毛织工艺的代表。西藏山南地区贡嘎县杰德秀镇是藏族围裙的主要产地，有“邦典之乡”的美称，相传文成公主的氆氇服装就产生于此。日喀则的江孜地区是“卡垫之乡”，江孜卡垫与波斯地毯、土耳其地毯并称为世界三大名毯。
		海南黎族纺染织绣技艺 黎族织锦工艺，源远流长。它起源于新石器时代，无论是纺轮还是踞织腰机，都与半坡文化遗址复原的纺轮和纺织工具基本相同。纺染织绣技艺，不仅是黎族女子必须具备的一项基本技能，它还是黎族人民表现自我，表现本方言，表现本民族的一种重要手段。黎族是一个只有语言没有文字的民族，从某种意义上来说，黎锦是她们独特的史书。

续表

四级标题/段落说明	辅助展品	展品及说明牌	展示要求
		彩条氆氇围裙 现代 西藏博物馆藏	
		藏族卡垫 现代 民族文化宫博物馆藏 天高云淡、广阔草原形成了藏民追逐精神释放的秉性，逐水草而居的生活状态，频繁迁移和居无定所简化了定居生活所需要的起居陈设，一张“卡垫”就可以代替床铺，或坐或卧，成为藏族生活中不可或缺的生活用品。在雪域高原的恶劣环境中，为了抵御刺骨寒冷，藏民就将被称为“高原之舟”的牦牛毛混合着山羊毛、绵羊毛编织成“卡垫”。再用从当地的树叶、草根和矿物中提炼出来的各种自制颜料形成染色，色泽鲜艳，经久不变。藏族人民用自己的聪明才智利用自然，改善生活，把这片被认为是不适宜人类生存的高原变成了人们向往的圣地。	如条件不允许可将2件展开部分展示
		黎族织锦——龙被 清 民族文化宫博物馆藏 厚重荣耀的历史、丰富生动的内涵、高超繁复的技艺使龙被成为了黎族织锦中的翘楚。在民俗事项中,“龙”被作为一种物化象征加以运用，黎族在举行重大的宗教仪式时要挂龙被，丧葬时用龙被盖棺椁。而进入到中国传统的政治话语体系,“龙”象征皇权,象征天子。因此，从很早的时候，龙被就被作为御用贡品，专供皇家使用。与此同时，“龙”作为中华民族特定内涵的文化符号，被黎族推广至极致，正反映了中华文化发展的同源异体性。 黎族哈方言植物纹星纹女子筒裙 现代 海南省博物馆藏 黎族哈方言人形纹女子筒裙 现代 海南省博物馆藏 黎族杞方言女子头巾 现代 海南省博物馆藏 黎族润方言双面绣女子上衣 现代 海南省博物馆藏 黎族美孚方言扎染女子筒裙 现代 海南省博物馆藏	

一级标题	二级标题	三级标题
		壮族织锦技艺 壮锦图案精巧，色彩绚丽，既是精美的工艺品，又具有很高的实用价值。壮锦以其花纹图案别致，色泽鲜丽，坚固耐用，有浓厚的民族特色而驰名中外。壮族民间织锦品种有被面、床毯、背带、挂包、台布、围裙、头巾、衣服边角饰等。
		加牙藏族织毯 青海玉树康巴藏区的藏毯保留了较多的藏族传统工艺，而安多藏区藏毯在图案设计上以巧妙的构思将藏汉文化融为一体。加牙藏毯属安多藏毯的一部分，有14个系列，70多个品种，它的取材体现了安多藏区人民将自然天时、地利、人和和谐并存的造物思想。
		维吾尔族花毡、印花布技艺 维吾尔族花毡用羊毛制成，按照民族的传统习俗，居室内目光所及之处都要进行精心装饰，花毡就是常见装饰材料之一。它主要用于铺炕、铺地、拜垫和壁挂等。维吾尔族印花布主要用木模戳印的方式将图案印在土布上。花毡和印花布的图案丰富多样，既有自古至今流传于西域地区的传统纹样，又有伊斯兰特有的装饰图案，还有的带有汉文化的影响，鲜明地体现了丝绸之路的地域特色。

续表

四级标题/段落说明	辅助展品	展品及说明牌	展示要求
		壮族彩花壮锦被面 现代 民族文化宫博物馆藏 以彩色丝绒线为纬，原色棉线为经，交织而成的壮锦是大自然赠予壮族人的珍贵礼物。阳光充足、繁花似锦的广西，自然景物浓烈艳丽的色彩造就了壮族人民特有的色彩审美，红、黄、蓝、绿基本色的运用，形成壮锦纯色重彩的用色风格。取材于自然界的图案因人的感悟而夸张生动，这些花鸟鱼虫等自然物象的表达超脱了具象，用线条加以概括，构成了各种几何图案。用情感将宇宙万物给予我们的灵感进行雕琢，更是我们创造生活的源泉。	
天时、地利、人和的共同作用造就了加牙藏毯今天的辉煌。3000多年的手工制造技艺在传承的过程中不断完善和成熟即为天时；高原上天然放养的牦牛羊群有着柔软细腻、光洁度最好的绒毛原料即为地利；藏汉文化的不断融合，形成藏毯古朴、自然、粗犷的风格即为人和。在新的历史时期，藏族织毯构思的巧妙、自然的色调、古朴的风格会受到更多追求自然和谐人们的青睐。		黑地八宝纹坐垫 近代 青海省博物馆藏 团花小方坐垫 近代 青海省博物馆藏 黄地蓝色鹤鹿同春挂毯 清 青海省博物馆藏 鹤为仙禽，鹿为瑞兽，鹿鹤同春表达了人们祈求国泰民安的良好愿望。 和睦四瑞图 现代 青海省博物馆藏 “和睦四瑞图”中通常是羊角鸡在顶端，下面是山兔，猴子托着山兔，坐在大象背上。该图案经常画在寺庙的门上或装饰在床上、桌子上、容器上。此外用酥油制成和睦四瑞作为祭献用的供器。象征团结、友爱的精神。 玛尼堆织毯 现代 青海省博物馆藏 藏区各地的山间、路口、湖边、江畔，几乎都可以看到一座座以石块和石板垒成的祭坛——玛尼堆。也被称为“神堆”。这些石块和石板上，大都刻有六字真言、慧眼、神像造像、各种吉祥图案。	
对自然的感悟和生活的理解，让我们明白了少数民族为什么如此能歌善舞。一支《擀毡舞》就是对多姿多彩日常生活的一种提炼，经过刺绣剪切的毛毡，色彩绚丽，严密紧实。招待客人时，垫上花毡，显示对客人的热情；屋内装饰性挂毡的亮丽一扫沉闷与灰色，带来生活的情趣；防潮御寒的床上用品受到当地人的青睐；就连姑娘出嫁时的嫁妆，花毡也是不可或缺的内容。在各种化纤材料充斥的纺织制品中，人们越来越青睐于无污染、纯天然的毛纺织物，而新疆的花毡正好符合了当代时下的人们的诉求。		擀花毡 现代 新疆文物总店藏 团花套印床围 民国 新疆文物总店藏 土布印花模具 民国 新疆文物总店藏	（2件）

一级标题	二级标题	三级标题
		赫哲族鱼皮制作技艺 赫哲鱼皮衣是赫哲族人民利用自然材料应对自然环境的创造。人们用大马哈鱼、胖头鱼等大鱼取皮做衣料，剥皮去鳞，用木斧将鱼皮捶打至像棉布一样柔韧，再按鱼皮纹路拼接剪裁，以鱼皮丝为线，鲶鱼骨做纽扣。分男女两式，有衣裤、袍及鱼皮绑腿、披肩、围裙、腰带、帽子、手套、荷包等等。鱼皮衣穿着轻便，冬季抗寒耐磨，春天防水护膝。
		建筑营造 营建房舍是人类在自然界为自身开辟空间的独特形式，传统的中国木结构建筑取材于自然林木，处身于自然之中，使人的居所始终处于自然之中。它们或利用材料特性实现用料的节省，或依地势而建和谐自然。在中国传统营造观念中，建筑本身是自然属性的另一种形式。
		侗族木构建筑营造技艺 或“环水”，或“跨水”，或“临水”的侗寨布局反映了侗家人爱山亲水的性格，稻作文化的传承使他们对山水有着特殊的依赖。山上盛产的杉木、河谷优良的石材、甚至随处可见的茅草都是侗家最基本的“绿色环保建材”。木楼的建造因为轻便的材料和以拼接为主的技术而无需现代机械化的设备和手架的搭建，省时低耗。供行人歇息赏景的凉亭；带有驱灾祈福美好寓意的风雨桥；犹如精神灯塔的鼓楼构成了人与大自然、人与人、人与神沟通的一个特殊空间。侗家人尊重自然，与自然和谐相处，他们有着最朴素的“天人合一”的观念。
		苗寨吊脚楼营造技艺 西江千户苗寨吊脚楼的营造技艺远承 7000 年前河姆渡文化中“南人巢居”的干栏式建筑。吊脚楼，即房屋撑柱悬空不落地，因地制宜而建。吊脚楼或立于平地，或吊脚半边建于倾斜度较大的山坡上，后半边靠岩着地，前半边以木柱支撑，形成稳定的空间结构。
		甲米水磨坊制作技艺 在西藏农区和部分牧区，人们利用山间水的落差巧妙地建造了水磨坊，用来加工糌粑、面粉及家畜饲料，其中以“甲米曲果”最为驰名。“甲米曲果”意为甲米水磨坊，它位于拉萨市北郊的娘热沟，距拉萨市中心 6 公里。娘热沟山清水秀，恬静的村落散布在娘热曲（小溪）岸边，丰富的水资源使这里形成了拉萨市郊最具规模的水磨坊群，历史上这里共建有大小 21 座水磨坊，这在整个藏区是绝无仅有的。
		竹木制作 竹木是中国传统工艺制作中应用最广的材料之一。小到乐器、餐具，大到交通工具都离不开竹木材料的应用。在自给自足的自然经济中，人们的竹木制作以满足日常生活需要为主，伐取分时有度，体现着中国人朴素的自然主义情怀。

四级标题/段落说明	辅助展品	展品及说明牌	展示要求
		赫哲族鱼皮成衣 20 世纪 80 年代 民族文化宫博物馆藏 俗话说“靠山吃山，靠水吃水”，生活在松花江、黑龙江、乌苏里江流域以渔猎为生的赫哲人不但是捕鱼的能手，更是用鱼皮制造衣服或其他生活用品的巧匠，不愧被惊叹为“鱼皮部落”。鱼虽然是赫哲人生存的重要物资，但赫哲人对于自然环境的依赖性使他们有着朴素的生态意识。这就是：“渔民在河里挡渔亮子，把箔帘子编得稀疏一些，好给那些小鱼留出逃生的通道，只把大鱼挡在箔里。”这一方面是由于赫哲人的自然崇拜，人们对万物生灵有着一种敬仰的心境，过度的索取会触怒到神灵，受到惩罚。另一方面经历了上千年的发展，对自然的适应和不断认识，赫哲人有着自己成熟而完善的捕鱼经验。这种被现代人称为是生态保护意识的简单思想，不就是我们一直在追求的人与自然的和谐统一吗？	
		侗族鼓楼 摄影	
		苗寨吊脚楼 摄影	

一级标题	二级标题	三级标题
		苗族芦笙制作技艺、玉屏箫笛制作技艺 芦笙是苗族传统的簧管乐器，在苗族地区广为流传。芦笙是苗族文化的一种象征，苗族芦笙在表演吹奏方面把词、曲、舞三者融为一体，保持了苗族历史文化艺术的原始性、古朴性。
		蒙古族勒勒车制作技艺 勒勒车又名大辘轳车、罗罗车、牛牛车，“勒勒”原是牧民吆喝牲口的声音。勒勒车因常以牛拉动，故也叫蒙古式牛车。勒勒车是为适应北方草原的自然环境和蒙古族生活习惯而制造的交通工具，现在东乌珠穆沁旗及其周边地区依然可见。
		桦树皮制作技艺 桦树皮制作技艺是我国北方游猎民族的独特手工技艺，具有浓厚的民族特色和地域性，鄂伦春、鄂温克、达斡尔等民族制造的桦树皮器皿在生产和生活中代替了陶器和瓷器，体现了森林狩猎民族的文化特色。

四级标题/段落说明	辅助展品	展品及说明牌	展示要求
		雷山苗族芦笙 现代 贵州省博物馆藏	
		大关苗族芦笙 现代 云南省博物馆藏 世代聚居在竹林繁盛地域的苗族，从生产生活中的简单竹制品到屋内陈设、房屋建造，物质层面竹文化内容显得尤其充实，然而在精神层面上竹子所具有的不可替代性，被认为是源于古老民族遁水圣母与夜郎竹王的传说。在苗族的精神世界里，竹子是神的化身，作为与神沟通的重要媒介，能发出竹音的——芦笙，就被赋予了神性的光环，在盛大的“芦笙节”上，勤劳的苗家人吹起芦笙乐，跳起芦笙舞，在“娱神”的同时，乐舞被世俗化，成为“娱人”的文化生活。芦笙，这种古老的乐器也被人们作为祈求自然庇佑的圣物而延续近千年。	
		贵州玉屏“双凤”坠黄穗黑杆竹箫 现代 民族文化宫博物馆藏 自古相伴相依的平溪水和玉屏山孕育出质地优良的美竹。沿袭相传的选材经验认识到只有三年以上竹龄，在立冬后两个月内进行砍伐的水竹才会制造出音色优美，经久耐用的“玉屏箫笛”。但这种大自然的宠儿成为深受皇家垂青，备受世人推崇的真正原因还是中国传统文化所赋予它的文化内涵。雌雄配对的“龙凤箫笛”是忠贞爱情、美好姻缘的象征，音色圆润、雕刻精美的“平箫玉笛”更是知音之间寄托深厚友情的见证。	
		勒勒车 现代 内蒙古博物院藏 居无定所、迁徙不定的游牧生活，需要入草原、爬河谷、过沼泽、走雪地，为了时刻带上生活用品和穹庐式的毡帐，蒙古人利用大兴安岭的千里松林制造了这种高轮、长毂的勒勒车。很强的适应性和修理的便捷性使这种简易、轻便的高轮勒勒车沿用千年，是游牧民族重要的交通工具。试想着在七八月的大草原上，风带着牧草的香气迎面袭来，耳边响着放牧人悠长独特的吆喝声，眼中满是白白的云、青青的草、蓝蓝的天和悠闲的牛羊，自己则坐着勒勒车游荡在太阳辐射下的天边。与快速便捷的现代交通工具相比，这样一幅场景只有在蒙古族的勒勒车才有更深的感触。	
		鄂伦春族桦树皮制品 现代 民族文化宫博物馆藏 在兴安岭广袤的秀水群山之间，遍布着桦树林。它们粗直的树干、柔软光滑的树皮、清雅的色彩成为世代居住在这里的森林民族装点生活的最好选择。每年春末夏初，易于剥取的桦树皮柔软而有韧性，鄂伦春人将其剥下制成各种食物用具、起居器皿、服饰用品、儿童玩具等。没有华贵鲜艳的着色，有的只是桦树皮清丽本色；没有迂回繁复的图案，有的只是简单、质朴的刻压纹饰，自然中透着鄂伦春人性格中的随性与真实。	2 件为一组

一级标题	二级标题	三级标题
		黎族树皮布制作技艺 缝树皮为衣的历史应当早于纺织技术出现的年代，由此可以推测黎族用树皮制衣的历史大约起源于石器时代。制作树皮衣需要经过扒树皮、修整、浸泡脱胶、漂洗、晒干、拍打成片状和缝制等七道工序，而这些工序不仅仅是表面上的制作工艺，更是人们在生产实践中认识自然材料特性的体现。
		金属锻造 金属锻造是人类继陶器制作之后，又一次依靠自己的力量改变自然材料性质的创造，是社会生产力发展的标志。
		阿昌族户撒刀锻制技艺 阿昌族户撒刀锻制技艺流传于云南省德宏傣族景颇族自治州陇川县西北部的户撒乡，阿昌族人吸收了汉族的兵器制造技术，形成独特的户撒刀锻制工艺，明末清初走向成熟，民国年间生产达到鼎盛。
		保安族腰刀锻制技艺 保安族锻制腰刀的历史悠久。1227 年成吉思汗东征时将部分中亚官兵和工匠留在青海同仁。这些中亚人与当地各族人民共居一起，逐步融合而形成保安族。腰刀的锻制体现了来自军伍的族源。保安族迁至甘肃之后，锻制腰刀除了作为防身武器之外还具有了商品性质，常被用来与当地牧民交换牛羊和其他用品。
		造纸工艺 纸是人类文明的重要载体，中国造纸工艺在各地发展的历史，是各地各民族文化发展的证明，各民族各地区纸的发明和使用，为中华文明多样性的传承创造了物质条件。一页页纸上，记载和传播的是民族生生不息的文脉。
		纳西族手工造纸技艺 纳西族东巴纸又称白地纸，其制作技艺较为独特，现保存于迪庆藏族自治州香格里拉县三坝纳西族乡的白地村。白地（即白水台）是纳西族东巴文化的发祥地，东巴纸是东巴最重要的写经用纸，在滇西北各族中久负盛名。
		藏族造纸技艺 自唐朝文成公主远嫁吐蕃时起，中原造纸术传入西藏已有一千三百多年的历史。8 世纪以来，为译经之需要，藏族人民不断学习、借鉴周边民族先进的造纸技艺，就地取材，生产出了独具地方特色的藏纸。

四级标题/段落说明	辅助展品	展品及说明牌	展示要求
衣食住行是人类生存的必备条件。钻木取火、茹毛饮血的人类蒙昧时期，人们用树叶、树皮等掩体御寒，在现在看来，原始而落后，但如果看到海南黎族的树皮布制作技艺就会体会到祖先适应自然生存的智慧。从当地山上采回见血封喉或构树的树皮，经过拍打，留下纤维，浸水晒干后制成布料，尽管非常简陋和粗糙，但到人们掌握棉麻纺织技术之前，这样漫长的历史过程却是人类走向文明必经的过程，因此它的重要性可见一斑。		箭毒树（见血封喉）树皮裙 现代 海南省博物馆藏 箭毒树（见血封喉）树皮衣 现代 海南省博物馆藏	
		阿昌族户撒刀 20 世纪五六十年代 民族文化宫博物馆藏 阿昌族世代居住在高黎贡山余脉，这里山高水深，丛林茂密，时有野兽出没。恶劣的自然环境使配备刀具成为了阿昌族等很多少数民族特有的习俗。有着“柔可绕指，吹发即断，刚可削铁”之称的阿昌刀，已有六百多年的锻造工艺。明初沐英在征战云南陆川时为了供应兵器的补给，将汉地的打刀工艺与阿昌族制铁技术相结合，打造了硬度和韧性都极好的兵器刀剑。随着技术不断地发展，阿昌刀已经成为了滇西各民族生产生活不可或缺的重要生活工具和防身武器。	
		保安族腰刀 现代 中央民族大学民族博物馆藏	
		东巴经卷 现代 民族文化宫博物馆藏 大自然的多样性和纳西人认识能力的提高使他们发现了产自丽江地区，独有的瑞香科丽江荛花，纳西人相信这种略具毒性的植物是记录他们与神心交的产物——东巴经的最好选择，可以使书写的文字不被害虫的啃食而长期保存。厚重粗糙的纳西纸与现代纸张相比显得十分原始，但独特而无污染的制造工艺，却有着重要的研究和历史价值，它是中国造纸术史上一个过渡性的见证，更是东巴文化的载体，成为了纳西文化的一个重要组成部分。	
今天看来，藏纸最大的用途就是记录和传播佛经。为了让经文能流传百世，人们用当地一种具有毒性的狼毒花根茎来制造藏纸。这种质朴轻柔，防腐防虫的藏纸历经千百年而依然保持着原有的风貌。人们惊讶于在这样一片资源稀缺的高原上，藏族人用自己的聪明才智，借鉴周边民族的造纸工艺，就地取材，生产出独具特色的藏纸。对佛的虔诚带给了他们对美好未来的信心，对改造生活的努力提供了他们不断认识自然的动力，这也许就是藏纸产生、发展的源泉。		尼木藏纸黄金入库登记 清 西藏自治区博物馆 格萨尔传 - 阿扎色宗 清 西藏自治区博物馆藏 藏经 清 青海省博物馆藏	

一级标题	二级标题	三级标题
		维吾尔族桑皮纸制作技艺 维吾尔族聚居的新疆南部和东部气候炎热，水土资源丰富，宜于农桑，自古民间便有植桑采果的传统。桑皮纸是用当地的桑树皮为原料制作的一种纸。桑树遍野，为桑皮纸的制作提供了原料保障。桑皮纸，古时又称“汉皮纸”，最大特点是柔嫩、防虫、拉力强、不褪色、吸水力强，主要用于书画装裱、包扎纸币、制伞、制鞭炮和文化工艺品。
		钻木取火 黎族钻木取火技艺 人类文明的起源是从火的使用开始的，同时也是人类发展的一大进步。在考古学上，曾经发现过取火的工具，但直到民族学者在海南黎族地区看到钻木取火的全过程前，这些物件如何使用却是个迷。如今人们明白了祖先是如何利用钻木板、钻火杆，通过引燃物来获得火种的。相对独立的地理单元和闭塞的交通，使许多文化现象自远古产生后，一直延续千年。它对于探究原始文明的发展进程无疑是最好的例证和钥匙。
	交心神灵——精神世界的造物 中华民族的造物观与世界观造就了特有的哲学体系与宗教信仰，而各种信仰和宗教仪轨又促生了手工技艺的发展。人们以虔诚与神圣的心理，通过自己的双手与自心的神灵世界相沟通，在无神的世界中，通过信仰和有神的心灵社区维系着民族的血脉。	西藏自治区、四川甘孜州唐卡 （勉唐画派、钦泽画派、噶玛嘎孜画派） 唐卡（Thang-ga）也叫唐嘎，唐喀，系藏文音译，指用彩缎装裱后悬挂供奉的宗教卷轴画。唐卡是藏族文化中一种独具特色的绘画艺术形式，题材内容涉及藏族的历史、政治、文化和社会生活等诸多领域，堪称藏民族的百科全书。不同风格的唐卡代表了西藏不同的画派，西藏的绘画流派有很多种，其中勉唐画派、钦泽画派、噶玛嘎孜画派被列入第一批国家非物质文化遗产名录。
		青海省同仁县热贡艺术 热贡艺术包括唐卡（卷轴画）、雕塑、堆绣、版画、建筑彩绘图案等多种艺术形式。唐卡注重人物神态的塑造；壁画色彩绚丽、刻画精细；建筑彩绘设色凝重沉稳，图案纹样种类繁多。热贡艺术蕴含了当地民族的历史、文化、民俗等诸多内容。

四级标题/段落说明	辅助展品	展品及说明牌	展示要求
	桑皮纸工序照片： 剥桑树皮 煮树皮 缠绕圆团 木槌砸纸浆 搅拌纸浆 上浆 石磨桑皮纸 摊晒桑皮纸 检查质量 桑皮纸成品 桑皮纸纸样	桑皮纸书籍 清末 新疆文物总店藏 桑皮纸纸币 民国 新疆文物总店藏	
	钻杆取火图片 黎族原始钻木取火方法之二弓木取火图片 钻木取火烧陶图片	钻火板 现代 海南省博物馆藏 钻杆 现代 海南省博物馆藏 引燃物（芭蕉根纤维、木棉絮） 现代 海南省博物馆藏	
		钦泽派宝杖贡布护法神像唐卡 西藏博物馆藏 勉唐派佛本生故事唐卡 西藏博物馆藏 噶玛嘎孜派四臂观音像唐卡 现代 青海省博物馆藏 噶玛嘎孜派噶玛巴像唐卡 现代 青海省博物馆藏	
纵向历史发展的延续统一性和横向多民族文化的多样包容性共同作用产生了独特的“热贡艺术”。地处西藏、中原、西域交汇地的青海同仁，逐水草而居的游牧文化与定居耕地的农业文化在这里的交流、碰撞、融合，都在以藏传佛教为内核的热贡艺术上烙下了印迹。政教合一的社会环境，绝对权威的佛教约束，使雕塑、绘画等艺术形式成为神授的权利，艺人工匠们用“向佛奉献一切”的感召力和虔诚度进行创作。在精湛技艺和虔诚劳作中，你会发现，从人们顶礼膜拜的壁画、唐卡到雕刻于石板、墙壁上佛像石龛，从经堂内仪态万千的泥塑佛像到经堂外具有装饰作用的木刻、砖雕都被赋予宗教的灵魂和艺术的表征。这是一种独一无二的群体创造行为，不是任何一种形式和单体创造所能表达的，因此称之为“热贡艺术”也是无可厚非了。		马头明王像唐卡 现代 民族文化宫博物馆藏 宗喀巴像唐卡 现代 民族文化宫博物馆藏 大势至观音菩萨像 现代 青海省博物馆藏 堆绣黄财神像 现代 青海省博物馆藏 彩绘木雕龙头 明代 青海省博物馆藏 带釉莲花纹砖雕 现代 青海省博物馆藏	

一级标题	二级标题	三级标题
		青海省湟中县塔尔寺酥油花 佛教与花有着不解的渊源，佛陀因莲而生，诞生后百花盛开；成道、说法时，常有飞天散花相伴；涅槃时，更以曼陀罗等珍贵花种献于佛前。因此，佛教的十供养中，花是最普遍的圣物。严寒的冬天，万物具枯，为了能在佛前常供鲜花，藏民就从牛奶中提炼出油脂，用名贵的黄金、珍珠、孔雀石、白银、翡翠研磨成颜料，混合其中，在低温的条件下制成五颜六色的花朵,常伴佛的左右。随后，人们又将这种酥油花发扬光大，佛像、人物、亭台楼阁、飞禽走兽，只要信徒能想到的，都被工匠用酥油花雕塑出来，俨然成为了一件件精美的艺术品。如今，作为塔尔寺艺术三绝之一，酥油花的美就如同佛的慈睿打动着每一个朝觐者的心。
		藏族雕版印刷技艺 居于三大印经院之首的四川省德格县德格经院，其经书在藏区及国内外藏学届流传广泛。早在1703 年，德格土司就已出资雕刻经板、印刷经书，印经工艺包括造纸、制版、印刷等程序，造纸以瑞香狼毒草的根做原料，制作技艺属于浇纸法系统，独具特色。所生产的藏纸不会被虫蛀，吸墨性很强,分量轻,韧性好,有独特的价值。2006 年,德格经院的雕版印刷工艺被列入第一批国家级非物质文化遗产名录。
		拉萨风筝 拉萨风筝流行于西藏拉萨、日喀则、泽当等地，十三世达赖喇嘛偏爱风筝，曾为专供风筝和加工筝线的“上哉”加封印章。藏历八月卫藏地区风力较足，是放风筝的季节。在时间上，拉萨在雪顿节后放飞，日喀则必须由东头宗的俗官先行放飞。藏族风筝形态较为单一，多为菱形平面，但讲究彩绘图案,有“加沃”（大胡子)、“古玛或古那”（钉头或黑头)、“米洛”（瞪眼)、“其瓦”（龇牙)、“帮典”（围裙)、“嘎林”（腿骨号）六种。拉萨风筝的放飞技巧体现在空中的争斗玩耍。最大的特点是“打架斗殴”，最后断线飘走者为败。

四级标题/段落说明	辅助展品	展品及说明牌	展示要求
		带釉金刚杵纹砖雕 现代 青海省博物馆藏 八宝木供器 清 青海省博物馆藏 木雕彩绘宗喀巴像 清 青海省博物馆藏 彩塑马头观音像 清 青海省博物馆藏 大黑天护法神石刻 现代 青海省博物馆藏 石雕彩绘佛塔 现代 青海省博物馆藏	
		酥油花 摄影 青海省博物馆提供	5 张
		藏族雕刻印经版 民国 青海省博物馆藏	
“雪顿节”后，田间是藏民繁忙的收割身影，天空确是风筝旋转升降的争斗景观。这种踏青的休闲活动到了雪域高原，就被赋予了当地人果敢善战的作风。忽上忽下、忽左忽右、交战之后的胜负分晓才是最终追求，所以拉萨的风筝是会“打架”的。天空中，彩绘的风筝图案尤为醒目，白色的菱形风筝上，密宗法器——腿骨号角象征奔跑的速度；……人们将那份心灵的圣域从地上也扩展到天空，希望能更加接近神的世界。		甲午握达（大胡子加鸡冠） 现代 西藏博物馆藏 “其瓦”（龇牙） 现代 西藏博物馆藏 刚林（胫骨） 现代 西藏博物馆藏	

一级标题	二级标题	三级标题
		河北丰宁、辽宁医巫闾山满族剪纸 河北省丰宁满族自治县地处塞北，民间流传的丰宁满族剪纸始于清代康熙年间，至乾隆年间形成了具有地域特征与民族特色的新异风格，它以阳刻为主，阴刻为辅，批毛纤长，剪工精细。清末民初丰宁满族剪纸进入鼎盛时期，1949 年后在形式和内容上又有了进一步的发展，更为贴近现实生产与生活。 医巫闾山地区满族民间剪纸艺术以满族人原始的自然神崇拜、始祖神崇拜、生殖繁衍崇拜以及满族风俗为主要表现内容。医巫闾山地区满族人的原始崇拜活动中往往要制造图腾形象，或用树皮、兽皮剪刻诸神形象，或用木材雕刻神偶的形象等等。这种仪式造像活动历年相沿成习，最后发展成为一种剪纸艺术，既保留了东北满族的人文特征，又具有独特的艺术形式和丰富的萨满文化内涵，是研究民族文化融合的重要史料。
		云南丽江东巴画 东巴画以纳西族信奉的神灵、传说中的祖先及动物等为主要描绘对象，表现着人与自然和谐相处的关系。东巴绘画以木片、东巴纸、麻布等为主要材料，用竹笔蘸松烟墨勾画轮廓，敷以各种自然颜色。

四级标题/段落说明	辅助展品	展品及说明牌	展示要求
护佑生命、繁衍子孙、对自然界的敬畏是很多原始宗教产生、存在的根基，并且借助“物象”类比的思维方式加以抒发。满族剪纸就是这样一种艺术表现形态。生命力旺盛的柳树被作为神树，象征生者长寿与对子孙满堂的祈求；萨满作为人间与天神之间通灵的智者，凭借“通天树”与自然、鬼神对话，传达生者驱灾降福的愿望。在人们的观念中，这种萨满信仰与自然图腾、生殖崇拜等塑造了满足剪纸中所具有的原始宗教色彩。		五月节 现代 邢莉女士提供 对面炕 现代 邢莉女士提供 祭鹊神 现代 邢莉女士提供	
如果宏大的“神路图”是与鬼神长久交谈后虔诚的记录，那犹如方寸小品的“木牌画”就是促膝而谈的日常会话。每当祭祀，祭场四周就会插上这些自然生动、绝去雕琢修饰的木牌画，巫师通过这些媒介，与天神、风神、自然神、东巴教的祖师——丁巴什罗，以及东巴教所信奉的一切鬼怪圣物进行“交谈”，以祈求保护和赐佑，仪式完毕后则被丢弃。		东巴经 现代 云南省博物馆藏 神路图“由地狱至佛界”长卷 现代 民族文化宫博物馆藏 如同佛教“因果报应”，“生死轮回”一样，东巴人也相信灵魂不灭，周而复始。人死后，东巴巫师口诵东巴经，引导灵魂踏着“神路图”所指引的路线，经过九座黑山和十八层地狱的种种磨难，然后到达佛国净土，最后返回祖先的故乡，转生到人间。 木牌画 现代 民族文化宫博物馆藏 木牌画 现代 云南省博物馆藏	

博物馆展览体系的构想与实践

调查研究是一切工作决策的基础和保障，博物馆展览体系的探索是一个大量收集资料、多方考察学习的过程。目前，包括首都博物馆在内的诸多国家博物馆、诸多省地市博物馆，都在积极探寻各自的展览体系，没有合理规范化的展览体系，博物馆展览特色很难体现。

一 构建展览体系不可或缺

一个科学、严谨的博物馆展览体系的构建，必须经过全方位、多角度的思考，对自身有综合全面的认识是不可忽略的必要过程。

（一）制定合理的展览体系首先要明确博物馆定位

博物馆的定位决定了展览体系的走向。首先要分析博物馆自身的藏品，并且不仅仅是对藏品的分析，还包括科研、人才、地域特点等深入广泛的分析，这样更有助于策划好一个展览。例如首都博物馆，它的总体定位为北京地区地志性博物馆，承担着展示北京地方特色文化、历史进程、研究成果等方方面面的任务。展览载体以北京地区出土的历史文物为主，展现北京历史风貌。在首都博物馆新馆的定位原则指导下，新馆展览以历史类博物馆为基本陈列，并为大众提供科学优质的文化享受。

（二）展览项目之间的逻辑关系决定着整个展览体系有机协调

首都博物馆新馆是一个完整而开放的展陈体系。参观观众进入大厅，右行上扶梯二楼进入“古都北京·历史文化篇”，首先了解北京50万年的历史发展过程；然后再上层楼更深入北京城市，系统了解北京近3000年的城市发展史，即参观三楼“古都北京——城建篇”，对北京城市建设布局、城市建筑特点、城市重要名胜进行了解；然后再上楼深入北京内部，了解北京人清末至民国初年近100

1
2

1. 首都博物馆“古都北京·历史文化篇”展厅入口处　2. 首都博物馆“古都北京——城建篇”展厅一角

年如何生活及民风民俗，可上四楼参观“京城旧事——老北京民俗展”，走进老北京胡同人家，看北京人结婚、生子、祝寿、过年，其乐融融。首先了解50万年的北京历史背景，接着体味北京3000多年城市的底蕴，800多年帝城辉煌；进而理解老北京人老北京城的性格，欣赏北京地区出土的精品文物，整个参观过程连贯而流畅。

首都博物馆“老北京民俗展”展厅入口处

（三）适合观众参观

首都博物馆的性质与任务决定了展陈首先应为广大市民服务；特别是向中、小学生进行爱国主义教育、传播科学文化知识，成为他们可以信赖的第二课堂；北京是中国的政治中心、文化中心、举世闻名的历史文化名城，吸引着众多的国内外游客，宣传展示北京的历史、文化、成就，将是首都博物馆的又一重要任务。因此，北京广大市民及国内外游客，特别是青少年是首都博物馆的观众群，新馆陈列的各项服务应主要面向他们。

鉴于以往博物馆展陈的经验和教训，用学术性取代通俗性，用专业性代替普及性，造成博物馆门庭冷落。必须明确，博物馆陈列首先要为广大普通观众服务，应以大多数观众的文化水平和欣赏能力为基准，太专业化的展陈势必会失去观众。新馆展陈要强调“通俗性”，通俗不是庸俗，更不是低俗。所谓“通俗”，即通过精心制作和深入浅出的阐释，使普通观众在高雅的殿堂中增长知识、陶冶情操、提高文化素质。“提高指导下的普及”和“普及基础上的提高”是处理雅俗关系的指导原则。

（四）突出自身特色

首都博物馆是北京市属的综合性博物馆，是北京市重要的对外文化交流窗口，担负着全方位展示与宣传北京悠久历史、灿烂文化、辉煌成就和独特的古都风貌、服务于首都、服务于广大观众的任务。首都博物馆的性质和任务决定着展览陈列的出发点和归宿。

(五) 推介“文物精品”

经过几十年的考古发掘工作，北京地区出土有大量的精美文物。这些文物精品集中体现了北京的历史文化特点，代表着各个历史时期社会文化发展状况与水平。仅以北京琉璃河遗址出土的克盉与克罍为例，首都博物馆对西周初年北京地区的政治、经济、社会、文化、等级进行了研究。这两件青铜器上，记述了3000年前西周分封国北京为燕的史实。燕国是西周至战国200多年历史纪年中的一个重要的北方分封国。关于燕国始封，《史记》卷34《燕召公世家》有明确的记载，称：“周武王之灭纣，封召公于北燕”。召公名奭，姬姓，是与周室同姓的贵族，他是西周开国奠业的重臣，召公是周文王、武王最为信任、倚重的人。燕国始封于西周成王灭商之后不久，第一个受到分封的是燕召公。幽燕地处偏远，所以人们有理由怀疑燕国始封于召公的说法。而北京究竟从什么时间开始有了城市雏形？燕国最初的封地究竟在今天的什么地方？如果不是召公，那么又是谁被分封到这个地方来的？这些问题，包括北京最早的建城时间始终困扰着历史学家与考古学家，从汉代就有着广泛争论。“克盉”、“克罍”上的铭文记载的正是这段历史。这个出土“克盉”、“克罍”的地方——北京市房山区琉璃河镇的董家林村即北京历史上最早的城址所在地。

1 | 2

1. 首都博物馆藏品——克罍 2. 首都博物馆藏品——克盉

二 首都博物馆展览科研体系

首都博物馆新馆旨在打造一座无愧于时代的精品博物馆，经过几年的运作，逐步形成带有自己特色的展览体系。

（一）固定陈列及其更新

首都博物馆的固定陈列由基本陈列和专题陈列组成。基本陈列有“古都北京·历史文化篇”、“古都北京·城建篇”（现为北京文物精品展）、“京城旧事·老北京民俗展”；专题陈列有“古代瓷器艺术精品展”、“燕地青铜艺术精品展”、“古代书法艺术精品展”、“古代绘画艺术精品展”、“古代佛造像艺术精品展”、“古代玉器艺术精品展”、“书房珍玩精品展”。

首都博物馆“古代佛像艺术精品展”展厅一角

1
2

1. 首都博物馆“古代书房珍玩展”中模拟的书房场景
2. 首都博物馆“古都北京·历史文化篇”展展厅一角

“古都北京·历史文化篇”是北京文化的根基和灵魂，是整个展览体系的基础。北京以悠久的历史、灿烂的文化著称于世，它既是举世闻名的历史文化名城、中华人民共和国的首都，又在向具有深邃文化内涵的现代化大都会迈进。中华民族几千年辉煌的文化，在这里得到了集中而又典型的反映。北京的政治中心地位和独特地理环境，以及中外文化各种思潮的涌入和撞击，多民族文化逐步凝聚，京城特有的文化氛围，造就了特色鲜明的北京文化。北京文化的核心是“都城文化”。北京文化之所以区别于晚近兴起的沿海城市文化，之所以能超越其他古都而光彩四溢，其根本原因就是在其发展的最后阶段，即在近千年的建都史中步步递升，后来居上，并形成了独特的文化——都城文化。正是都城文化的浓墨重彩，为北京描绘了最为瑰丽的篇章，使其傲立于世界历史文化名城之林。因此，“都城文化”是“古都北京·历史文化篇”基本陈列的重点。“古都北京·城建篇”是北京文化的载体和提升，是整个展览体系的关键。“京城旧事·老北京民俗展”是北京文化的生活化的动态部分展示，最贴近百姓的生活，是整个展览体系中的趣味和亮点。而前边介绍的七大精品系列展是北京文化的补充和深化。

固定陈列虽名“固定”，但不应静止不动，只有不断更新、补充、完善，陈列水平才能得以提高，大众日益提高的文化品位才能得以满足。合理规划展览更新周期，进行恰当及时的展览升级尤为重要。首都博物馆的固定陈列已经历了五年的光阴，考古学新发现相继涌现，历史学研究不断推进，艺术理论进步不迭，这些变化对于展览更新提出了新的要求，督促着展览自身进行必要的变革。在当前社会进步步伐日趋加快的大背景下，展览自身更新周期也在日益缩短，从先前十年八年的一次改陈到三年五年的一次革新，从小修小补的修正到彻头彻尾的改变，换展周期逐渐变短，程度逐渐加深。

（二）临时展览的类型特点及“天地人和”概念的提出

临时展览是基本陈列的延伸和拓展。首都博物馆曾经举办过的展览项目内容涉及范围广，题材丰富。主要有这样几种情况，一是带有政府制定性质的展览，如“香港、澳门回归十周年展”；二是根据需要自主策展完成的系列展览，如奥运期间展览、国庆期间展览；三是有计划的推出出国展览，如“佛造像艺术展”、“中国古代文人生活展”、“丝绸之路展”等，四是具有研究深度并有特色的展览，如瓷器系列展览、书画系列展览等；五是与当代百姓生活息息相关的展览，如“城市记忆展”、“北京声音展”、“城门城墙展”、“我眼中的博物馆”等展览。展览形式内容多样，几乎涵盖了社会生活的方方面面，不仅限于考古文物，更有非物质文化遗产的动态展示、也有普通收藏家的经典收

1. 首都博物馆“澳门回归十周年成就展”展厅一角　2. 首都博物馆国庆特展“千古探秘”展中展出的古代棺木　3. 首都博物馆赴瑞典举办的“中国古代文人生活展”展厅一角

1

2

1. 首都博物馆“青花的记忆——元代青花瓷文化展”展厅入口处
2. 首都博物馆“城市记忆”展中展出的全家福照片

藏。为如此庞杂的展览制定展览框架，旨在让所有展览纳入展览框架，步入首都博物馆规范的展览流程，推出展览精品，让百姓喜闻乐见，从中汲取营养，陶冶情操。策展人也有助于思索，寻找精彩的主题并细致策划。

在对已经举办的一百多项展览进行研究、分析得失的基础上，首都博物馆制定了“天地人和”的展览体系，并形成了未来几年的发展规划，制定了展览季制度（即春节、“五一”、“十一”展览季），形成了品牌效应。如春节系列民俗展，已经坚持了四年，每年以生肖为主题，在博物馆里过大年；春季展览以“五一”为时间段，前后推出系列展，包括暑假针对青少年的展览计划；秋季展览围绕“十一”黄金周，推出新展。每年计划推出有影响的国际性“大”展、有研究深度的“精”展，与百姓相关的“趣”展，保证观众常看常新，博物馆充满生机活力。

首都博物馆的展览体系以“天地人和”为名，几乎可以将所有展览包容其中。其一，“天”字系列展览可以概括为与天相关的所有内容（包括国学的一些内容），如天文历法、宗教哲学等展览（首博曾经举办过“航空航天成就展”，这既可以包括在“天”字系列，也可包括在“人”字系列），有关儒释道系列的展览也可以归纳到天字系列展览范围。其二，有关“地”字系列展览可以说包罗万象，大江大河、名山名胜、奇珍异宝，具有文明性质的展览可以涵盖在“地”字系列里，已经举办的“长江文明展”为我们提供了很好的思路，“古都文明”系列也为北京研究拓宽了视野。其三，有关“人”字系列展览主要以民俗、艺术类展览为主。如瓷器艺术，就是可以深入研究的专题，将成果展示出来供大众鉴赏；民俗系列可以按照年代逐年举办，一个周期完成即可成为珍贵系列典藏。其四，“和”字系列展览主要以交流展览为主，引进的区域交流、地区交流、国家之间的文化交流，也有行业交流、成果展示等。“天地人和”展览体系有些虽然不能截然分清，但基本脉络清晰，可以引发无数主题，发掘更深度项目，自成系统。

首都博物馆“长江文明”展中展出的青铜器

（三）固定陈列与临时展览相互依托

固定陈列与临时展览的紧密相连。首都博物馆展览以历史发展为线索，以文物标本、实物资料为主，辅之以必要的模型景观，凸显北京在各个历史时期各族人民共同创造的光辉灿烂的北京文化，是为首都博物馆新馆展陈的主题。首都博物馆新馆展陈由基本陈列、专题陈列和临时展览构成。基本陈列是新馆展陈的基础，专题陈列是基本陈列的补充和深化，临时展览是基本陈列的延伸和拓展。基本陈列、专题陈列、临时展览都要脱离以往的套路，以新视角重新审视、组合、使用实物资料，以表现北京文化的方方面面。

首都博物馆的临时展览首先在展品收藏上补充了馆藏的不足，为北京市民提供了很好的机会，欣赏到来自全国各地、世界各地的文物精品、艺术精品。临时展览同时丰富、深化展览主题，展示了北京文化生长的地理环境与历史背景。临时展览搭建文化交流的平台，为多元文化交流提供契机。固定展览因临时展览的举办而生机勃勃，在动态中平衡发展。

首都博物馆展览体系是深入研究北京文化、北京都城文化而形成的科研体系。北京文化研究成为展览的基础，也是展览体系的基础。一切进步源于科学的发展，展览也是同样。以研究为基础的展览体系是具有深度的展览体系，在这样的展览体系下举办的展览才能立稳脚步。展览的角度同样验证着展览体系科学与否。展览涵盖的范围是否合理，展览角度是否科学都在一定程度上取决于展览体系的合理架构。适合的展览体系应当是动态、随时更新的系统，在一个良性循环中完成自我的升级，适应日新月异的环境，保持持久的新鲜度。

三 国内部分博物馆展览体系类型分析

目前，国内较大规模的博物馆基本都有自己的展览体系。选取以下几家博物馆加以分析，尝试区分类型并归纳其特点。

(一) 上海博物馆

上海博物馆是世界闻名的中国古代艺术博物馆之一，馆藏文物近百万件，其中珍贵文物13万件。藏品包括青铜器、陶瓷器、书法、绘画、玉牙器、竹木漆器、甲骨、玺印、钱币、少数民族工艺等21个门类，尤以青铜器、陶瓷器、书法、绘画为特色。

上海博物馆的展览结构图如下：

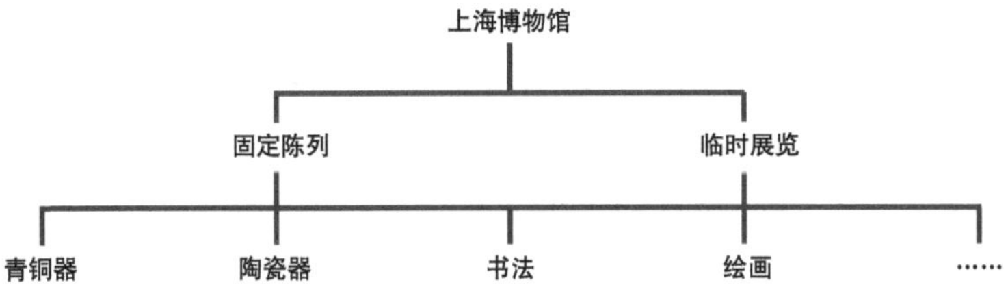

上海博物馆属于艺术类展览，各个展览项目之间为并列关系，相对独立。为公众所熟知的固定展览特色显著。中国古代陶瓷为上海博物馆的收藏特色之一。展馆中绿色的基调和各个时代的陶瓷精品交相辉映，给人带来轻松、和谐的感觉。在1300平方米的中国古代陶瓷馆中陈列了陶瓷精品500余件。其中有新石器时代的彩陶和灰陶、商周及春秋战国时代的原始青瓷、东汉时代的成熟青瓷，还有人们熟知的唐三彩。宋、金、辽时代，各地窑场林立，青釉、白釉、黑釉和彩绘瓷竞相争艳，出现了百花齐放的局面。元、明、清三代，景德镇成为中国瓷业的中心，所烧制的釉下彩、釉上彩和颜色釉瓷器更是精美绝伦，声名远播海内外。当观众进入中国古代青铜馆时，馆内古色古香的深墨绿色的色调、古朴典雅的木质展柜以及顶部的射灯和柜内的灯光照明所营造的气氛，散发出浓郁的青铜时代的文化气息。1200平方米的展室内，陈列了400余件精美的青铜器，完整地反映了中国古代青铜艺术发展的历史。

由此看出上海博物馆是艺术类型的展览体系，各展览之间相互独立，相互补充，从历史文物精品展示的角度展现我国古代辉煌的成就，并同时举办世界各地艺术精品展，展示人类文明的发展进程。

与上海博物馆类型相同的还有中华世纪坛世界艺术馆，它是我国第一家以世界艺术为收藏、展示、研究对象的公益性国家文化事业机构。它以传播世界文明、促进文化交流、普及艺术教育、服务大众需求为宗旨，以各国博物馆、艺术馆、学校等文化教育机构为合作伙伴，致力于建设一个各种文明的交流平台和世界艺术的展示窗口。中华世纪坛世界艺术馆位于北京中华世纪坛，由世界艺术基本陈列厅、专题陈列厅和数字艺术馆等三部分组成，展览展示面积约2万平方米。世界艺术基本陈列厅是利用艺术品实物概要地呈现世界艺术史的基本脉络；专题陈列厅是举办特展和专题展的场所；数字艺术馆是利用数字技术手段对艺术品的相关资料信息进行全方位采集、存储，并通过虚拟博物馆、网络传播、现场播放、信息查询等多种方式为民众提供服务。中华世纪坛世界艺术馆采用先进的数字化存储手段和全新的展览展示手段，具备现代化的展览设施及先进的消防系统、安全防范系统、恒温恒湿系统、照明系统等完善的国际水准条件，是欣赏高档次的艺术展览的理想空间。

（二）浙江省宁海“十里红妆”博物馆

以展示明清时期江南富家女子闺阁文化和婚嫁文化为特色的“十里红妆”江南民俗馆揭开了它神秘的面纱。这是国内唯一展示古代女子生活的民俗博物馆，也是浙江省规模最大的民间民俗博物馆。“十里红妆”江南民俗馆位于风景秀丽的宁海县城关镇徐霞客大道起点处。所谓“十里红妆”是旧时嫁女的场面。人们常用“良田千亩，十里红妆”形容嫁妆的丰厚。旧俗在婚期前一天，除了床上用品、衣裤鞋履、首饰、被褥以及女红用品等细软物件在亲迎时随花轿发送外，其余的红奁大至床铺，小至线板、纺锤，都由挑夫送往男家，由伴娘为之铺陈，俗称“铺床”。发嫁妆时，大件家具两人抬，成套红脚桶分两头一人挑，提桶、果桶等小木器及瓷瓶、埕罐等小件东西盛放在红扛箱内两人抬。一担担、一杠杠都朱漆髹金，流光溢彩。床桌器具箱笼被褥一应俱全，日常所需无所不包。蜿蜒数里的红妆队伍经常从女家一直延伸到夫家，浩浩荡荡，仿佛是一条披着红袍的金龙，洋溢着吉祥喜庆，炫耀家产的富足，故称“十里红妆”。

十里红妆博物馆为主题型博物馆，整个博物馆的展览以江南旧时嫁女场面为主题，展示相关展品并复原其时场景。主题展览呈线性特征，依次逐步展开叙述。目前此类主题型展览体系的博物馆很多，数量众多的行业博物馆也属于此类型展览体系。

我国的行业博物馆增长及发展速度较快，旨在通过博物馆展示行业文化，反映行业发展状况以及展望未来。对于行业、企业来说，建设博物馆对行业历史文化起到保存、展示的作用，发掘、研究、利用行业相关文物，收集探究行业历史资料，宣传行业文化，树立行业文化品牌的形象，提升行业的文化品位。

(三) 河南博物院

河南博物院在全国省级博物馆中的地位举足轻重，这首先得益于其优越的地理位置——中原腹地，是最早的文明起源地，最早的国家起源地，古今最便利的交通要道；其次得益于文物收藏品的数量大与层次高的收藏优势；最后一点也是最为重要的一个原因源于其独具特色的展览体系。博物馆的展览是每一个博物馆安身立命之所在。河南博物院的展览体系由常设展览和临时展览组成。

常设展览首推“中原古代文明之光”，按照时代早晚分为七个部分：文明曙光——原始社会时期（约200万年前～前2070年），定鼎中原——夏商时期（前2070～前1046年），制礼作乐——西周时期（前1046～前771年），逐鹿与争鸣——东周时期（前770～前221年），有容乃大——两汉魏晋南北朝时期（前206～589年），盛世荣华——隋唐时期（581～907年），东京梦华——宋金元时期（960～1368年）。这个展览成为河南博物院的支柱与特色，展示了河南、中原乃至整个中国的文明发展道路。

专题展览集中展示了河南博物院的收藏特色。中原楚系青铜艺术馆以河南淅川县楚国贵族墓地出土的青铜器精品为展示主体，按照青铜器用途分类，集中表现中原楚系青铜艺术的精美绝伦。河南古代玉器馆展出了中原地区所出玉器，多属上古三代良工精琢之品，这种自然精华与人文之美的结合，构筑了先民人生的理想境界。明清珍宝馆展出了在明清时期的工艺美术进入了辉煌的发展阶段，制瓷、织绣、象牙雕刻、漆器、珐琅器和金银制作等工艺，门类齐全，制作精工，创意新奇，具有很高的审美情趣和美学鉴赏价值，显示了古代匠师非凡的智慧和惊世的技艺。河南博物院是依托丰厚的收藏基础，得天时地利，集人和之优势，不断更新调整展览体系，在博物馆界形成独树一帜的风格，成为省级博物馆中的佼佼者。河南博物院的专题展览则从属于固定展览，可以说是二级陈列，所有的专题展览都可以纳入“中原古代文明之光”这个大主题下。

与河南博物院的展览体系结构最为相似的是陕西历史博物馆及首都博物馆。

(四) 三星堆博物馆

四川广汉三星堆博物馆是我国一座大型现代化的专题性遗址博物馆。三星堆文物是宝贵的人类文化遗产，在中国浩如烟海、蔚为壮观的文物群体中，属最具历史、科学、文化、艺术价值和最富观赏性的文物群体之一。在这批古蜀秘宝中，有许多光怪陆离、奇异诡谲的青铜造型，包括高2.62米的青铜大立人、宽1.38米的青铜面具以及高达3.95米的青铜神树等，均堪称独一无二的旷世神品。而以流光溢彩的金杖为代表的金器，以满饰图案的边璋为代表的玉石器，多属前所未见的稀世之珍。

三星堆博物馆现有两个展馆，其展示面积近1.2万平方米，分为第一展馆（综合馆，陈列金、铜、玉、石、陶等类文物）和第二展馆（青铜专馆）。两大展馆陈列规模宏大，布局考究，内容与展线节奏动静结合，波澜起伏，以其融知识性、故事性、观赏性、趣味性于一体的诠释方式，揭示了三星堆文物的深刻内涵，集中反映了三星堆文明的辉煌灿烂，给人以身临其境、故国神游的感觉。

三星堆博物馆以古蜀文明为主题，展示三星堆遗址出土的文物及其代表的古蜀国文化。数量众多的文物珍品成为博物馆展示的最为独特之处，博物馆展览体系即在对古蜀文明研究的基础上，在对稀世珍宝科学探究的基础上，结合展览陈列多种手段形成三星堆博物馆特色的展览体系。三星堆博物馆的展览体系为专题博物馆的代表，通过展览体现了对一种文化的研究程度，展示了对于一个遗址的研究成果，诠释了重要文物所包含的历史、艺术价值。

一片精诚化于怀

——社教、经营、开放、安保、物业

博物馆作为一个典藏和展示文物的场所，是联结过去、现在和未来的文化纽带，是透视一个城市文明发展的窗口。博物馆的功能是随着社会的发展而不断延伸和完善，现代意义上的博物馆在社会职能方面发生了巨大而深刻的变革，博物馆不仅是具有收藏、研究、展示、教育等各项职能的机构，而且逐渐发展成为一个多功能的社会公共文化设施。博物馆开始由传统式的对收藏文物标本的看重，转变为对社会大众精神文化需求的关注，即由以藏品为本的博物馆转变为“以人为本”的博物馆。因此，博物馆的开放接待工作日益重要，思想理念和相关的管理必须与时俱进。博物馆的开放接待工作主要由开放管理部、社会教育部、安全保卫部、物业管理部和经营办五大部门共同完成，以下将分别予以论述。

一 开放接待

博物馆的开放接待能力反映了一座博物馆的管理水平和管理理念。许多博物馆在免费开放以后，面临着参观人数激增等众多问题的考验和检验。

（一）“以人为本”服务理念

博物馆的开放部门除了要建立健全各项规章制度，规范服务行为，建立完善的管理体系和工作程序，细化员工的岗位职责和服务标准外，最重要的是坚持“以人为本”的服务理念，提供人性化、多元化的服务项目，及时解决、协调各个服务环节所产生的问题，从博物馆的设施到员工的具体服务内容，都要体现这一服务理念。

博物馆开放区域内实行人性化的措施，在馆内设置饮水处、座椅、自动存包柜、轮椅、雨伞、童车等供参观者免费使用。对扶梯、电梯、空调、展厅内照明、卫生间、安全出口、消防设备、应急指示灯等设备设施进行维护与更新，将“导览图” 、“观众须知” 、“安全警示”等标识设施进行更换，使其更为醒目，起到指示与警示作用，方便参观者的进出，确保参观秩序，维护参观者的安全。此外，运用现代化的通讯设备，如对讲机、电话机、广播等，保证紧急事件发生时能够更加及时地妥善处理。为了更及时地与观众进行沟通，还设置了观众留言簿，以便针对观众所反馈的意见与建议及时做出相应调整。

当然，除了现金完备的设施，在博物馆开放的工作实践中，员工业务素质的好坏直接影响着公众服务质量与服务水平，考虑到应对各种的接待任务，对开放区的服务人员进行外事礼仪、英语、手语以及宗教、

首都博物馆一层摆放的导览图

民族习惯、禁忌知识的培训也是很必要的，在细节上为参观者提供服务，具体地体现“人性化博物馆”的管理理念。

(二) 首都博物馆的开放接待

首都博物馆重视高科技手段的应用和现代化服务设施的建设，使博物馆立足于全方位、高起点、高层面和高效率的开放标准。在开放区域内，服务设施齐全，观众从迈入博物馆的第一步开始就可以感受到首博“以人为本”的服务理念。

在场馆的入口处，设置了自动寄存和人工寄存处，以方便观众寄存衣物，残疾人轮椅和童车的提供也满足了特殊人群的参观需要，同时配有专业的咨询、导览人员为观众解答疑问。观众可以通过电话、网络等多种途径预定门票，并在入馆时感受首都博物馆先进的售检票系统。进入礼仪大厅，观众可以乘坐自动扶梯、观光升降电梯、残障人电梯到达各个展厅，展厅除有专业的讲解员进行讲解外，所有开放区域还配有先进的普通人使用的触摸屏15台、特殊人群使用的触摸屏6台，以满足不同需要的观众进行浏览、下载等互动式使用。全馆还安有磁卡式公用电话18部，其中残疾人电话6部，充分满足人们的通话需要。并为婴儿家长准备了育婴室、育婴台且室内设施齐全，配有婴儿床、婴儿被、婴儿枕、婴儿褥和童车，满足育婴条件。同时，博物馆还提供雨伞以备天气突变给观众带来的不便。

1. 游客在使用首都博物馆的自动寄存柜　2. 首都博物馆礼仪大厅的残疾人触摸屏
3. 首都博物馆为特殊人群提供免费轮椅　4. 首都博物馆的多功能厅

除基本服务以外，博物馆还提供了多功能服务。多功能厅配备有六国语言的同声传译、无线上网、数字投影等设备，能够满足演出、会议等大型活动的需要；数字放映厅为全视角超宽银幕，可播放高清晰数字电影、数字立体电影；互动多媒体厅设有高配置计算机、高清晰数字播放设备及高保真耳机，提供了丰富的音频、视频点播节目；礼仪大厅拼装舞台的设计为中小型文化演出提供了场所。

首都博物馆的互动多媒体厅

三 社会教育

(一) 教育功能概念

社会教育是博物馆的重要社会职能之一。2007年，国际博物馆协会对《国际博物馆协会章程》中的博物馆定义进行了修订，国际博物馆界从以“物”为研究中心，转向以“人”为中心的研究，说明博物馆的教育功能增强。由于不同国家和不同类型的博物馆在保存对象、传播范围上有所差异，因此博物馆所发挥的社会作用也各有侧重。欧美比较通行的是博物馆的三E功能：“教育国民、提供娱乐、充实人生”（Education，Entertain，Enrich）。美国博物馆协会把“教育”和“为公众服务”作为博物馆的重要因素。中国的博物馆过去则主要发挥其收藏和研究功能，较多地强调文物保护的意义，近年也开始重视博物馆的社会教育和服务功能。

博物馆的社会教育观念更新和教育活动的创新，注重参观者的参与性与互动性，从施教者单方面的知识传递，转变为与观众的互动交流学习，引导参观者对知识的探索，提供不同类型的学习资源，既是高雅的艺术殿堂，也是大众的文化家园，满足不同年龄、层次公众的需求。博物馆深入研究大众的文化需求，发挥各博物馆的专长，利用博物馆的自身优势和特有功能，不断创新服务内容，为那些需要更详细信息的参观者，以适当的方式提供额外的专业服务。一直以来，首都博物馆遵循“以人为本”和服务首都、服务社会的宗旨，以构筑“大社教”为目标，发展和创新首都博物馆的社教工作。

（二）社会教育方式

现代博物馆的社会教育方式一般是提供讲解、讲座、流动展览、电化教育、辅助教育等多方面的服务。博物馆对青少年的教育是一项长远工程，不会在一时一刻显现效果，但希望这些未成年观众通过活动，体会到学校教育中无法充分满足的乐趣，并逐步培养参观博物馆、艺术馆的习惯。

1. 讲座活动

博物馆对于家庭和学校的教育具有辅助作用。博物馆除了组织历史文物、科普知识等专题讲座，还提供适合儿童和青少年的各种学习活动项目，根据不同年龄段设置不同活动内容，组织开展形式多样、内容丰富的寓教于乐活动，拓展延伸教育形式。博物馆要不断关注不同群体的文化需求，不断探索开拓博物馆服务大众的新形式，拓宽与社会沟通互动的渠道，可以以展览和展品为依托资源，为参观者提供相关的衍生性服务项目，参观者不再是被动地接受知识，减少参观的疲劳感，使更多的人关注博物馆、走进博物馆。例如可以结合展览设置工艺制作室等互

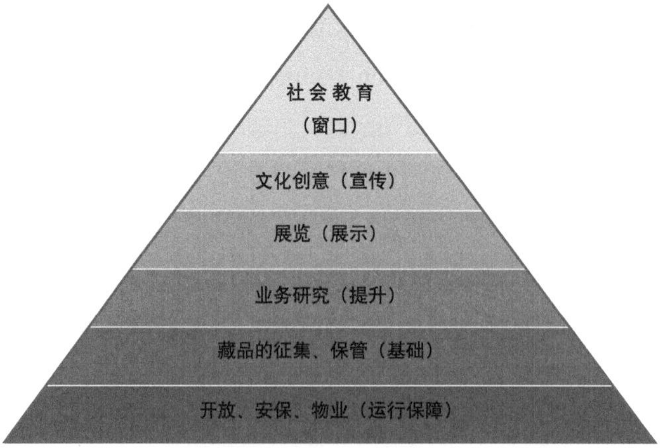

博物馆结构组成示意图

1. 首都博物馆的讲解员在展厅讲解　2. 首都博物馆的服务人员教游客使用语音导览机　3. 全国总工会社区的居民观看首博张贴的海报

动区，使参观者在博物馆既能感受历史文化的熏陶，又能通过手工制作等项目，得到休闲娱乐的满足。

2. 讲解服务

在博物馆的环境中，参观者对博物馆认识各有不同，而博物馆提供的讲解服务是辅助观众参观的重要方式，可以使参观者对展览和展品有系统性、整体性的认知，提高参观兴趣，加深对陈列和展品的理解，收获更多知识。特别是在很多博物馆免费开放后，博物馆的服务水平不能因此降低，更加要注重博物馆讲解人员的素质和能力，是体现博物馆社会职能的关键，是博物馆重要的窗口，在一定意义上反映博物馆的文化、管理的程度。现在各种现代化的讲解工具已在博物馆广泛使用，如语音导览等，但是讲解员的讲解更具有针对性，讲解的内容和方式往往因人而异，同时这就要求讲解员熟悉展览内容和相关的专业知识，具备一定的应变能力和表达能力。针对不同年龄、不同阶层、不同参观目的的观众进行讲解，认真解决好“因人施讲”问题，力求讲解生动形象、通俗易懂，富于热情和亲和力，激发观众兴趣，达到教育功效。另外，博物馆还要有重点地开展外语讲解培训活动，让讲解员能够直接准确地向外宾表达博物馆展览的内涵。

3. 流动展览

博物馆还可以准备各种内容的流动展览，到学校、社区、企业进行巡展，增强服务功能，直接面向社会公众，使博物馆逐渐深入人心。博物馆应将学校作为重点共建活动对象，以巡展、辅导授课等形式深入学校，通过组织具有针对性、目的性和实效性的活动，吸引学生了解中国文化和科学知识。

4. 其他形式

博物馆是人们终身学习、获取知识最好的场所之一，现代化的博物馆主要通过不同主题的展览和各种形式的活动，引导人们自我学习，参观者自行选择参观内容和活动方式，通过自己的实践去探索，充实人生。博物馆一般都提供有展览图录供参观者翻阅，有条件的博物馆在多功能厅或观众休息室定时为参观者播放与博物馆、陈列展览、展品相关的内容的幻灯片、光盘等。一些博物馆还开辟专门的研究室、实验室、图书馆，满足馆外的从事研究工作的专业人员或是博物馆爱好者的需

首都博物馆的志愿者在展厅讲解

求，提供有偿或免费的研究资料。尤其是博物馆的图书馆，其功能不同于公共图书馆，主要是为博物馆内部人员提供服务。但是随着博物馆的社会职能的扩大，为社会提供深层次的社会教育，博物馆的图书馆对公众的开放显得十分重要。

博物馆还要充分利用充分发挥现代传播网络的巨大作用，通过网上发布文物、博物馆知识、展览资讯、本地区历史文化介绍及网上办展的形式扩大传播的辐射范围，使博物馆能够跨地域发挥作用，让更多的人能够通过网络了解博物馆的展览内容，获取各种知识，是博物馆调整服务方式、延伸文化休闲服务功能的良好平台。

(三) 志愿者

博物馆作为公益性的社会文化教育机构，既要服务社会公众，又要依靠社会公众的支持和帮助。世界各国的博物馆都有博物馆之友、会员和志愿者，虽然称谓不同，但是他们是一群具有较高个人素养、热心社会公益事业、对文化活动表现出极大关注，还非常乐于并能够为博物馆承担一部分力所能及工作的社会人士。另一方面博物馆对于提供义务工作的人在参观、听讲座、馆内餐厅商店消费等活动上也给予一定的权利和优待。这些义务工作者既是观者又是参与者，缩短了参观者与展品的距离，能够很好地拉近博物馆与观众的距离，是博物馆服务队伍的补充和延伸，把博物馆理念、博物馆知识、博物馆文化进行了更为广泛的社会传播，起到了博物馆沟通社会的纽带和桥梁作用。

博物馆的发展趋势表明，随着社会的发展和人们知识水平的提高，参观者已不再满足于只欣赏展品，而更多的是想探求藏品背后所蕴藏的文化积淀，甚至将所喜爱的文化融入自身生活中。现代博物馆不再是简单的文物标本的收藏、展示、研究机构，而是应该成为面向社会、服务于公众的文化教育机构和信息资料咨询机构。

(四) 首都博物馆开展的社教活动

1. 针对未成年观众丰富多彩的教育活动

首都博物馆特别为儿童提供丰富多彩的动手互动活动，开设有教育互动区七彩坊、陶艺坊、绣艺坊，在互动区里孩子充分发挥想象力和创造力，参观者可以随时参与，体验亲自动手的乐趣。活动主要根据儿童认知发展的需求而设计，启发儿童探索的欲望，培养儿童动手能力，启发儿童艺术想象力。

七彩坊针对儿童观众的特点，举办形式各异的项目，包括年画套色、脸谱绘制、编中国结、扎风筝、儿童绘画、拓片等。

陶艺坊是馆内的另一个动手区域，在这里儿童观众可以在工作人员的指导下进行陶艺制作，包括拉坯、泥塑和软陶制作。他们可以在听完有关陶瓷相关知识的讲解后，通过亲身参与，认识和了解陶器的制作流程，从而加强记忆。

儿童厅是首都博物馆特别设计的展示老北京民俗玩具的地方，感受到浓郁的传统文化魅力，观众身临其境地体验这些传统的娱乐方式。对于儿童来说，这种寓教于乐的方式，潜移默化的影响，对博物馆产生亲近感。而对于成年观众不仅是重温，更是启发他们对传统的重新认识。

绣艺坊是2009年新增设的教育互动区，活动项目尚未开展很多，主要以现场演示刺绣和观众参与为主，向观众介绍不同的刺绣针法，感兴趣的观众还可以在辅导员的指导下学习穿针、引线、打结、配线等刺绣手法，让观众在实践中了解传统刺绣工艺不同流派的风格特点，感受民间艺术之美。

亲子活动是博物馆对教育服务对象实施自由、开放、全面的原则，它是一个观众可以自由选择的学习环境。活动以展览和文物故事为主线，以北京民俗、青铜纹饰等专题展览为选题，邀请馆内专家或资深志愿者主讲，参与家庭通过听讲参与互动的亲子探秘活动，就是以首都博物馆现有展陈为基础、开展的又一项馆内教育活动。参加的家庭通过观察、游戏、演示、实物触摸等方式，帮助孩子了解博物馆的展览陈列、学习人文历史知识。该活动力求从儿童的视角出发，让小观众用自己的方式来认识事物、表达感受，倡导小朋友们的主动参与、积极探索，培养他们的兴趣，达到寓教于乐的目的。

小讲解员培训班是贴合博物馆教育机构性质开展的特色活动，通过培训小讲解员的形式，“小手拉大手”走进博物馆。利用寒暑假和周末举办小讲解员培训班，让孩子们通过培训锻炼胆量、丰富知识、提高语言表达能力、初步积累社会实践经验，深受参与儿童和家长欢迎。培训

1. 首都博物馆的“七彩坊”外观　2. 首都博物馆陶艺坊——制作瓦当　3. 亲子探秘——馆内专家介绍城市建筑　4. 孩子们在首都博物馆“绣艺坊”里学习刺绣

内容包括青铜、玉器、瓷器等首都博物馆较受欢迎的重点展品知识。首都博物馆还将与中小学合作，共同开展“小小讲解员”培训活动。

除此之外，还根据中国传统节令或是伴随大型临时展览举办举办活动，例如，“中秋拜月画兔爷”就是在农历中秋时节组织的专题活动，还有在潘玉良画展开展时举办的“我也画画”等主题活动。除了反映传统民族特色的特色手工艺制作，一些紧跟时代脉动的活动也开始加入进来，如开展制作环保布袋的活动，积极倡导环保理念。

2. 连通馆外的特色活动

首都博物馆的社会教育重心将不仅仅局限在本馆的展厅和展品，而更多地着眼于“为社会和社会发展服务”的宏观目标，依托本馆所展示的北京历史文化主线，积极拓展教育领域，在开展馆内教育服务的同时将浓缩了的历史放大还原，紧紧围绕北京的历史、文化、传统和民俗，统筹设计和推行突出具有地域特色、首都特色、时代特色的系列教育活动。

北京作为闻名中外的历史文化名城，文物古迹遍布京城内外。为了让博物馆教育进一步走向社会、贴近百姓，首都博物馆开发了遗址、遗迹参观，以北京的城市发展历史为脉络，依托本馆通史、城建陈列，选

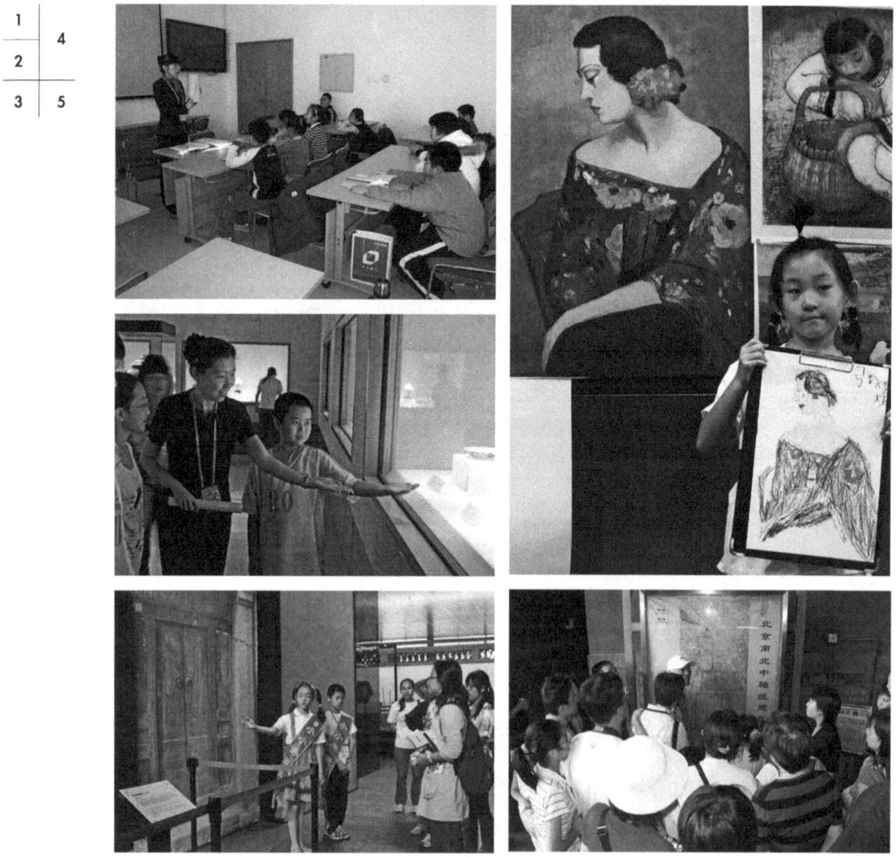

1. 小小讲解员在教室接受培训 2. 小小讲解员在展厅接受培训 3. 小小讲解员在“老北京民俗展”中讲解 4. 首都博物馆“我也画画”活动 5. “魅力中轴线”活动——钟鼓楼参观

“共享一片蓝天”活动合影

定活动主题并邀请相关资深专家做全程主讲，让参与公众全方位了解北京的历史文化和都城变迁。主题参观活动让文博爱好者、大中小学生、亲子家庭在专业人士的带领下，走进庙宇寺观、探寻皇宫殿宇、拜访王公府地、触摸市井生活，一起近距离触摸古都北京，亲身体验和感受中华传统文明与北京文化的博大精深，领略其中的无穷奥秘。以“魅力中轴线”主题参观活动为例，参与者从通史展厅出发，乘车行经北京城中轴线起止——永定门和钟鼓楼，沿途聆听主讲专家精彩的讲解，参与者在行进中耳听千百年历史风情、眼观不断变化的鲜活城市。精心策划的活动巧妙地将博物馆教育阵地延伸到馆外，在整合本馆和社会教育资源、扩展教育阵地上作了初步的探索，得到了社会公众的认可。

以“共享同一片蓝天”主题公益性活动为例，这是全面利用首都博物馆教育资源及社会影响力举办的大型社会公益活动，意图在于最大限度地利用博物馆教育资源，服务社会、服务全体公众。首都博物馆的巡展“古都北京·历史文化篇”和“身边‘国保知多少’”在各郊区县和社区街道巡展，并且面向远郊区县的中小学生和社区群众组织的活动包括：定期免费接送郊区县的观众来馆参观，参加各种教育活动；以各种形式到各区县开展巡展活动；邀请专家特别为郊区县的教师和学生观众免费举办各种文化讲座。通过此活动，实现“文化信息教育资源共享”的发展目标，博物馆请进来走出去，流动起来，发挥最大作用。

三 安全保卫

博物馆收藏有珍贵的藏品，还有大批的工作人员、源源不断的参观者在这里活动，所以博物馆的安全保卫工作内容繁杂。博物馆主要运用人工安防力量、实体防范、科技手段等对博物馆的外部环境、建筑物的安全、举办展览和活动的安全到防止藏品失窃、损坏等方面加以防护。

博物馆的建筑机电设备星罗棋布以及临时展览的施工，存在消防安全隐患较大，博物馆的消防管理就成为安保工作的重要方面之一。特别是博物馆免费开放后参观人数激增，给博物馆的安保工作带来了巨大的挑战。日常安全秩序的管理主要包括人员进出的管理、参观者参观秩序的管理，防止触摸、损坏、盗窃展品的保护措施。

（一）安保人员

博物馆都配备安保人员，他们对博物馆的结构、周边环境和运行情况都有系统的了解，日常工作主要是维护公共区域的安全秩序，对馆内情况的巡视检查，排查馆内各部位的安全隐患以及夜间值班备勤等任务，是应对处理突发事件的有生力量。对每个安保人员都要进行治安、消防知识和技能的培训学习，还要进行高标准的军事化训练，并参加各

1 | 2

1. 首都博物馆地下东门入口处的安保人员　2. 首都博物馆的安保人员保护载有文物的汽车进入库房

类专业技术培训，学会操作先进的安防和消防设备，着力建设一支高素质、高技能的安保队伍。首都博物馆的安全保卫部服务于开放一线的员工为特勤人员，在部门主任以下逐级设立队长和分队长，负责组织管理特勤队员开展具体安全保卫工作。

（二）安防系统

实体防范是为了防范和延迟犯罪活动而设置的屏障，如防盗门窗、栅栏、专门的钥匙房等设施，现代化安保设施为博物馆的安全提供技术上的保证。大型现代化的博物馆的安全防范系统一般由两部分组成，即安全防范系统和火灾自动报警及消防联动系统。安全防范系统是指为防止入侵、盗窃、破坏等社会公共安全目的，采用电子技术、传感技术、自动控制技术、通信技术、计算机技术为基础的安全防范技术的设施。一般包括有入侵报警系统、电视监控系统、出入口控制系统、电子巡查系统、防爆安全检查系统、车库管理系统等，成立安全监控中心，每个房间和重点场所都安装了红外线报警，并对各个部位实施24小时全方位监控录像。

防火报警系统、自动灭火系统等现代信息处理技术、传感技术、自动控制技术和网络通讯技术的监测、防范设施等，是博物馆中不可缺少的重要设施，并且每项系统之间相互联动，合成统一的安全防灾管理系统。这些措施有效地应对突发事件和犯罪行为，保证人员、财物和藏品的安全。

四 物业管理

物业管理是博物馆现代化管理的组成部分之一。中国博物馆对设备、设施的使用和管理都是由行政后勤负责，而对后勤服务进行专业化、社会化的物业管理，提高了其服务质量，为参观者创造良好的参观环境，保障文物保存设施的正常运行。博物馆可以采取公开招标的方式，在社会上招聘具有相应资质并具备专业经验的物业公司，并对

首都博物馆的物业人员摆放安全提示牌

其进行相关的培训，为博物馆的正常运行提供人员和技术上的保证。

物业工作的重点是设备、设施的运行、维护、保养及开放环境的保障。为参观者提供安全、舒适、整洁的参观环境，物业部门重点设备的运行，布展、文物保存区域的通风、水电供应，就需要专业的技术人员、专业的设备、增加保洁次数、加强巡视维修力度和验收。根据博物馆的实际情况制定物业管理制度和监督制度，适应不同环境的工作，如人员的岗前培训、施工现场安全保障、施工现场工作程序、出入证管理、检查巡视设备、各种突发事件处理程序等规章制度。改变博物馆后勤部门工作效率低、服务意识不强和专业能力较弱的状况，为博物馆的现代化管理奠定坚实的基础。

首都博物馆的物业管理部一线服务人员依照工作内容的不同，分为展厅安全巡视、保洁、设备维护、车场及绿化和礼仪员等岗位。部门主任以下设物业经理负责对全部一线服务岗位进行管理，经理以下逐级设立主管、领班，负责对岗位进行管理，带领本岗位员工开展具体工作。

五 经 营

（一）创新经营

博物馆的文化产业和商业服务设施是博物馆营销的手段之一，通过致力于博物馆文物、文化资源的深入挖掘，多途径多方式形成创意方案，通过产业化、规模化生产形成有博物馆特色的、拥有自主知识产权的文化衍生产品，别具特色的各种纪念品的开发与提供，满足参观者日益增长的文化需求和服务要求，最终通过切合博物馆营销体系实现经济利益和社会效应双赢的目的。但是如果博物馆的纪念品商店一味追求商业利益，与博物馆高雅的气质和浓郁的文化氛围格格不入，不仅无法提升博物馆的品位，反而会在公众心中造成负面影响。

博物馆的正常运行需要大量经费的支撑，虽然博物馆是非营利性的机构，但并不意味着博物馆没有收入，欧美博物馆获得的经费渠道有门票，政府拨款，基金会、企业或个人赞助，博物馆营销等方式，中国博物馆获得经费渠道主要是依靠政府拨款和门票，尤其是很多博物馆免费开放后主要经费来源就更为单一。博物馆的营销和多渠道获得经费应引起更多的重视。重要的是观念的更新，博物馆的营销是博物馆得以生存和发展的一种重要方式。

（二）营销方式

博物馆的文化创意产业在馆内专设有服务区，博物馆特色纪念品、图书及音像制品成为主要是服务区的主营商品。不仅有具有地域特色的各式工艺品，还有以历史、文物、艺术、文学等为主的图书，收藏鉴赏类图书，同时还设有临时展览纪念品店。

博物馆设置的纪念品商店、书店、餐饮服务将博物馆的服务功能进一步扩大。参观者的欣赏品味和实际需求不断提高，参观者希望博物

1. 首都博物馆“老北京民俗展”展厅外的特色纪念品店　2. 首都博物馆的咖啡厅休息区

1 | 2

首都博物馆的特色纪念品——青花瓷系列笔记本

馆提供的服务越来越多，对博物馆文化产品的开发、宣传和服务设施提出了更高的要求，也成为博物馆文化产业和商业服务设施发展的努力方向与目标，这种开发不仅仅是一种商业模式，也不是急功近利的产品推销，而是通过商业模式使文化资源得以进一步的延深，为观众提供更多样的服务，成为博物馆为社会服务的重要组成部分。当参观者在参观、学习之余，到博物馆里的茶座或咖啡厅小憩，看着从书店买的书或是回味展览，抑或是品尝与展览主题相配合的美食，如举办外国展览或适逢传统节日时，博物馆的餐厅推出相应的食品，博物馆既获取了经济效益，又能带给参观者不一样的参观体验。

通过博物馆的文化商店，不仅能够拉近参观者与博物馆的距离，而且可以研究参观者的消费需求，从而认识、了解参观者的文化与精神生活的多元化与文化市场的多样化。同时，博物馆的文化商品作为博物馆形象的载体，是博物馆的延伸和推广。

博物馆的现代化管理不仅是在设备设施等硬件上的现代化和高科技，而是要在博物馆的服务功能上贴近公众实际需求，不断改进和完善观众服务设施、服务功能，在经营理念上顺应时代发展，将学习、观赏、休闲与博物馆的基本功能相适应，体现出博物馆的文化服务功能，让参观者享受到整洁、典雅、舒适的人文环境的同时，也感受到博物馆的人文关怀。

殿堂影像的传播

——博物馆数字化

近年来，随着计算机技术及通信技术的进步，国际互联网络得到了长足的发展和迅速的普及，许多社会团体、单位和个人都走入了互联网络这一广阔的空间，博物馆自然也不例外。在国外，有很多博物馆早已在互联网络上占据了一席之地。国内的博物馆虽然起步较晚，但也有不少博物馆建立了网站，利用国际互联网络广泛的传播范围、快捷的传播速度，向全世界宣传自己。在这种形势下，如何利用互联网络这种新的信息传播手段，为大众提供信息服务，推动博物馆事业发展，即博物馆数字化，就成为当代博物馆必须认真考虑的问题。

一 博物馆数字化的发展历程

（一）国外博物馆数字化的发展过程

世界许多国家都一直在进行数字化博物馆的探索。美国国会图书馆自1990年开始推动“American memory计划”，进行图书馆内文献、手稿、照片、录音、影片等典藏品的数字化，并编辑成历史文化传承的主题产品。1996年，美国加州大学伯克利建筑学院和VSMM国际学术机构联合建立了虚拟遗产网络（Virtual Heritage Network，简称VHN），在文化遗产数字化领域的贡献得到联合国教科文组织认可，承担了该组织多个重大项目。加拿大启动了文化遗产信息网（Canadian Heritage Information Network，简称CHIN）建设，管理和展示该国各博物馆的信息和藏品，特别着重保存和管理数字内容的方法，以及影像数字化和藏品管理系统的开发，据称已建立国内近400万件藏品资讯连接。

欧洲著名的博物馆，如卢浮宫和大英博物馆等，纷纷挑选精美藏品进行数字化处理和多媒体展示。一些中小博物馆则依靠产业、研究机构和大学的支持，如欧盟（European Union）赞助法国信息与自动化研究院进行“Aquarelle计划”，支持欧洲各国博物馆与相关机构通过网络共享各自的数字典藏进行文化传承。2002年，由德国University of Applied Science of College负责管理和运营，建立了欧洲文化遗产网络（European Cultural Heritage Network，简称ECHN），正在推动欧洲文化遗产数字化方面发挥积极作用。

日本最著名的数字博物馆计划是由IBM东京研究所与日本民族学博物馆合作的“全球数字博物馆（Global Digital Museum）计划”，主要是支持网络环境中数字典藏资料的检索，同时支持互动式的网络浏览、编辑，尤以博物馆教育为重点。

上述这些数字博物馆不仅包括丰富的数字化资源库，而且充分利用图像、音频、视频、地图、动画，设计出具有高度亲和力的用户界面，促进资源整合和技术交流。

（二）我国博物馆的数字化历程

我国博物馆界的数字化建设起步于20世纪90年代，当时主要着眼于藏品信息的数字化，实现利用计算机系统对数量庞大的馆藏文物进行规范、高效的管理。十多年以来，国家文物局、各省市文物局都非常重视这一工作，在政策、资金上都给予了很大支持，各级博物馆也都在积极推进这一工作。

目前，我国数字博物馆建设主要进行实体博物馆的信息化建设，重点在于利用计算机技术收集、整理、保存、加工和展示各类文物信息，在应用软件研发和局部信息基础设施建设方面，取得了一定的成绩。有影响的项目主要有数字故宫、数字敦煌以及上海博物馆、南京博物院、河南博物院、首都博物馆等信息化工程。我国台湾省也建立了许多不同主题的传统文化资料库和“数字博物馆”。同时，还有不少博物馆在多媒体展示方面也取得了很大成绩，多媒体展示已经成为新建博物馆或新开展览必会采用的展示手段。一些资金及专业队伍条件更好的博物馆，数字化建设的推进则更为深入，已经拓展到博物馆整体运行上。

在博物馆界，对于博物馆数字化建设的认识和理解日益提高，博物馆数字化建设的实际成果不断涌现。更为可喜的是，一些知名大学的博物馆专业已经投入了较大的力量对博物馆数字化建设进行理论研究。2001年11月，教育部启动了“大学数字博物馆建设工程”项目，重点支持北京航空航天大学、山东大学、复旦大学、四川大学等18所有特色的大学博物馆进行数字化改造，现已取得阶段性成果。

2003年，中国博物馆学会博物馆数字化专业委员会成立，利用这个平台，中国博物馆界与世界发达国家博物馆界在博物馆数字化建设方面进行了广泛的交流，在交流中可以清楚地看到：中国博物馆界的博物馆数字化建设已经和世界发达国家基本处在同一水平。

因此，总体而言，我国博物馆数字化可以归结为三点：首先，目前国内大部分博物馆在网络世界已经有了自己的网站，或多或少的可以在互联网世界看到自己博物馆的信息，拓展了传统博物馆的范围；第二，目前有一部分博物馆已经开始做数字化的工作，一部分正计划做这方面的工作，如藏品、影像等信息系统；第三，多媒体技术、虚拟技术也在一些较大的博物馆得到利用。观众进入博物馆既能通过实物学习知识，又可通过多媒体形象生动的影像看到实物背后的知识，丰富了博物馆的内容。

博物馆数字化的一个典型案例就是2010年上海世博会，“网上世博会”成为其一大创新亮点。“网上世博会”就是通过互联网技术、三维技术、多媒体技术，将上海世博会以虚拟和现实相结合的方式，逼真直观地呈现在互联网上，从而搭建一个能够进行网络体验和实时互动的世博会网络平台。

网上世博会①可以概括为一大创新和三个亮点。一大创新即三维体验。对世博园3.28平方公里范围进行全景再现，对350余个展馆进行多角度展现，并配有虚拟海宝进行讲解。在展馆内部，三维漫游的展示方式将使游客有身临其境的真实体验。三大亮点是互动交流、全球共建和未来之城。互动交流即参观者可以通过网上世博会了解世博会现场的部分信息，与展项进行访问互动；全球共建是使网上世博的参与建设者团队达到了一个史无前例规模，采用不同创意、不同技术建造的约350个网

世博会官网上的网上世博会主页

上展馆、丰富的自创展项，更是体现了网上世博会全球共建的特色；未来之城是以角色扮演和第一人称视角的方式让访问者在整个园区和部分大型展馆中进行自主游览，并能通过与其他游客的即时交流共同完成组织者预先设定的“游戏任务”，是世博会热心观众互相交流、互相协作的一个虚拟平台。

网上世博会是国际展览局长期以来一直研究的课题，直到上海世博会才真正得以实现。为此，国际展览局秘书长洛塞泰斯先生高度评价，“网上世博会是世博会历史上的革命性创举”。

二 博物馆数字化的概念和应用分类

(一) 数字化博物馆概念与特点

关于数字化博物馆（Digital Museum）的概念，虽然还没有形成完全一致的意见，但经过博物馆学会数字化专业委员会和中国文物学会信息化专业委员会几年来的讨论，基本上已达成共识，就是“将实体博物馆所应具有的收藏、研究、展示、教育等功能以数字化的方式进行再造和呈现，是在信息时代以数字技术对博物馆职能进行的再现、延伸、和扩展”。

本文所探讨的数字化博物馆是指传统博物馆将其长期积累的藏品以及在陈列、研究、宣传教育等领域的成果，系统地进行数字化并建立多媒体信息资料数据库，利用国际互联网络将信息传播出去，使世界各地的互联网用户不受时间、空间限制，自由地使用数据库中的各种资料信息。

与传统博物馆相比，数字化博物馆具有以下特点：

①数字化博物馆中的藏品是博物馆将其长期积累的藏品、图书、期刊、文献、研究成果、声音、影像等多媒体资料，通过各种数字设备进行系统的数字化而形成的信息资源。这些信息资源主要利用计算机来进行

存储和处理。这种数字化的存储方式，不仅压缩了存储空间，而且方便用户远程检索与查询，提高了信息传播速度，扩大了信息的利用范围。

②信息的组织形式发生了改变。由于数字化博物馆是借助于网络来实现的，因此其信息的组织形式也由传统博物馆的线性方式转变为直接、网状的组织形式。在传统博物馆中受到建筑及其他因素的制约，观众必须按照一定的参观路线，对展品依次观看。而在数字化博物馆中，由于没有实体空间，不同页面中信息的连结与相互为用也因此显得更为突出。在数字化博物馆的每一个页面上都提供了多样性的链接，使观众可以在不同的页面间自由跳转。于是在参观路线的安排上，观众有了绝对的自主性。

（二）博物馆数字化应用管理分类

数字化技术在博物馆的业务中，可应用到以下几个方面：

1. 藏品档案文献信息化

博物馆藏品信息著录工作，是我国博物馆界数字化建设最先开展的部分。在传统博物馆中，藏品因为年代久远变得十分脆弱，在展出时必须特别注意对环境的控制，并且与观众之间要保持一定的距离，使观众难以对藏品进行仔细的观察。对于极为珍贵的藏品，或者不展示，或者用复制品代替原件来展出，总给观众留下无缘一睹原物风采的遗憾。这种保护与利用之间的矛盾，成为长期以来困扰博物馆工作者的一个难题。数字化博物馆的出现，使这一问题得到了较好的解决。在20世纪90年代中期以后，若干家大型博物馆或省市文物局就已尝试进行这项工作，但早期开发的管理软件普遍较为简单，当然也不具有通用性。在20世纪末、21世纪初，国家文物局根据全国博物馆事业发展的新形势，组织专门机构进行文物信息管理工作的技术性研究，逐步形成一系列规范。同时，研究开发面向全国文博单位的藏品信息管理系统软件，经过调研、开发、试用、完善等长时间的工作，分批在全国推行，现在已经在全国推广。这一管理系统既可供博物馆内部进行藏品管理，又可以通过网络，使国家文物局掌握各馆高等级藏品的情况。这标志着中国博物馆界藏品管理基本进入标准化、规范化、一体化的阶段，为藏品信息共享奠定了初步的基础。

藏品信息管理系统关于藏品信息著录的项目，包含名称、质地、年代、来源、登记号、鉴定等文本信息数十项，非常齐全；影像信息也突破以往只有正面照片的习惯，立体文物要求拍摄六个面的图片，大大丰富了藏品档案影像资料。因此，在数字化博物馆中，藏品的各种信息，包括图像、影像、声音、文字等信息，利用多媒体技术有机地结合起来，使观众能够较为全面地了解藏品所反映的历史文化信息。对于观众有兴趣的藏品，还可利用逼真的、数字化的藏品三维模型进行多角度仔细观察。如此丰富的信息，是观众在传统博物馆中参观所无法获得的。例如编钟一类的古代乐器，在传统博物馆中，永远只能是静态的展示。而在数字化博物馆中就可以将乐器演奏的声音进行数字化存储，并随意地播放。博物馆的数字化影像对于文物的保护开辟另一种形式，丰富了研究资源。

传统博物馆与数字博物馆藏品管理比较[①]

功能	传统博物馆	数字博物馆
征集	发掘、采集、收购、捐赠、交换、调拨等	数字化采集、模拟信息转换、信息交换
保存	需要库房、文物柜架，占用空间大	需要计算机，磁盘、光盘等存储设备，占用空间小
保护	毁损原因多，修复困难，易损	利用数据冗余和编码技术，无损
传播	巡展，速度慢，影响小	互联网传播，速度快，影响大
展示	展柜陈列，方式单一	多媒体，三维技术，生动形象
研究	直观，容易发现藏品细节，相关性研究不易	检索、比较、统计方便，容易在文物相关性研究中获得突破
开放	差	好

到2010年全国大部分省、自治区和直辖市已经完成了一、二级藏品信息的著录工作，即将开始或已经开始进行三级藏品的信息著录工作。应该说这是全国文博界一项了不起的成果。当然，藏品信息著录工作还存在不足，在文本信息方面主要是对文物的描述信息不够统一，描述信息的准确性有高有低；在影像信息方面主要是图片的技术质量比较差甚至很差。

与此同时，以藏品的总账、保管账、影像账、研究账的业务管理为基础，实现博物馆征集收录、藏品编目、媒体采集、保护修复、保管管理等基本业务的自动化和规范化管理。面向不同层次、不同专业的管理和专家用户提供专业检索、全文检索、图像内容检索、统计分析、资产评估等手段。相比传统的资料查询，有效地减少所需花费的时间和精力，方便藏品管理和专业研究[②]。

通过文献、档案信息的采访、编目、保管、流通等基本业务的自动化管理，为博物馆内部管理和专家用户提供采编、检索、读者管理和系统监控工具，克服目前博物馆文献、档案等资源得不到有效利用和共享的弊端。

2. 对外信息发布

以藏品信息库为基础，以公共发布信息库为补充，通过互联网面向不同层次的访问对象，系统、全面、生动、真实地反映博物馆内容，向网络用户传播博物馆的理念，同时实现国际化的交流。藏品库中的资源通过网站自动发布的功能，可有效地利用原有资源，避免重复建设；博物馆本身的资料、展览信息、服务内容以及最新研究成果在互联网络上展现，借助互联网络自由、多元化、交互性好的的特点，将博物馆各种信息及时广泛地向公众传播，扩充展厅中更深层次的信息，并使教育功能通过网络无限推广，同时还可以加强与公众的交流，从而促进博物馆工作的开展。

3. 导览参观的数字化[③]

博物馆导览参观数字化分为两个部分：一部分是面向互联网观众的导览展示，另一部分是面向前来馆实地参观群众的导览展示。由于两种展示各具特点，所以展示的内容与形式也就有所不同。

目前常见的网上展示形式为虚拟现实。利用虚拟现实技术塑造的仿真环境使观众不仅有身临其境的感觉，而且还可以进行交互式的参观。虚拟现实是一种可以形成仿真环境和事物的技术，参观者在虚拟的环境中进行如同真实世界中的各种活动，其最大的特点就是它允许观众完全地融入，具有良好的交互性。虚拟展厅让观众彷佛身临其境，随着计算机中所呈现的参观线路浏览文物。如果对虚拟展厅中的某件藏品感到好奇或兴趣，可以直接点击它，就会出现藏品的放大图片、三维模型以及详细的相关资料，为观众提供一个在互联网上公开浏览的渠道。虚拟展厅让对展出有兴趣的观众可以在家中通过互联网来观看展览，解决了观众因种种客观原因不能亲到博物馆现场参观的遗憾。在数字化博物馆中，虚拟现实技术不仅能够虚拟出博物馆的外观环境及展厅，而且可以对现实世界中无法实现或人们无法再现的事物及环境进行塑造，包括对古代遗址、建筑的复原，文物制作工艺的再现，以及古代生态环境的复原等。在传统博物馆中，这些复原工作多是通过制作模型或沙盘来实现，不仅费时费力，而且无法做到完整而逼真的表现。

而对实地参观人员的信息展示，即集声音、图像、文字、三维、视频为一体，强化展陈手段和个性化导航服务，使现场观众可以迅速知道自己所在的位置，了解周围的陈列展示内容，同时提供游戏、知识问答、虚拟博物馆等多种互动手段，加强观众对重点文物及重要事件的记忆，达到更好的宣传教育效果。例如，根据一般观众参观停留时间、感兴趣的内容等作综合考虑，开发制作多媒体导览系统。通过视频介绍、照片及文字的适当编排设置不同栏目，观众则可通过触摸屏检索了解自己感兴趣的信息。多媒体触摸屏信息查询是最简单、方便的方式，常用于博物馆面向观众的信息展示。博物馆还可以利用馆内局域网，将局域网与观众触摸屏连接起来，可以从介绍考古发掘、文物的视频数据库中提取信息为观众提供视频点播服务等。

目前，由故宫博物院主持开发，微软亚洲研究院、北京大学提供技术支持的《走进〈清明上河图〉》数字展示项目，是一项全新的历史文物数字化展示项目，技术应用与内容诠释结合得非常紧密，堪称目前国内具有最高水平的历史文物数字化展示项目。该项目利用三维声音定位技术，复原《清明上河图》诸多场景中的人物对话、背景声音等，使观众了解画面中人物的身份、行为，从而较为准确、细致地理解《清明上河图》所表现的社会生活面貌。当观众参观时，可以看到鲜活生动的展示方式。当画面以原尺寸放映时，画面缓缓移动，并播放背景音乐；当放大某一局部时，背景音乐减弱，在这一局部画面中人物的对话响起，宛如电影的一个片断。整个项目中的对话共有七百多段，都是由故宫的研究人员依据画面中人物的衣着、动作进行考证、分析，撰写出符合这些人物身份、性格、环境的对话，并具有一定的故事性。该项目在充分尊重历史文物完整原貌的前提下，利用现场感很强的声音，使表现宋代社会生活面貌的这一著名历史画卷，呈现出令人身临其境的效果。

这种对观众的信息展示，强调的是通过视频、音频等多种媒体形式，使观众能够在参观展览的同时了解更多的知识，并且通过使用观众能够参与其中的多媒体手段，增强互动性，从而加深观众的理解和记忆。

4. 学术研究

学术研究是推动博物馆事业发展的原动力。与世界上其他博物馆以及学术研究机构建立良好的合作伙伴关系，并与之开展实质性的研究成果交流和资料共享，是每一个博物馆所希望达到的目标。博物馆数字化可以为文博专家或专业人员提供有关学术成果、专题资料的共建共享交流平台。以往的交流方式主要是博物馆的研究人员将其成果或资料发表在国内外的相关期刊上，而利用互联网络，博物馆研究人员可以将其研究成果在互联网上进行发表，以使更多的研究人员以及对该专题有兴趣的用户进行浏览，同时将博物馆的信息管理系统与互联网络连结，让国内外学者通过互联网络查询相关资料，既可加强与国际间的学术研究与交流，同时还可以提高博物馆在国际上的地位和知名度。

5. 安全监控系统的数字化管理

安全是博物馆工作不可忽视的一个重要方面。在实现安全监控系统数字化管理方面要把防盗报警系统、声音复核系统、图像复核系统、电视监控系统、巡更系统、门禁系统、集中管理系统和控制系统，通过设计组合，构成一套具有防范性强、功能完备、自动化和智能化程度高的综合性现代化安全防范报警系统[④]。

6. 办公系统数字化

网络化的协同办公环境为人们高效率地工作提供了必要的条件。由于网络化办公以电子化信息、网络化传输、自动化处理和数据库存储为主要特征，人们能透过系统快速方便地获取信息。面向办公核心业务流程，提供公文收发、电子公告、个人事务、邮件服务等功能，实现了博物馆无纸化办公及网络远程办公，有效地提高了员工的办公效率，具有高度集成、操作方便、集中管理、自动构造、易于扩充、维护方便等特点。通过办公自动化信息系统为用户提供一个信息管理与信息共享的平台，用户可以按照不同的性质对信息归类，然后通过信息管理系统将它们分别发布到相应的栏目中，实现信息交流与共享的目的。针对不同性质的信息，信息管理系统需提供信息发布、信息浏览、信息维护和个性化设置等四个基本功能。电子论坛系统是网上一种极为常见的互动交流服务，用于向人们提供开放性的分类专题讨论服务，将这种喜闻乐见、被大家广泛接受的交流形式引入系统内部，为博物馆业务人员提供一种网上交流的渠道和手段。

三 首都博物馆的数字化建设

（一）基本构思

首都博物馆自1953年开始筹备，1981年正式开馆，馆址在北京孔庙。1999年北京市政府批准首都博物馆新馆建设项目，2001年动工兴建，2006年5月正式开馆。“国内一流，国际先进”是首都博物馆新馆建设工作的总体目标。

借助新馆建设的机会，首都博物馆充分吸收国内外博物馆数字化建设的经验，构建了包含文化遗产与博物馆信息的采集、加工、存储和利用这一完整过程的，服务于博物馆展陈、研究、服务、管理各方面工作的一体化系统，即“信息集成应用平台”。2002年至2004年完成方案的制定，其间广泛学习借鉴了国内外博物馆的经验，数字化建设工程自2005年开始，2006年底完成。

首都博物馆在构思信息集成应用平台的时候，依据有两条：其一是对博物馆功能的认识，即博物馆主要是传播知识的教育机构；其二是对首都博物馆新馆定位的认识，体现北京地区历史文化的文物的收藏、研究、展示的中心。这一平台建立的直接目标：推动资源整合与共享，促进博物馆业务成果的集体记忆，规范工作流程与方式，提高工作效率与准确度，拓展服务范围与深度，提升知识保存能力和知识传播能力。

“首都博物馆信息集成应用平台”是首博新馆整体建设中一个战略性建设项目，由文化遗产信息采集项目（摄影、摄像、扫描设备及软件系统）、博物馆数字化系统工程、多媒体展示工程等部分组成，构筑其知识基础的是科研工作。

（二）基础平台层面

信息集成应用平台的基础由博物馆数字化系统工程的计算机局域网络、数据库系统、集成管理系统构成。这三项是数字化系统的平台、核心和统领框架，其建设目标是力求从博物馆数字化的科学理念出发，通过数据、应用和管理三个层面的集成，构建以首都博物馆文化遗产数字化资源为主体的综合信息数据库，并通过信息共享和聚合等功能，使数字化系统各应用子系统连接成为一个有机的整体。旨在打造一个先进、实用、可持续发展的文化遗产综合业务平台——充分发挥数字化优势，提升博物馆的服务能力。

1. 计算机局域网络

计算机局域网络是数字化系统的基础支撑硬件平台，是整个数字化工程的基础，包括新馆建筑内的计算机局域网和新馆建筑外用于异地备份的计算机局域网。建筑内局域网络以全馆行政管理和藏品工作流程管理两大基本功能为出发点，串联起各环节、各专业的工作；建筑外备份网络具备基本的办公管理和藏品管理功能，同时还作为首都博物馆重要数据库的异地备份系统。计算机局域网络除了包含为全馆应用服务的服务器设备和网络交换设备之外，还设计了比较完善的安全解决方案和考虑多种冗余手段的可靠性解决方案。

2. 数据库系统

数据库系统是数字化系统的核心，包括面向不同应用要求的前台数据库群、后台数据库群和部门数据库群三个层次的数据库系统，需保证同一数据在不同数据库中的数据一致性。

3. 集成管理系统

子系统间的集成设计以及数字化系统的总集成设计，包括技术集成、内容集成、管理集成、操作界面集成。

（三）信息采集层面

文化遗产和博物馆信息采集工作的对象，包括不可移动文物、非物质文化遗产、馆藏文物、古文献、学术著作、学术资料、博物馆行政业务档案等。

1 首都博物馆的计算机中央机房 2 首都博物馆可进行各类文物拍摄的数字化影棚 3 首都博物馆可进行古书画高精度扫描的大型平面扫描仪

首博所用信息采集设备主要有：大型专业数字相机，高精度大幅面平面扫描仪，高精度平面翻拍仪，建筑三维扫描仪，标清、高清数字摄像机等。此外，还有设备操控软件、色彩管理器材和软件。

（四）数据加工、管理层面

1. 影像采集与存储系统

这一系统是首都博物馆文化遗产的多媒体数字资源加工和管理的平台，首都博物馆文化遗产的多媒体数字资源，其内容分为藏品、不可移动文化遗产和非物质文化遗产三大类，资源形式分为图片、音频、视频、实物三维、球面场景三维等。

系统将文化遗产多媒体数字资源按规范的元数据定义整理、加工、组织，形成有序的数字资源库，重点在于有效管理数字资源形成的一体化过程以及成果，将纷繁复杂的多媒体资源形成具有数字化保存、利用价值的资源，化无序为有序。在此，将采集获得的原始数据，加工为可供相关专业工作使用的资源数据。

2. 文化遗产信息管理系统

这一系统是对文化遗产信息内容进行管理，包括馆藏文物管理、不可移动文物管理、无形文化遗产管理三个系统。首都博物馆文化遗产管理系统的总体结构主要分成三层：数据层、业务层、展示层，其中在业务层中还包括数据交换系统，负责数据的同步与交换。

基础数据库包括藏品基础数据库、不可移动文物数据库、非物质文化遗产数据库；视频库中包括音频节目数据库、视频节目数据库；业务数据库包括各类业务数据，如征集库、展览库等；展示库包括文物信息展示和指标体系展示数据；指标数据库包括各子系统指标体系库。

（1）馆藏文物管理子系统

馆藏文物管理子系统以国家文物局藏品管理有关规定为依据，紧密结合首都博物馆藏品特点和保管部长年积累的成功经验开发而成。包括如下模块：征集信息管理、资料管理、脱机数据采集、藏品保管(库房管理)、鉴定信息管理、修复保护信息管理、展览信息管理、藏品展示与预警。每个模块基本按照现有的工作流程进行了全过程信息化管理。

（2）不可移动文物管理子系统

不可移动文物管理子系统以地理信息系统为基础，将文物保护单位的文字、图片、球幕扫描影像和录像等资料组合为一体，全面、生动、直观，无论是对于文物管理工作，还是观众搜索知识，都是非常便捷的。

（3）无形文化遗产管理子系统

无形文化遗产管理子系统的开发，旨在根据北京地区历史文化的特色，汇集、展示北京地区的如戏曲、曲艺、民间工艺等非物质文化遗产。无形文化遗产管理包括两个模块：无形文化遗产信息管理和无形文化遗产查询与展示。无形文化遗产信息管理按照征集登记、编目管理、调查研究登记、鉴定信息登记、申报信息管理、指标管理等过程进行管理。

(五) 应用层面

1. 办公自动化系统

办公自动化系统以首都博物馆局域网络为平台，形成以电子文件流转为核心、覆盖行政和业务各部门的办公信息系统。该系统的建成为博物馆日常办公、事务处理和馆领导的辅助决策提供准确、有效、广泛、及时、可靠、安全的信息服务，实现办公现代化、信息资源化、传输网络化和决策科学化，形成一个全新概念的、开放的现代管理和办公环境。此系统制定了统一的安全策略，确定了各类人员的访问权限，以保证它是一个安全、可靠、可信的系统。

办公自动化系统具有良好的跨部门、跨系统、跨网络结构的能力。它提供了用户进行点对点、点对多点等方式的沟通，沟通途径包括文字、语音视频等方式，通过协作组件，用户可以直接发送文件，可以共享IE界面。系统提供与其他系统集成的接口，通过该接口，其他系统的消息（待办提醒、订阅信息、通知等）可以通过消息平台发送到用户的协作客户端。借助于短消息组件，各应用系统可以和手机无缝衔接，业务系统可以将通知用户的消息以短信方式发送到用户的手机上，为用户打造一个全方位、立体的消息传输途径。

数字首博综合信息平台主页

2. 多媒体展示

首都博物馆在新馆的建设过程中，多媒体展示项目是其中一个重要的组成部分，具有规模大、项目多、技术新、系列化的特点。

（1）多媒体展示的方式与内容

首都博物馆多媒体展示项目涵盖了展览、开放、服务以及观众互动等博物馆的多个方面，分布在社会教育区、综合服务区、展览陈列区，是当时国内博物馆同期制作的、规模最大的多媒体节目群。多媒体展示项目包括：礼仪大厅全彩大屏幕播放导览宣传影片，数字放映厅播放高清数字影片（超宽视角弧形银幕），展厅数字影片（投影，等离子显示屏），展厅触摸屏节目（展品信息，互动式游戏），展厅大型互动式数字展示，展览宣传片（展厅，展品，专家访谈，观众访谈）及其DVD光盘、《媒体多宝格》CD–ROM等。这些多媒体展示项目以深化展览内容为主旨，运用多种成熟稳定的新技术手段（包括等比例幻影成像、多幕立体影像技术、场景漫游式虚拟现实、3D动画、2D动画、数字影片等），大大提升了展览的整体表达效果，并在节目设置、内容编排上与整体展览展示紧密结合，补充实物展品之不足，将复杂、抽象的知识内容生动化、直观化，强化展览整体氛围。

首都博物馆礼仪大厅的全彩大屏幕

1 | 2
3
4

1. 首都博物馆超宽视角弧形银幕数字放映厅　2. 首都博物馆展厅里的触摸式计算机导览设备　3. 首都博物馆展厅中播放的数字影片　4. 首都博物馆出版的DVD出版物

1　2

1. 首都博物馆的广播控制机房　2. 首都博物馆的多功能会议厅监控室

（2）多媒体展示的系统管理

①教育广播系统。实现对各类发布设备的统一管理和发播控制，包括礼仪大厅全彩大屏幕（播放展览宣传片）、礼仪大厅双基色大屏幕（播放展览、服务文字信息）、开放区广播（背景音乐、广播通知）等。②多媒体展示后台支持系统。主要是对展示装置的控制及节目源的管理、PDA导览的交互与管理。展厅中的投影机、显示器都由该系统进行后台控制，包括开关机、节目调换。③多功能会议厅系统。首博多功能会议厅的现场会议，可以通过会议互动系统发布到互联网。互联网用户通过登录首博网站，不仅能了解现场会议内容，还可以实时观看现场会议进行情况，与会议现场进行互动。

3. 首都博物馆网站

首都博物馆网站作为首博新媒体，利用新技术手段扩大实体博物馆的服务空间，在网络上为博物馆开辟出新的发展空间。首博网站经历了一个由简单到复杂的过程，从单一的信息发布平台到多功能的全方位服务于博物馆及博物馆观众的新媒体，从传统的运用编程软件手工制作页面，升级到运用先进的集成化、系统化、专业化的网站管理发布系统生成和发布页面，其过程是一个逐步探索、不断提高的过程。

依据首博新馆总体功能定位，我们对首博网站的建设理念进行了反复的思考，最终以“首都，我的博物馆”来概括首博网站建设理念，其含义是：北京是历史文化名城，整个北京城就是一座博物馆；网上的首博，所要展示的不仅仅是首博建筑内的文物，更要展示全北京的文化遗产；网上首博突破了实体博物馆在空间上的局限以及博物馆展览周期在时间上的限制，体现了数字首博的优势。

2004年，首博本着“以人为本、注重用户体验”的原则，基本上形成了依据各类服务对象的不同需求设计的网站内容框架。将网站划分为“体验、鉴赏、研究、服务”四大板块，加上原来已有的“少儿版”（少儿版在2001年首博网站开通时就设立了，是国内博物馆界第一个少儿版网站）。“体验”板块内容浅显而形式生动，主要针对具有初步兴趣者；“鉴赏”板块主要针对爱好者；“研究”板块可以为高水平爱好者和专业人士提供信息资料；“服务”板块包括了博物馆所有基础性服务性信息。“少儿版”以初中以下学生为服务对象，栏目设置、稿件编写都依据这一特定对象来安排。2005年底，根据首博新馆作为北京举行重大礼仪活动场所和作为北京文博界窗口的功能，增加了“快讯”板块，主要报道首博和文博界的重要活动、学术动态等。

在首都博物馆网站上，除去常规内容外，围绕一项展览、特别是大型临展所作的宣传推广包括以下项目：展览预告、版首通栏宣传片（动画）、展览开幕报道（图文报道）、展览介绍（图文报道）、专题文章、跟踪报道、《首博网刊》（电子杂志）、视频展览宣传片、球幕式展厅互动实景漫游、媒体报道转载、下载桌面、电子游戏，以及供免费

1. 首都博物馆网站主页　2. 首都博物馆网站上发布的免费电子杂志页面　3. 首都博物馆网站“数字博物馆”体验专区　4. 首都博物馆网站上提供的各类资料下载

1 | 2
3 | 4

下载的图书、海报、彩页、藏书票等的PDF版。在表现手段上强调视像化，包括图片、视频以及动画。

综上所述，博物馆数字化已是世界各国博物馆亟待开拓发展的要务，起步有早晚，发展有不同，但总体趋势是殊途同归的。2010年11月，在上海召开的国际博物馆协会第22届大会暨第25届全体会议，以“博物馆致力于社会和谐”为主题，其中CIDOC专委会的议题是“跨文化对话中的博物馆：知识分享与信息传播的新实践”，关注的就是未来博物馆数字化趋势发展。我国的博物馆数字化紧跟世界脚步，已经取得了不错的成绩，特别是首屈一指的大型博物馆，数字化、信息化的步伐日渐加快，方法手段日新月异。当然，这是一个新发展的领域，各个博物馆都有各自的特点，强调的观点和认识理论也不尽相同，具体的概念也不完全统一，这也恰恰给予了我们博物馆人继续探讨、深思的机会，相信未来中国的博物馆数字化，从理论到实践必是日渐完备。

注 释

① 杨向明：《数字博物馆及其相关问题》，《中原文物》2006年第1期。

② 刘梅：《网络环境下博物馆信息资源的采集策略》，《企业科技与发展》2008年第2期。

③ 郭小霞：《浅议博物馆数字化管理》，南阳师范学院学报(社会科学版)2008年第10期。

④ 郭小霞：《浅议博物馆数字化管理》，南阳师范学院学报(社会科学版)2008年第10期。

架起沟通的桥梁

——博物馆志愿者及会员

传统意义上的博物馆被单纯地视为文物和标本的收藏机构，因此往往只注重藏品的收集和保存，对于博物馆实物性的强调，更是加强了它在这方面的社会功能。但实际上，社会教育与服务同样是博物馆的主要社会职能之一，不应被忽视。利用博物馆的藏品，以各种工作方式和方法，为社会教育和有关学科研究服务，才是博物馆的收藏作用于社会的过程，也是博物馆运动中最有意义的阶段。现代博物馆也越来越注重社会教育的力度，这已经日渐成为了未来博物馆的一个发展趋势。

博物馆的教育对象是整个社会的广大成员。不仅其教育对象具有广泛性，而且提供的知识内容也具有多样性，教育方式生动形象。在进行社会教育的过程中，志愿者及会员制度的实施势在必行。

一 博物馆志愿者

（一）志愿者概念及形成简述

1. 志愿者

志愿者，也叫义工、义务工作者或志工，它的英文为Volunteer，来源于拉丁文中的“voluntas”，意为“意愿”。联合国将志愿者定义为“不以利益、金钱、扬名为目的，而是为了近邻乃至世界进行贡献活动者”，指在不为任何物质报酬的情况下，能够主动承担社会责任而不关心报酬、奉献个人的时间及精神的人。志愿者这样一类社会成员自古以来已经存在，古时候的赠医施药可被视为志愿者的雏形。

志愿精神是一种利他主义和慈善主义的精神，指的是个人或团体，依其自由意志与兴趣，本着协助他人改善社会的宗旨，不求私利与报酬的社会理念。志愿服务（volunteer service）则是任何人自愿贡献时间和精力，在不为物质报酬的前提下为推动人类发展、社会进步和社会福利事业而提供的服务。

志愿服务起源于19世纪初西方国家宗教性的慈善服务，志愿活动在世界上已经存在和发展了100多年。西方志愿者起源的重要概念建基于罗马时代的博爱精神和基督教的宗教责任及救赎观念，通过义务工作表现出人性的爱及弘扬宗教的善性。志愿工作其发展可追溯至二次大战后，福利主义抬头导致各国政府支出崩塌，发展义务工作以解决社会上不胜负荷的需求。而近年志愿者制度的确立，是为了弥补政府对社会支援的不足，结合政府、商界及民间的力量为社会上有需要的人士服务。

根据中国的具体情况来说，志愿者是这样定义的：“自愿参加相关团体组织，在自身条件许可的情况下，在不谋求任何物质、金钱及相关利益回报的前提下，合理运用社会现有的资源，志愿奉献个人可以奉献的东西，为帮助有一定需要的人士，开展力所能及的、切合实际的，具一定专业性、技能性、长期性服务活动的人。”志愿者在中国，还有了南北两个叫法：北方称之志愿者，南方则叫义工。香港，台湾两地就叫义工，台湾设有专门的“义工法”。很多在国内从事志愿活动的人，把志愿者和义工总是分开而谈，更有甚者认为，志愿者的档次要比义工略高些。但实质二者内容基本是一致的，都对应一个英文单词：volunteer。

据北京大学志愿服务和福利研究中心（2002 年7月16日正式成立，该中心是我国第一家专门从事志愿服务和福利研究与培训的机构）丁元竹主任介绍，中国最早的志愿者来自联合国志愿人员组织。1979 年第一批联合国志愿者来到中国偏远地区，从事环境、卫生、计算机和语言等领域的服务。20世纪80年代中期，民政部号召推进社区志愿服务，天津和平区新兴街就是早期开展社区服务的典型。90年代初，中国青年志愿者协会成立。这样，社区志愿者和青年志愿者是目前我们国内最大的两支志愿队伍。

志愿服务最近几年越来越成为一种国际潮流。西方有学者专门指出，“如果说人类发展前500 年是技术革命带动全球的经济发展，那么今天人类正处于一个十字路口，面临的问题越来越多。后500年社会学、社会服务将成为地球上生存的重点，人类也将开始重新调整自己。”

2. 博物馆志愿者

博物馆志愿者(museum volunteer),是社会志愿者的一个组成部分，其基本内涵是指以自愿提供无偿服务的形式直接参与博物馆工作的人员和组织。在西方国家和地区，也广泛称之为“博物馆义工”。通常情况下，博物馆志愿者既是对自愿参与博物馆工作个体成员的敬称，同时也是对各志愿工作者的总称。

博物馆志愿者除具有一般志愿者“自觉自愿，不计报酬”的普遍特点外，还有其自身特点，即身份的双重性。他们既是博物馆的观众，又是博物馆的工作人员，也可以说既是博物馆精神产品的受用者，又是其创造者。他们既是博物馆工作的参与者，又是博物馆工作的监督者。这一特点决定了博物馆不但要乐于接纳志愿者的无偿劳动，又要用于满足他们的精神需求。即使是对于志愿者，博物馆也要树立互利和双赢的意识，从而避免志愿者只是“无私”付出的偏颇认识。二是业务上的特点。志愿者本身需要一定的知识性和应变性。博物馆工作业务性强，现代博物馆的特点之一，就是博物馆拥有自己的志愿者，并开展博物馆志愿者活动。志愿者使博物馆参与社会有了人力和组织上的强有力的渠道，对博物馆为社会和社会发展服务起到了积极的推动作用。

国际博物馆的志愿服务工作至今已有百年的历史了。早在1907年，美国波士顿艺术博物馆就开始聘用志愿者。志愿者服务或“志愿者现象”，可谓当今西方博物馆的一大奇观。以美国为例，在志愿者数量方面，据调查1991年在全美博物馆共有志愿者近38万名，是当时全美博物馆正式员工数量的2.5倍。其中，大都会艺术博物馆有志愿者1400名左右，另有近2000份申请等待候补；克利夫兰艺术博物馆有1300多名志愿者，还有大批候补者；连富可敌国的盖蒂博物馆，也以拥有超过其员工两倍的志愿者而自豪。在志愿者影响力与贡献方面，早在1975年，调查显示美国博物馆中个人工作的57%，是由6.22万人次的志愿者来承担的。1991年调查显示，美国的许多小型博物馆基本上依靠志愿者维持其日常工作。志愿者的工作范围极广，除了没有报酬外，其工作岗位大多与正式员工完全一样。1991年调查显示，这一年，志愿者为美国各类博物提供205亿小时服务，创造经济价值约合1760亿美元。美国博物馆志愿者的管理规范标准高，其征募工作实行长期与定期相结合，公告与行业协会推荐相结合的办法。录用标准越来越高，特别是大博物馆，候补者多录用难，一经录用，被录者顿觉无比荣耀，工作十分努力，因此队伍稳定，替补不易。激励措施方面，以不违背“义务”的原则为前提，主要有馆内消费折扣、免费赠送资料、给予精神嘉奖（如佩戴荣誉胸章、刊登先进事迹）等，个别馆还选择少量志愿者精英为其正式员工。总之，美国博物馆里的志愿者与正式员工相互依存，互不替代，1991年统计，志愿者当时在美国5000多家博物馆中的3000多家博物馆中大行其道，成为博物馆中一大景观。

从1989年起，我国台湾的博物馆台北故宫也开始启用志愿者。至今，台湾地区的博物馆界，其志愿者服务已形成一个有系统、有组织、有章程的规范团体。 相对而言，大陆博物馆志愿者的工作起步较晚。1986年，北京自然博物馆与景山学校，鲁迅博物馆与景山学校，1996年中国科技馆与北京56中等已有了小志愿者的合作。引起社会关注的是在

20世纪末，我国北京地区的一些博物馆陆续开始招聘从事博物馆工作的大学生志愿者。1996年，北京师范大学与当时的历史博物馆、革命博物馆、农业博物馆、地质博物馆和中国科技馆开展的志愿者活动，中央电视台《焦点访谈》对此进行了专题报道。这一时期可看作是中国博物馆开展志愿者活动的起始阶段。此时，对于志愿者的认识和了解并不全面和成熟，甚至只是形式上的，缺乏正确的理解和合理的使用。

近年来，随着博物馆志愿者活动的广泛宣传，越来越多的人加入到了这个在中国新兴的社会活动之中。直至21世纪初，我国真正意义的博物馆志愿者才有组织地出现。2002年，中国国家博物馆面向社会招聘志愿者，报名者络绎不绝,经过反复考核筛选，150余人入选第一批志愿者，成为北京地区博物馆首批社会公开招聘人员①。又如，故宫博物院2003年底，正式启动了面向社会招聘志愿者的工作，目前有志愿者200多人，经常来工作的有100余人②。他们讲解珍宝馆和钟表馆的陈列，讲解词由志愿者自己撰写，考核通过后方能上岗。志愿者由宣传教育部进行管理，不定期地举行讲座或参观学习。与此同时，其他各博物馆也根据自身实际情况，纷纷效仿，使得博物馆志愿者工作如火如荼地开展起来。北京地区的宋庆龄故居、中国现代文学馆、中国科技馆、中国人民抗日战争纪念馆、自然博物馆等都积极行动起来，纷纷开拓适合自己博物馆的志愿者工作。

首都博物馆自 2005年底开始面向社会公开招募个人志愿者，截至目前共进行了三批次社会志愿者的招考。建馆之初，考虑到比较急需讲解方面的力量，就主要侧重于义务讲解人员的招募。这三个批次的志愿者招考，都有着不同的考量。第一批以离退休老年人居多；第二批以在校学生为主；第三批则侧重在职人员，意在找寻最为适合担任志愿者的人群。始终重视从筛选、面试到培训、考核的每一个环节，是首都博物馆志愿者工作一直秉持的原则。三批志愿者的面试共筛选报名表2500份以上，考核志愿者人数超过600人，面向志愿者的培训讲座超过45场，年度登记志愿者最多时达到160人，建立了庞大的志愿服务人才储备库。

(二) 博物馆志愿者的服务内容

西方国家的博物馆志愿者的服务范围多集中于博物馆的宣传教育

和后勤辅助部门，几乎与博物馆的正式员工一样，除了导览讲解、咨询解答外，还服务于博物馆的零售商店、餐饮部门等。近些年来，随着博物馆志愿者整体知识水平的提高，他们开始介入博物馆各部门的其他工作，诸如行政管理、展品管理陈列设计、业务策划、募集捐款、图书管理、宣传教育财务投资、法律规章等内容③。

目前，中国的博物馆志愿者尽管有了较快发展，但从绝大多数博物馆志愿者章程和实际工作开展情况来看，目前志愿者服务内容还多是集中在宣传教育特别是义务讲解方面，具体内容如下④：

1. **义务讲解**

讲解是博物馆宣传教育工作的一项重要内容。博物馆陈列展览的最终效果如何，一方面取决于展品本身和布展的水平，同时另一方面也有赖于博物馆讲解水平、讲解涉及的观众面等相关因素。目前，许多博物馆专职讲解多为有偿项目，享受服务的尚属小部分人群，大多数人很难享受到博物馆的专职讲解服务，其参观、学习效果可想而知。志愿者参与义务讲解，既方便了观众，强化了教育效果，自身也在服务中提高了语言表达和人际沟通等方面的能力，丰富了相关历史、文化、科学、社会知识。正因为如此，义务讲解成为博物馆志愿者最积极参与的一个重要方面。

2. **观众接待**

博物馆的观众接待工作包括：门口迎宾、贵宾接待、咨询服务、参观导引和意外事故处理等内容。许多博物馆由于人员不充足或服务意识较弱等原因，观众接待的力度和服务程度明显不足，观众在博物馆无序参观的情况时常可见。博物馆志愿者在这方面的积极参与，会为观众的参观提供更多的人文关怀，为观众提供更贴心的人性化服务，从而更利于在博物馆营造一个整体和谐、温馨的参观环境。

3. **对外宣传**

志愿者是博物馆联系社会最好的纽带和桥梁。他们积极而又广泛的参与和认可，会把博物馆的活动信息带到身边亲人、朋友及所在团体当中。这样，无形当中为博物馆创造了良好口碑。另外，博物馆志愿者也比一般社会公众更多更自觉地撰写新闻稿、感受性的文章和发放宣传品，或者广泛参与国际博物馆日、文化遗产日、文物法颁布周年宣传日、博物馆流动展览等的集中宣传活动。这些都非常有利于博物馆扩大社会影响，树立良好的外部形象。

1. 首都博物馆志愿者讲解佛教展厅　2. 首都博物馆志愿者参与“博物馆探秘”活动　1 | 2

另外，博物馆志愿者利用自身优势，在对外联络、观众组织、社会调查、网页制作、外文翻译、活动策划、专题培训和工作监督等方面都有更广阔的用武之地，关键要看博物馆自身如何对其进行有效的组织和管理。而且随着博物馆社会教育职能的不断拓展，还有更多可参与的新内容。

以首都博物馆为例，志愿者的主要工作为讲解接待和参与社教活动。讲解包括常设展览和临时展览的讲解。首博共有十个常设展览，志愿者们分展厅定时为观众提供讲解服务。在2008年奥运会期间，首博举行了四个临时展览，规模空前，观众参观热情高涨。为了满足观众的需求，首博特别从清华大学、中央民族大学和北京城市学院等高校招收志愿者，进行了培训，专为特展服务。奥运会期间，这些学生志愿者热情地为观众讲解，并承担了服务引导工作，他们这种精神受到了馆内工作人员的好评，同时也得到了观众的大力赞赏。除此之外，首博的志愿者还经常参与“博物馆探秘”、“编制我们的家”、“中国结”等教育互动活动。经统计，2006至 2008年志愿讲解超过30000小时，在2009年则超过10000余小时。

(三) 博物馆志愿者的作用

博物馆志愿者的出现，对博物馆事业和志愿者本人都大有裨益。其主要作用体现在以下几个方面：

1. 社会资源

博物馆作为文化教育机构，并常年对公众开放，其志愿者除了必须要有相对固定的余暇时间，还要有较高的文化层次和一定的表达能力。因此，志愿者首先是一种人力资源。通过博物馆志愿者的活动，可以为博物馆提供人力，增加人手，使一些需要办而因缺少人力办不成的事得以办成。中国国家博物馆的志愿人员约200名，自2002年至2004年底，讲解30000小时，大大弥补了该馆专职讲解员的不足。由于志愿者中不乏有学识有能力的人，所以，志愿者还是一种重要的智力资源，能为博物馆提供许多智力支持，使博物馆的许多活动办得更出色，更有效益。由于有了人力和智力的支持，使博物馆可以适当弥补工作人员的不足，乃至减少正式工作人员，从而扩大运营范围，降低运营成本，提高服务水平。

2. 完善自我

对于志愿者，在不计报酬、无私奉献的前提下，也可以实现自己的一些愿望。如免费、经常参观自己心仪的博物馆，深入学习相关知识；可以结识共同爱好者和新朋友；可以锻炼自己的社交能力；可以充实自己的业余（退休）生活；可以开阔眼界，增加人生阅历；可以得到发挥自己的能力、受到人们尊敬的机会，实现自我价值，等等。博物馆在不损害本身利益的条件下，应尽量甚至创造条件满足志愿者的这些愿望。

3. 转变风气

志愿者对社会的最大影响是转变社会的风气。博物馆志愿者的参与，首先是给博物馆带来了活力。博物馆的工作人员从志愿者能学到无私奉献的精神，受到感染和激励，甚至感到压力，从而促进工作效率和工作作风的转变。更重要的是在全社会树立起关心公益、以奉献为荣的良好社会风尚，有利于社会主义精神文明的建设。一个人特别是青年当志愿者的经历将会对其今后的人生道路起到良好的导向作用。

4. 桥梁作用

志愿者来自社会，而且是社会中关心博物馆的一群人。博物馆志愿者具有社会人与博物馆人的双重身份，某种程度上既代表了社会对博物馆的实际需求，又参与了博物馆文化产品的创造。志愿者在博物馆的广泛参与，既让博物馆更多地得到了社会的支持和帮助，又使社会更好地了解与认识了博物馆。因此，志愿者自然而然地架起了博物馆与社会间的桥梁。通过志愿者，博物馆得以及时了解社会对博物馆的需求，同样，博物馆的情况也能及时传递到社会，促进了博物馆与社会的了解与沟通。

5. **扩大宣教队伍，丰富宣教形式，加速博物馆宣教工作的社会化进程**

志愿者参与博物馆讲解、宣传和接待等各方面的社会教育工作，最显著最直接的效果是一线人员数量增多，为社会公众提供的信息和服务更加细致周到。另外，志愿者的参与显然不单纯是人员数量的增加，也使博物馆的宣教形式变得更加丰富多彩，更加能够满足博物馆观众多方面的社会需求。更为重要的是，志愿者活动的深入开展使博物馆自身日益融入社区，社区公众的博物馆主人翁意识和关心博物馆公益事业的热情不断得到加强，这反过来又会使博物馆不再故步自封、孤军奋战。由此可见，博物馆志愿者无论对博物馆还是对志愿者都是十分有益的。

（四）志愿者的规范管理

规范的志愿者活动从招募开始。招募一般分为发布信息、组织报名、考核录用几个步骤。招募信息的发布是必需的，例如，有了初步的意向之后，可以直接同有关单位和社团组织联系共商招募事宜；也可以通过新闻媒体、广播电视等形式发布；也可通过网络手段进行招募……在博物馆开展志愿者工作的不同阶段、不同目的，其信息发布的形式也应当有所侧重。志愿者在明晓招募信息之后，根据博物馆的要求，进行报名登记。

1. **重视面试**

面试是博物馆选拔志愿者必不可少的环节。通过面试，博物馆能更深入了解志愿者的参与动机、知识特长、精神气质、健康状况、性格特点、语言表达等，并进行综合性的调查分析与考核，进而确定参与志愿者培训的先期人选。同时，志愿者也能了解博物馆的一些具体情况。这为以后安排合适的岗位、缩短磨合时间创造了条件。如首都博物馆志愿者工作，非常重视前期筛选和面试，也得到了各级馆领导的大力支持与帮助，每次志愿者面试馆长们都会亲自参加，担任考官，坚持现场考核。志愿者的定期体检也是首都博物馆志愿者工作的特色之一。这一点展现了首博对每一位志愿者以及来馆参观的观众认真、负责的态度。

2. **建档与协议**

博物馆志愿者与博物馆之间是双向认可关系。比起正式职工，他们

1 | 2
3

1. 首都博物馆郭小凌馆长参加志愿者面试　2. 志愿者培训——与天津博物馆讲解员交流　3. 首都博物馆志愿者工作年终总结大会

的流动性大，相互间缺乏了解，因此必须重视建档。档案记录着志愿者包括未被聘用人的信息，特别是每个人的特长。档案内容还应包括培训记录，工作记录，考核情况以及观众反馈等。这是重要的人力资源信息库。协议是用契约形式规范了博物馆与志愿者的关系，为双方的责任、权利和义务，提供了法律的保证。

3. 加强培训

博物馆是知识、信息荟萃的场所，志愿者在观众眼里就是博物馆的代表。他们的言行必须规范，符合博物馆的要求。因此，必须加强培训。要制定周密的培训计划，不仅要培训有关业务知识，而且要培训礼仪、规章、制度。不止是上岗前培训，而且应视具体情况多次培训。如首都博物馆，对于新加入志愿者队伍的志愿者，进行一系列的上岗前培训，博物馆学基础知识、文物的基本常识、基本陈列的现场讲解、陈列展览文物知识讲座等。培训采取课堂授课、现场讲解及实地参观相结合等多种形式。而对于在岗服务的志愿者则提供外出参观学习、临展特展知识讲座等教育培训。

4. 不断总结

博物馆志愿者在我国还是一个新事物，尽管境外博物馆已有成熟的经验，但各博物馆具体情况不一，不能完全照搬。因此，无论是博物馆还是志愿者都需要不断总结，不断调整。此外，相关兄弟馆应加强联系，相互借鉴。

二 博物馆会员

(一) 博物馆会员概念

推行会员制是国际博物馆的通行做法，市民只要缴纳一定的会费，便可以成为博物馆的会员并享受到博物馆提供给会员的高端文化服务。

在美国，会员制是博物馆的一大特色，几乎每个博物馆都有自己的会员组织。会员每年所缴纳的会费是博物馆一个稳定而可观的收入来源，而更重要的是博物馆通过会员组织在社会各阶层、各领域建立了一个核心支持群体，他们在为博物馆提供各种帮助方面具有不可估量的价值。各个博物馆历来都十分重视培养自己的会员，尤其是培养以专业人员为主的年轻会员，因为他们深信博物馆潜在的捐赠者、赞助人甚至是董事会成员就会存在于这此人中⑤。例如，美国大都会博物馆的会员费收入占到全部自筹经费的14%，是位列第三的收入，会费收入具有来源稳定，无限制条件(许多捐赠有限制条件)的特点。并且，会员也是捐款的重要来源，每位会员都是潜在的“财神”，其带来的收入不仅仅是会费，因此美国博物馆都很重视发展自己的会员组织，基本上各博物馆的会员制不尽相同。但是会员资格均为一年有效，需每年交纳年费，一般没有终身会员。会员享有的基本权利是免费参观（不限次数）和购物打折。常见的是分等级的会员制度，按交纳会费多少享有不同权利⑥。

再者，如纽约古根海姆博物馆（Guggenheim Museum），在2005年年末为本馆“青年收藏家协会”（young collectors council）举办了年度专场晚宴。这个协会是由年轻专业人士组成的会员组织，每年缴纳的最低会费为500美元，除了可以享受不限次数免费参观、携带友人免费参观、在博物馆购物打折等优惠外，博物馆每个月都为这些人举办特殊活动，比如参观画廊、私人收藏、艺术博览会，拜访艺术家工作室，出席预展、宴会等。这场年度晚会可以说是一年活动的高潮。为了准备这场晚宴，博物馆花了40个小时用数百米勃艮第帷幔、1000朵长茎玫瑰和6头真牛大小的机器牛将大厅装扮一新，70位身着小礼服的侍者一字排开，旁边是180瓶香槟和144瓶伏特加，同时，时装界大腕儿、模特儿和明星纷纷前来捧场。几位当红的艺术家捐出了自己的作品，并在晚会上拍卖，共筹得16.85万美元资金，所得款项均归博物馆所有⑦。

（二）首都博物馆的会员

目前，中国的各大博物馆也纷纷效仿，展开会员制活动，例如湖南省博物馆、首都博物馆、苏州博物馆等，以下仅以首都博物馆会员制为例作一些介绍。

首都博物馆会员俱乐部，又名“首博之友”，是首都博物馆组织成立的会员制团体，面向全国积极吸纳热爱北京历史文化、热衷博物馆事业的各界人士。社会是博物馆赖以生存和发展的基础，组建和发展博物馆会员是我们充分利用社会力量办馆的一大举措。组建首都博物馆会员俱乐部旨在搭建广大关心、热爱、支持博物馆事业的有识之士与博物馆进行沟通、交流、互补的平台。我们提倡“人创造文化，文化激励人”的精神，并将努力营造人与文化互动的氛围，引导文化消费、文化享受的思想理念。在相关政策的范围内，首都博物馆会尽可能从会员的需求出发，有效利用、整合博物馆所特有的文化场所和文物资源，向会员提供完善的服务。

首都博物馆专家王春城与嘉宾交流、鉴赏瓷器艺术

首都博物馆的会员工作目前正处在探索、推广阶段，在撰写《首都博物馆会员制章程》的基础上推出《首都博物馆小会员实施方案》，实施中普通会员、儿童会员和机关会员的推广初见成效，目前正在策划推出高级会员活动计划和方案。根据《首都博物馆会员制章程》以及高级会员服务项目（草案），通过组织各种类型和形式的高级会员推广会等活动，不断修改和完善会员章程，并达到吸收和扩大会员队伍的目的。

2007年，在国庆、中秋两节之际，首都博物馆曾经在地下一层竹林庭院举办以瓷器艺术赏析为主题的音乐冷餐会，本市企、事业界人士和社会名流30余位到场，馆内专家王春城先生就瓷器艺术与嘉宾进行现场专题讲座、指导会员赏析文物并解答疑问。嘉宾们同时观赏了“卢浮宫珍藏展——古典希腊艺术”、“潘玉良画展”，特邀乐团进行现场演奏。此次高级会员制推广活动的独特之处就在于，这种在专家指导下近距离赏析文物是首都博物馆开馆以来第一次全新大胆的尝试。

多种类活动的目标是通过活动来激发会员参与互动的兴趣点，让会员们对首都博物馆高级会员制有更深层次、更广泛、更全面的了解，并积极有效地参与到会员活动中来。

目前，我国的各大博物馆推行志愿者及会员尚处于起步摸索阶段，尽管某些知名大型博物馆已经取得了相当不错的成绩，但与国外大型博物馆相比，还有很多需要要学习借鉴的地方，特别是在理念方面有待更深入的思考。另外，要根据我国国情，大面积推广博物馆志愿者和会员制度还是需要一个阶段的，这也是未来博物馆人的重要任务。

注 释

① 张天莉：《北京地区博物馆志愿者工作的探索和研究》，阎宏斌、郑智主编《社会化视野下的博物馆教育》，文物出版社，2006年。

② 果美侠、阎宏斌：《故宫博物院的志愿者工作》，阎宏斌、郑智主编《社会化视野下的博物馆教育》，文物出版社，2006年。

③ 冯莹：《关于博物馆志愿者工作的调查和思考》，《碑林集刊》第十三辑。

④ 汪培梓：《博物馆志愿者活动的开展及其在宣教工作中的意义》，《明清海防研究论丛》，广东人民出版社。

⑤ 唐泽慧：《抓住未来的赞助者——谈美国博物馆的会员发展策略》，《中国美术馆》2006年第2期。

⑥ 穆言：《欧美国家的博物馆如何向民众开放》，《政工研究动态》2008年第5期。

⑦ 唐泽慧：《抓住未来的赞助者——谈美国博物馆的会员发展策略》，《中国美术馆》2006年第2期。

博物馆临时展览的策划与实践

随着中国博物馆事业的迅猛发展，越来越多的临时展览得到举办。相对常设展览来说，临时展览不但能更为广博地介绍文化艺术，还更加富有创意色彩和灵活特性。在今天这个“快餐文化”时代，人们希望在较短周期内接触新鲜事物，体验意料之外的惊喜。所以，成功的临时展览备受观众青睐，常常使举办者成为新闻焦点，轰动一时。成功的临时展览是博物馆得以良性发展的推动器，是博物馆提高美誉度并树立知名品牌的捷径。因此，博物馆业务人员必须掌握临时展览策划规则，探索实施模式，使临时展览具有可操作性、创新性，防止展览内容与形式千篇一律、僵化死板。

一 临时展览的选题

展览选题是非常重要的一个问题，对临时展览的成败有相当大影响。做出恰当的选题等于成功了一半。所以，策展人应该结合实际情况，经过深思熟虑再确定展出什么。策划人员可以从以下几个方面考虑如何选题：

（一）结合社会热点，举办“应景”展览

我国博物馆的基本任务是举办各种陈列展览，提高整个中华民族的思想道德素质和科学文化素质，促进社会主义精神文明建设，为社会主义现代化建设服务。因此，博物馆应当具有敏锐的社会观察力，在条件允许的情况下举办相关展览，以向观众宣传时代精神，弘扬进步文化。

例如，2008年时值北京奥运之年，位于鸟巢附近的中国科技馆新馆策划了“奇迹天工”展，借奥运之机宣传中国古老的科技发明，同时与“科技奥运”口号相呼应。首都博物馆在第29届奥运会召开前举办过“卢浮宫珍藏展——古典希腊艺术”和“2004年雅典奥运会开幕式服装道具展”等，提前向观众介绍奥运文化。奥运期间，首都博物馆又隆重推出了“中国记忆——5000年文明瑰宝展”、“公平的竞争——古希腊竞技精神展”、“紫禁城内外的竞技游戏”等大展，全力向海内外观众宣传伟大辉煌的中华文明，展示灿烂北京历史并展示中国人的精神风貌和体育精神。“中国记忆——5000年文明瑰宝展”尤为突出，它前所未有地汇集了26个省市55家博物馆的169件镇馆之宝，件件都属于国宝级的“明星”文物，浓缩了博大精深、海纳百川、历久弥新的璀璨华夏文明，吸引了数十万观众前来参观，取得了巨大轰动效应。

1. 首都博物馆“卢浮宫珍藏展”展厅一角　2. 首都博物馆“古希腊竞技精神展”展厅一角　3. 首都博物馆“中国记忆展”中展出的秦代兵马俑　4. 首都博物馆“紫禁城内外的竞技游戏展”中展出的清代冰鞋　5. 国际友人参观“雅典奥运会开幕式服饰道具展”

2009年是中华人民共和国成立60年华诞，中国国家博物馆为此推出了“复兴之路”大展，介绍中国近代以来的革命与建设历程。首都博物馆也策划了一些大型展览，旨在增强观众的爱国热情和民族自豪感。

(二) 结合博物馆自身特色，举办辅助性临时展览

如中国人民抗日战争纪念馆推出过“二战飞机模型展”、“抗战漫画展”，中华世纪坛世界艺术馆展出过“伟大的世界文明”、“从莫奈到毕加索”等反映外国艺术的展览，中国美术馆举办过“盛世和光——敦煌艺术大展”，首都博物馆则推出带有地方民俗性质的“牛年

1 2
3 4

1. 首都博物馆“牛年说牛”展展厅一角　2. 首都博物馆“虎跃千年”展展厅一角　3. 首都博物馆“早期中国”展部分展出文物　4. 首都博物馆“千古探秘”展中介绍水下考古的部分

说牛”、“虎跃千年”等特色展览。很明显，如上各个博物馆的临时展览选题基本都与自身性质有关。从这点来说，专业博物馆在选题方面受到的局限性较大一些，例如自然类博物馆通常不会举办历史文物展，美术馆通常不会举办地质标本展。而综合性博物馆就相对自由许多，可以根据需要选择展览题目。

(三) 举办学术价值较高的展览

2009年夏秋季节，首都博物馆推出了“早期中国——中华文明起源展”和“千古探秘——考古与发现”展览。前者是对“中华文明探源工程”阶段性研究成果的总结，以考古发现为基础，运用全国13个省、自治区、直辖市共23家单位的200余件（套）重要文物，展示前3500年至前1400年中华文明的起源、形成及早期发展状况，是我国第一次以展览的形式向社会公众宣传、展示中华文明的起源历程。后者借助出土文物和考古模型展示考古学如何复原已经逝去岁月的遗存和尘封的历史。该展以我国重大考古发现为主要载体，汇集了从商代到清代的200余件（套）文物，这些大多为考古发掘品，说明涵盖了文物年代、出土地点、尺寸等文物资料信息，除了使观众欣赏到精品文物外，还能了解到考古学及其相关知识，感受到文物的艺术价值、历史价值及社会价值。此类学术性很强的展览能够体现博物馆的学术水平，也是博物馆应当予以重视的选题，但它们最大的问题在于不容易引起观众兴趣，从而影响展览的社会效益。因此，如何做好宣传、做好引导是学术性较强展览举办者需要仔细思考的。

（四）为了吸引观众举办和世俗流行文化相结合的展览

2010年首都博物馆勇敢创新，与香港世英腾韵有限公司合作，第一次举办了以雕刻珠宝为内容的展览。此举初步转变了群众对博物馆的通常印象，告诉人们博物馆不仅仅是收藏或展出古董的地方，还可以举办多种其他形式的令观众喜闻乐见的展览。诚然，博物馆从世俗文化中汲取灵感并不意味着走向庸俗，而是为了更近距离地贴近群众，满足人民的精神层面需求。实际上，珠宝展侧重展现的是工艺美术这个艺术门类，目的在于让观众欣赏经过艺术加工的大自然结晶，绝对不同于商业化的珠宝店铺陈设。

首都博物馆“心语神工——雕刻珠宝艺术展”中展出的精美项链

（五）制定长期临时展览战略，有计划、成体系地推出临时展览

如果把上述各种选题思路归纳到一个完整体系中，有计划、有步骤地策划筹办，就会更加科学更为规范地进行临时展览的准备工作，避免东拼西凑或临时抱佛脚。

有了完整的临时展览体系，策展人就能够有条不紊地进行规划，在做出选题后应当拟写一份详细的展览策划书，讲述选题意义、内容与形式设计草案、宣传方案草案等内容，为后面的具体实施工作打下基础。

二 临时展览的准备

确定好选题后，博物馆展览筹办人员应当开始开展联络、确定展品、签署协议、安排人员、招标采购、搜集资料，为临时展览的实施做好准备工作，而其中的若干项尤为重要。

（一）联络沟通

博物馆举办一次临时展览往往要和国内外其他博物馆或文化机构进行合作，这就需要策展人员同合作方保持密切联系，随时沟通，尽快解决双方合作领域出现的一些问题。首都博物馆举办的《中国记忆——5000年文明瑰宝展》涉及数十家合作单位，因此特别需要及时联络，以免出现信息漏洞。

若缺乏细致的沟通，就会带来许多意想不到的麻烦。2010年2月6日至3月20日，首都博物馆与意大利文博界合作，举办了《利玛窦——明末中西科学技术文化交融的使者》展览。本次展览布展前夕，意大利文

首都博物馆“利玛窦展”布展现场

物没有按照原定时间到达首博，而是拖延了几天，这就打乱了计划，给布展带来紧张因素。另外，意大利工作人员并没有像事先说好的那样自备展托、挂钩等用具，导致文物上展速度受阻。究其原因，一方面可能是意大利人出了疏漏，另一方面也不排除双方在沟通过程中产生误解，混淆了时间和概念。即便在面对面与意大利人一起工作的过程中，语言的隔阂也会经常带来误解。在本次展览上，原计划展出一组上海博物馆藏的明杜堇《十八学士图屏》。然而，意方策展人米尼尼在设计中按照自己想法打算将其分开陈列，这一点和中国的文博规矩相违背，致使上海博物馆不同意展出该文物。这也说明，注意东西方文化差异进行沟通是极其必要的。

(二) 确定展品

确定展品的任务需要由业务能力较强、展览经验丰富的人员承担，他们应根据展览主题有层次、有目标地遴选展品，既要重视展品的精彩性、丰富性，也要重视展品的整体性、代表性等。有时候，遴选展品要亲临现场，甚至反复修改方案。2008年首都博物馆“中国记忆——5000年文明瑰宝展”在展品挑选上依照“文明之路”的主线，不求面面俱到，而是突出亮点、重点，通过那些兼具历史、科学、艺术价值的中华瑰宝来展现中华文明，这样让展览的主题表现更具有高度、深度、广度。为了使展览能够反映中国文明的发展历程，根据中国文明的特点，展览以时间为纲，分成几个时段，并按时段筛选出该时期最能代表中华文明的文物，在展览中深刻探究文物的精神内涵，同时兼顾展品的所属阶层，形成上层与下层、宫廷与民间的平衡，以期对“中华文明之光”有更加全面的展现。

（三）搜集资料

搜集资料是准备工作中比较复杂且消耗时间的步骤。为了撰写展览大纲和具体的文字内容，办展人员必须事先搜集充足的信息资料，主要包括相关书籍、期刊、论文、照片、影像、地图、图画等。这些资料可以在书店购得，可以在图书馆查到，还可以在网上搜寻，渠道多种多样，非常广泛。设想首都博物馆筹划一个名为“恭亲王的艺术生活”的展览，其筹划人员至少应当找到《恭王府沿革考略》、《恭王府典卖地产、土地之经过》、《清代宗室王公封爵制度考析》、《王府生活实录》、《清代恭王府用瓷浅谈》、《试论恭王府家具的规格》、《明式家具在清代王府中的使用》、《恭王府及花园》、《郎世宁在王府中的绘画创作》等上百本（篇）图书或文章，然后对这些资料加以分析甄别，挑选和展览内容关系紧密且严谨翔实的留下使用。遇到仍然存在争议的问题，要么重新论证清晰，要么加以注解。总之，大量搜集资料的主要目的在于保证展览内容的正确性和客观性。

三 临时展览的设计

博物馆陈列是在一定空间内，以文物标本为基础，配合适当辅助展品，按照一定主题、序列和艺术形式组合成的，进行直观教育、传播文化科学信息和提供审美欣赏的展品群体。陈列大纲是针对展览题目设计的指导方案，是展览的核心线索和框架结构，同时左右着展览形式的风格。临时展览的陈列大纲多种多样，没有固定的模式，原则在于清晰明了地展现内容，突出主旨。根据首都博物馆举办过的一些临时展览，本文总结出几种常见的陈列大纲结构，以字母或几何象形的形式表达出来，仅供参考：

（一）直线型

直线型架构是最常见的临展架构，它以时间顺序、地点顺序或事情发展顺序为逻辑安排展览内容，引导观众沿着一条直线般的陈列线索参观，自始至终都不会遇到主题思想的分岔。直线型架构清晰、明确、易懂，有利于突出展览的主题思想。每个展览单元的规模基本相同，它们仅仅在先后顺序上体现差别，并无主次之分。一般来说，带有通史性质和叙事性质的展览适合使用这种架构。

首都博物馆2008年举办的“中国记忆——5000年瑰宝展”，即采用直线型架构。该展览旨在借北京奥运之机向全中国乃至全世界人民宣传伟大灿烂的中华文明，因此展出了中国历史上各个时代的国宝级文物珍品。该展览的主题只有一个：中国古代先民创造了令人惊叹、璀璨夺目的精神和物质财富。所以，首博研究人员根据它的固有特点设计出一条直线型展览架构，即以历史发展时间为顺序，把展览先后分为“曙光

首都博物馆“中国记忆展”序厅

初照”、“礼乐安邦”、“盛世华章”、“古典终结”几个部分，分别讲述了史前文明、先秦文明、汉晋文明、隋唐文明、宋元文明、明清文明，前后跨越五千年。这几个时段的文明都依次存在承接关系，顺序不能打乱。观众参观也最好沿着这条直线前进，否则不容易体验中华文明从简朴到复杂、从单一到多元的进步历程。

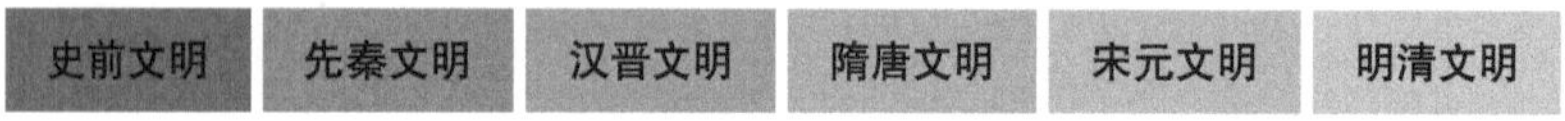

（二）“串”字型

“串”字型构架是直线型构架的变化版。就像“串”字字形体现的那样，它有一条主线，同时有若干相对独立的单元依次穿在这条主线上。它和直线型架构最大的不同在于，各个单元虽然都反映共同的主题思想，但彼此之间都没有明显的因果关系。这种架构适合于同时表现多个文明、多个故事的综合展览。

首都博物馆2006年成功举办的“大英博物馆250年之珍藏展”就采用的“串”字型架构。该展宏观展现了古代世界文明，共分为埃及、两河流域、希腊、罗马、古代欧洲、古代亚洲、古代非洲、古代美洲和中世纪文艺复兴几个部分。与“中国记忆”不同的是，该展各个部分之间不存在前因后果的关系，每一部分都可以独立成章，展览内容在数量上和质量上也都是比较均衡的。

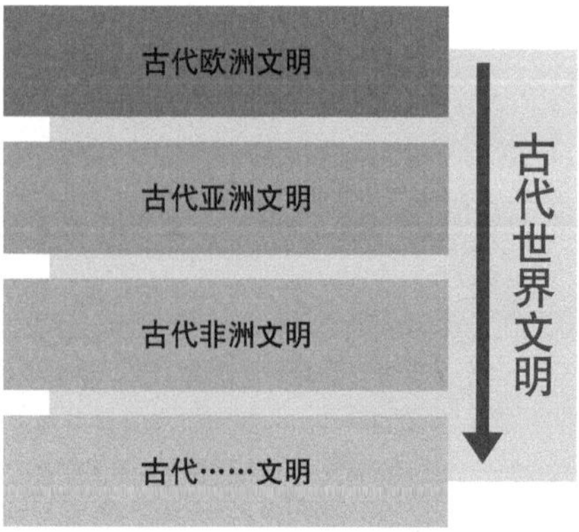

首都博物馆“大英展”中展出的古罗马文物

(三) 平行线型

顾名思义，平行线型架构至少具有两条主线，彼此不存在交叉，分别讲述自己的故事。这种架构适合于类比或对比题材的展览。

中华世纪坛世界艺术馆2009年举办的“秦汉—罗马文明展”采用的是平行线型架构。众所周知，中国的秦汉时代与欧洲的罗马文明几乎处于同一个时间段，一东一西遥相呼应。秦汉文明可以视作中华文明的重要源头，而罗马文明也是西方文明的重要组成部分。两大文明虽然有过一次非常偶然的间接接触（罗马帝国元首安东尼派使者给东汉桓帝送象牙），但基本上是彼此隔绝、互不了解的。从这一层面来说，秦汉与罗马本身就是两条互不相交的平行线。

所以，“秦汉—罗马文明展”采用两条主线叙事的办法，让观众比较秦汉文明与罗马文明的异同。在设计上将秦汉文物和罗马文物穿插摆放，以便突出其差异性和相似性。

(四) 同心圆型

同心圆型架构是把展览各单元按照从大到小、从外到内、从宏观到微观、从表象到本质这样的逻辑顺序排列，像剥洋葱一样解析问题，层层深入，层层具体，最终使观众把焦点落在思想内核上。这种架构适合于主题思想较为抽象深奥的展览。同心圆模式可以帮助策展人员深入浅出地把难以理解的问题介绍给观众。中国人民军事博物馆2008年举办的“制胜之道——孙子兵法暨中国古代军事文物精品展”采用的便是这种架构。

(五) 放射线型

放射线型架构通常有一个中心主题，各个部分的内容互相没有关联，也不分主次，但都是围绕着这个中心主题为它服务的。如果想非常详细而深入地对某个主题进行剖析，建议策展人采用这种架构。例如，中国园林博物馆策划的“中国园林发展史”展览，即采用了放射线型架构，如图所示：

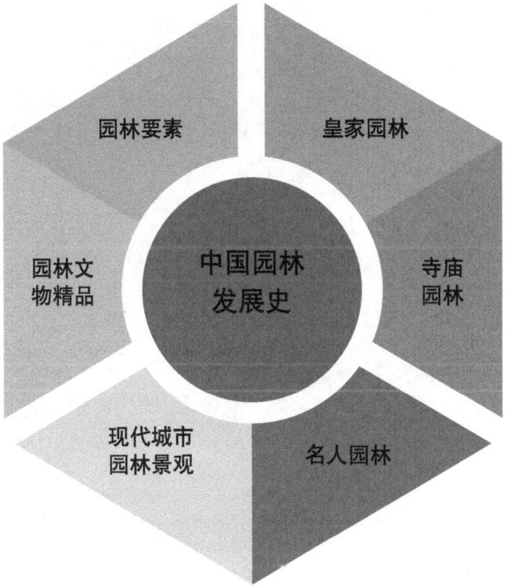

(六) “田”字型

“田”字型架构是把几个部分自由地安排在展厅内，不受固定展线的束缚，各个部分内容是均衡的，而且不分先后，观众可以随意观看任何一个部分。这种架构适合于形式比较自由、设计感强的展览。

首都博物馆举办的“城市记忆——百姓之家”，可以归为此型架构的展览。

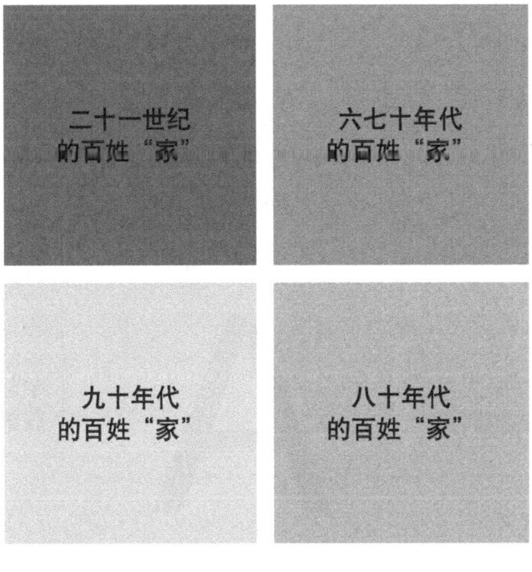

首都博物馆“城市记忆”展中的“六七十年代的家”场景

(七)“A”字型

“A”字型架构是一个展览由两条线索开始，看似互不相交，但本质上为了表达同一个意思，到最后还是归于同一个核心思想。

首都博物馆举办的“两段旅程，同一目标”展览是这种架构的完美体现。它通过中国记者赵丽塔在泰国的旅游观感，以及泰王国公主诗琳通在中国的多次访问感受，分别以独到的视角拍下的照片，展示了中泰两国美丽的自然风光和人文景观。

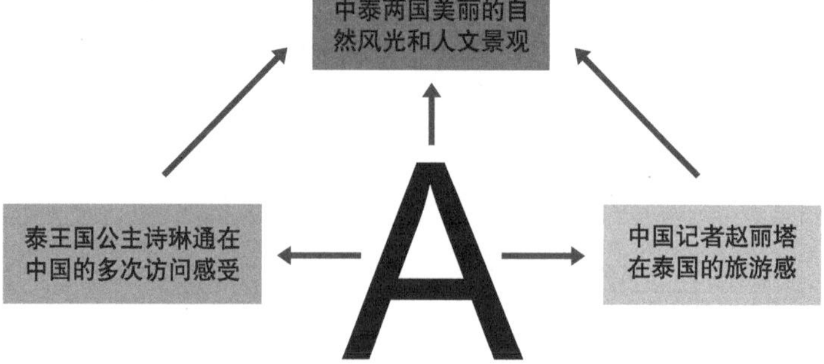

(八) “V”字型

V

“V”字型架构是从一个中心点开始，然后分成两个脉络阐述。这种架构适合于表现从同一样事物衍化出来的不同发展方式，犹如双胞胎兄弟，系从一卵而生，成长的历程却不一样。

首都博物馆举办的“中国清代外销瓷展”采用了这种架构。该展重在说明清代外销瓷既保留了中国陶瓷彩绘艺术的传统，又汲取了欧美艺术精华，是中国文化和西方文化相互交融的结晶。中国外销瓷以其晶莹的质地、美丽的色彩吸引了欧洲上流社会的关注，西方宫廷贵族竞相收藏。同时向海外输出的还有中国外销家具、纺织品、壁纸、金属器等，刮起欧洲设计领域持续一百多年的“中国风”。

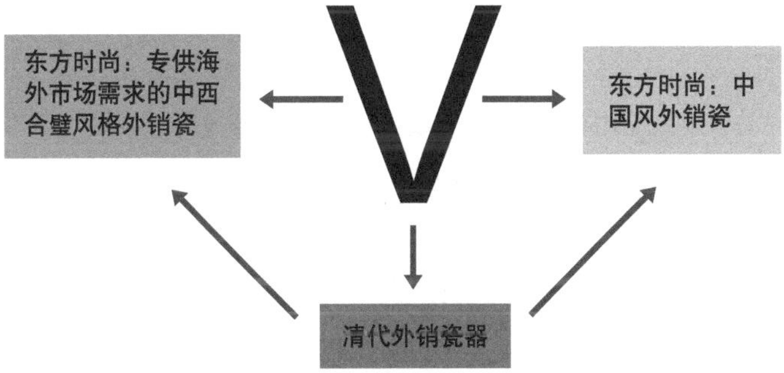

首都博物馆“中国清代外销瓷展”展厅一角

首都博物馆“利玛窦—明末中西科学技术文化交融的使者”展中展示的意大利展品

(九) “H”字型

“H”字型架构是在同一个线索中，不同部分的主次程度不同，通常形成简略而承上启下的过渡部分。

首都博物馆举办的“利玛窦——明末中西科学技术文化交融的使者”展览属于这种架构。该展设计的基本思路是按照利玛窦成长、学习、远航、传教、去世的人生历程和旅行足迹布置展厅，摆放展品，从而让观众循着利玛窦的路线参观，仿佛透过利玛窦的眼睛身临其境般地体验16世纪欧洲与中国的社会风貌。因此，展览主要分为三大部分，即“利玛窦在欧洲”、“利玛窦在海上”、“利玛窦在中国”。

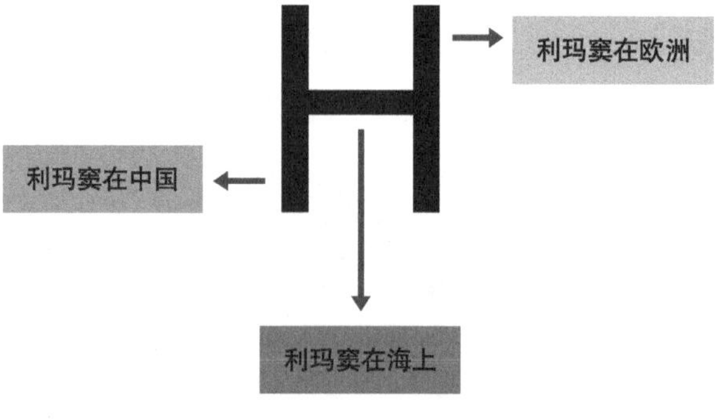

首都博物馆“虎跃千年”展展厅

(十) “T”字型

“T”字型架构与“A”字型、“V”字型架构有相似的地方，都是采用分别描述的方式对中心思想进行阐述。但“T”字型架构不是一上来就采取分别展示的策略，而是先在一两部分中把核心思想总体阐述一番，然后再进行分别展示。首都博物馆举办的“虎跃千年展”就是这样的架构。

上述10种展览架构仅仅是比较常见的，肯定还有其他类型的架构，限于篇幅，笔者在此不一一探讨。

四 临时展览的实施

(一) “八个一”要求

首都博物馆经过了一百多次的展览活动实践，在此过程中涉及策划部门、实施部门、管理部门、开放使用部门等，彼此间的矛盾冲突在所难免。经过了无数次的展览协调会，对于怎样建立一套让大家共同遵守又能最终让观众满意的制作展览流程及要求，进行经验教训总结，最终落实到“八个一”要求上：

一本策划书。详细提出策划主题及完成目的，包括展览大纲。

一套专业图录。既包括大部头的专业图录，也包括青少年普及本、通俗简介本、宣传册页等。

一套设计方案。与图录风格相协调的海报宣传画、展厅形式设计、观众互动区设计。

一系列宣传策划方案。各种媒体包括报纸、电台、电视、网站，海报发放、大型广告牌的设立、广告片的拍摄及播放。

一套动态展示录像片。在展厅或博物馆大厅播放的记录展览全过程的影片，为以后留存资料，也为媒体宣传使用。包括选题过程、专家论证会情况、专家评价、观众评价。

一系列有影响的社教活动。不仅包括讲座，也包括研讨会、青少年动手活动、演出活动等。

一系列纪念品开发。伴随展览策划就开始进行的纪念品组织，有特色的纪念品可以让观众把展览带回家，进一步扩大展览影响。

一套开放方案。开幕式的组织、观众的组织，根据展览特点，分析观众构成，推广营销。

正是基于这“八个一”的要求，临时展览工作得以有条不紊地进行，这也逐渐成为一种流程模式。

（二）宣传方案

博物馆举办展览的目的是让尽可能多的观众前来参观，从中得到收获，所以宣传工作是不容忽视的。一个好的展览如果没有得到成功的宣传很可能流于失败。根据首都博物馆近些年的宣传工作，可以总结出一些经验：①利用报纸、杂志、电视等大众媒体；②利用网络；③利用巨幅海报；④利用灯箱、地铁广告、公交广告等公共媒介；⑤印制小型宣传海报、折页和卡片。

通常情况下，这些宣传手段都是同时使用的，因为不同方法有不同优势，也针对不同受众。各种宣传手段要互相配合、步调一致、形式统一、特点鲜明，才能达到更好的效果。

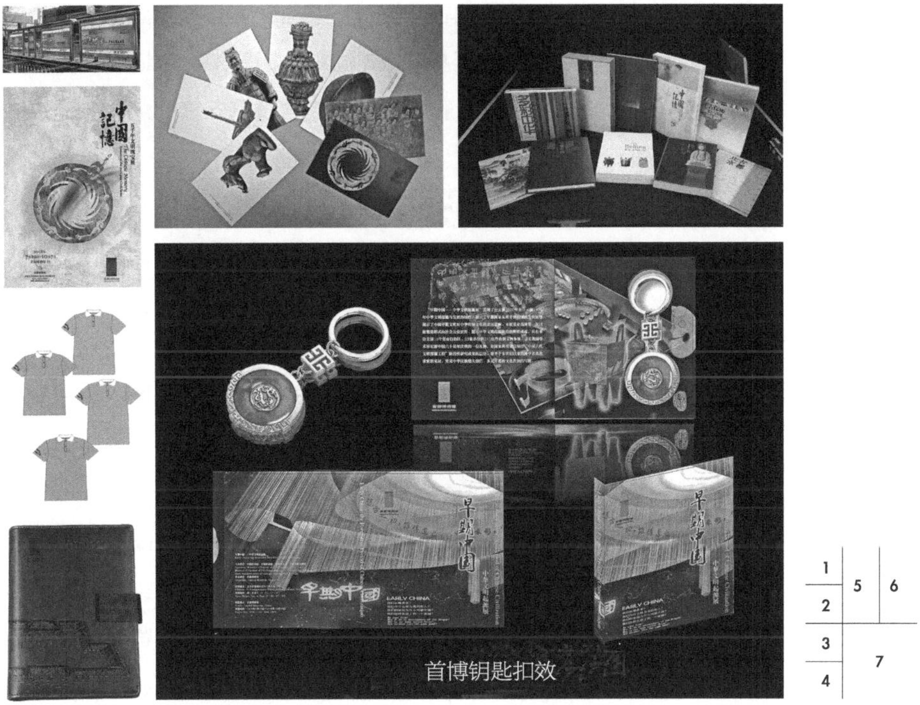

1. “早期中国”展投放的公交候车厅广告　2. 首都博物馆“中国记忆展”海报设计样稿图　3. 首都博物馆“早期中国”展纪念品——T恤衫效果图图　4. 首都博物馆“早期中国”展纪念品——笔记本实物图　5. 首都博物馆“中国记忆展”文物宣传卡片　6. 2008~2009年首都博物馆精品展览图册实物图　7. 首都博物馆“早期中国”宣传展纪念品——钥匙扣效果图

(三) 图录和纪念品

观众参观完精彩的临时展览后，通常会回味无穷。精美的图录与纪念品则是满足观众珍藏之需的不可或缺的产品。

2008年，在首都博物馆五个精品展览展出的同时，配合特展的系列图书也隆重面市。这批系列图书分为四套，与“中国记忆——5000年文明瑰宝展”、“北京文物精品展”、“长江文明展”和“紫禁城竞技游戏展”四个展览相配套，每套分为精装本、平装本，以满足不同层次观众和读者的需要。很多博物馆爱好者由于工作繁忙，无暇到现场参观，又不愿放弃精彩的展览，而配套图书的出版正好满足了他们对展览的渴望。专业工作者为了科研之需，也可以查阅精装和平装本上高清的图片和专业的文字说明。

专门为“早期中国”展策划的纪念品，既突出了展览的特色，又兼具了艺术性和实用性，如手提袋、T恤衫、钥匙扣、笔记本、扑克牌等，内容与形式多样，设计上雅俗共赏又包含展览元素的纪念品，每一种纪念品都设计了各种颜色、图案、款式，满足不同层次观众把展览“带回家”的需求，进一步扩大展览影响。

（四）社教活动

社教活动是把临时展览内容广泛介绍给观众的活动。博物馆社教活动一般包括现场讲解、语音导览、专题活动、公开讲座等。这些活动应当紧密结合展览内容，不断推陈出新。

现场讲解需要高素质的讲解员和精彩简练的讲解词。临时展览的讲解词撰写难度较大，因为留给写作者写作的时间往往有限，而且丰富多变的内容要求写作者具有渊博的知识背景。另外，临时展览讲解词要有别于展牌上的说明文字，要更加通俗轻松一些，让普通观众容易接受。

博物馆社教人员应当根据每次临时展览的内容自主设计一些有趣的针对小观众的专题活动。比如首都博物馆在举办“西天诸神——古代印度瑰宝展”时开发了用橡皮泥仿制印度雕像的活动，引起很多小观众的

首都博物馆社教活动——“秦汉瓦当”活动的制作成品

首都博物馆“远古彩陶”活动制作成品

浓厚兴趣。在举办“卢浮宫珍藏展——古典希腊艺术”展览时，首博社教部推出了临摹希腊陶瓶彩画的活动。这些活动都非常直观地让小观众们对展览留下深刻印象，轻轻松松地学到了很多知识。2009年国庆期间，首都博物馆开展一系列主题社教活动，如：“秦汉瓦当”、“远古彩陶”、博物馆探秘活动之“走进神秘的考古王国”、“神奇小河大发现”等，满足了不同年龄段观众的需求。

又如，2010年4月29日至6月27日首博举办了“心语神工——雕刻珠宝艺术展”，为配合本展览，首都博物馆社教部准备了丰富多彩的社会教育活动，如“星光璀璨——DIY首饰制作”、“感恩小天使——珠宝展母亲节专题活动”。观众通过参与活动，从中能够简单认识珠宝的类型及风格特点，学会欣赏珠宝的造型设计美，了解珠宝的实用功能及其象征意义，并将自己制作的小礼物带回家，为母亲送上一份温馨的祝福。

讲座则主要是针对成年观众的社教活动。根据临时展览的内容安排讲座，请专家学者来博物馆为观众解析展览和展品的内涵，更有助于观众理解展览。

1 | 2 1. 首都博物馆“多彩中华”展开幕式上的马头琴表演 2. 首都博物馆“多彩中华”展开幕式上的《魅力花瑶》表演

(五) 辅助文艺活动

辅助文艺活动是现代博物馆应当多加以使用的“活的”展览。文艺活动不仅能引起观众巨大的参观兴趣，还能更为深入浅出地解析展览的深奥内容，达到良好的教育效果。2009年，首都博物馆为了配合国庆推出的“多彩中华”展览，在展览开幕式上请来著名马头琴表演艺术家齐宝力高先生进行精彩演出，另外还有湖南省隆回县的歌舞团表演《魅力花瑶》节目。首都博物馆讲解员也穿上各民族服装为观众演唱民族歌曲。色彩斑斓的服饰、充满乡土气息的歌舞使观众感受到节日里特有的热烈和欢快。

如上所述，目前首博的临时展览策划实践正在按照这一流程模式进行，虽然有时在一些因素影响下，不能完全达到“八个一”的要求，但对博物馆人和策展人而言，朝着这个目标努力是势在必行的。

把博物馆带回家

——博物馆的文化创意产业

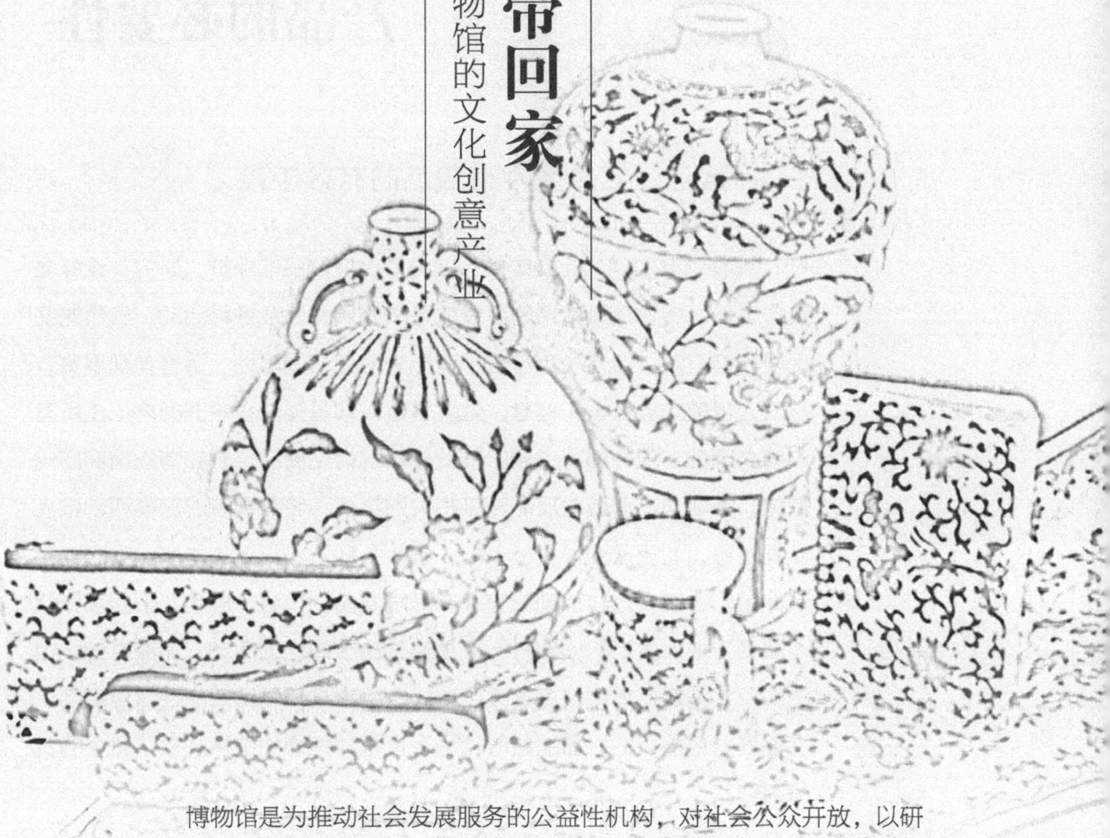

博物馆是为推动社会发展服务的公益性机构，对社会公众开放，以研究、教育和欣赏为目的，收藏、保护、研究、传播和陈列关于人类及人类环境的实物或非实物证据。正因为博物馆的这一特性，如何“把博物馆带回家”成为博物馆满足观众的需求的重要方面。以往，缺乏特色、种类单调、做工粗劣、价格不公的文化产品，充斥着中国博物馆衍生文化市场。因此，博物馆的纪念品也许在很多人的印象中不过是一本宣传册、一件文化衫，或是在很多地方都可以买到的一般工艺品。然而，现在的博物馆纪念品早已不像人们想象得那样简单，取而代之的已是穿上创意外衣的各种时尚商品。

一 开发博物馆文化创意产品的必要性

(一) 展示、宣传博物馆藏品的有效手段

博物馆要实现其社会效益，就必须做好藏品的保护、研究、诠释与宣传工作。博物馆最常用的手段就是举办展览以及各种活动。虽然这些手段非常有效，但还是存在着一些无法避免的局限性。游客参观展览，接收大量的专业知识和信息，绝大多数人却是无法在短时间内记住所有内容。因此，配合展览主题、开发相应的衍生商品，并在博物馆商店内销售，就能通过营造与展品直接相关的氛围，将参观者的购物活动融入参观过程，使展览变得更加有趣，也使参观者获得更加丰富、难忘的参观体验。参观者透过陈列橱窗观看静态展品，再将“展品”带回家，让“展品”成为生活的一部分，或是通过动手制作的活动，加深对博物馆的印象，无疑使博物馆更具吸引力。这些都是博物馆商品在宣传藏品、实现展览传播目的方面的独特优势，也是“把博物馆带回家”概念的具体阐释。

(二) 提升博物馆形象，体现服务于社会的理念

随着人民生活水平的显著提高，对文化需求的愿望也日益强烈，文化消费理念也在逐渐发生变化。现在人们到博物馆不再满足于只参观陈列展览，而是希望在参观博物馆后能带走一些与博物馆有关的纪念品，留作珍贵的回忆或者是馈赠亲朋好友的佳品。因此，产品的创意和质量，关乎博物馆的形象。博物馆的文化产品是

提升博物馆形象的一个重要因素，也是馆内藏品生命的延续，是公众和博物馆馆藏的重要桥梁[①]。为观众提供有意义的文化产品，不仅是每个博物馆必须也是必要的工作任务，而且更能体现博物馆为社会服务的功能。

(三) 博物馆教育功能的延展

教育是博物馆最重要的功能之一，通过开发博物馆商品，能为参观者提供他们需要的信息，辅助增强教育活动的实效。例如，通过与出版社合作，出版与博物馆藏品有关的书籍，就能使博物馆商店为研究人员和普通民众提供专业书籍、研究资料和普及读物。博物馆还可以与学校教师合作，从博物馆的各类藏品资源中选取所需的题材，开发教育类商品。博物馆工作人员在充分理解藏品及其内涵的基础上，选择适当的商品形态，开发相应的教学内容。与此同时，参观者在购买商品后，博物馆的教育功能将走出博物馆，进入他们的生活，以纪念品、装饰、陈设、服饰等形式，传播与博物馆及其展览、藏品有关的知识信息，实现博物馆教育功能的延伸。

(四) 博物馆解决资金问题的手段之一

博物馆商品区别于其他博物馆产品的最大特点，就在于其文化附加值和经济价值。这种可营利性，使得博物馆商店销售的商品能为博物馆带来直接经济利益。20世纪70年代起，西方发达国家博物馆的运营开始走向社会化。在此过程中，博物馆商店从出售参观指南、明信片和商品目录的小柜台，逐步发展成为动辄一两千平方米营业面积的正式商业活动。这不仅是由于购物、留念本身就是博物馆之旅中最受欢迎的环节之一，更重要的原因，源于这些博物馆商店对缓解博物馆经营压力方面的巨大作用。虽然目前我们的大多数博物馆仍然依靠国家财政拨款维持运转，但未来的博物馆发展，自主运营会是必然趋势，因此，创意文化产品的开发是必走之路。

二 以首都博物馆为例

（一）首都博物馆创意产品简介

首都博物馆拥有丰富的馆藏器物约25万余件，其中包含瓷器、绘画、书法、青铜、玉器、佛像、文房、北京民俗等内容。

博物馆开发文化创意产品，就是将博物馆具有典型特色的文物用统一的纹饰表现在不同的产品上，使博物馆的产品具有多元化、系列化、生活化等，以此来推动博物馆的文化产业事业发展，并满足观众的需求。自新馆开馆以来，首都博物馆的文化产品在不断更新，每年产品开发50种，2008年销售额为768万元，2009年销售额为634万元。截至目前为止，首都博物馆工艺品拥有226种，具体产品的表现形式分为五大类：图书、字画、瓷器、青铜器、一般性旅游纪念品。图书拥有近百种，其中均用到馆藏器物为主要开发元素，分别是瓷器、书法、绘画、青铜器、玉器等。

图书　图录是最能反映博物馆文物精品的载体，首都博物馆自行出版的图书近 60 种，其中为临展出版的有10余种，其中《中国记忆——5000年文明瑰宝》还曾荣获全国十佳文博考古图书。

字画　创意产品是以字画为题材，等比例缩小运用印刷方式制作而成的卡画与画片。主要包含这些题材，诸如《草书〈腊梅三咏〉诗卷》、《夏山图轴》、《会心大痴图轴》、《各体书〈金沙帖〉卷》、《楷隶书〈孝经〉卷》、《松岗亭子图轴》、《雨荷图轴》、《骊山避暑图轴》、《江山楼阁图轴》、《仿白石山水图轴》、《万壑千崖图轴》、《行草书韩愈〈进学解〉卷》等。

瓷器 主要以首都博物馆经典瓷器元青花凤首扁壶、珊瑚红地珐琅彩花鸟瓶、青花缠枝葫芦纹橄榄瓶、斗彩葡萄纹杯、青花海水龙纹碗、斗彩五伦提梁壶等为主题，原大复仿制瓷器，开发制作具有代表性的青花凤首扁壶系列产品。

青铜器 主要以能代表北京历史文化西周时期的伯矩鬲、克盉、克罍为主题，复仿制、等比例缩小制作的各种工艺礼品，均可以做为礼品赠送。

一般性旅游纪念品 分为饰品类、文具类，主要面对的消费群体是团体。而饰品类产品较适合具有一定消费能力的群体。文具类产品主要

《中国记忆——五千年文明瑰宝》

精品绘画明信片

花鸟瓶书签

珊瑚红地珐琅彩花鸟瓶

“青花缠枝葫芦纹橄榄瓶”原大仿制品

伯矩鬲造型手链

多穆壶纹笔袋

景德镇窑青花凤首扁壶

伯矩鬲造型首饰盒

伯矩鬲

是面对中小学生。

（二）首博馆藏器物的典型创意文化产品

当今文化创意已经成为时代的主题，作为旅游行业的博物馆更需要与当代主题同步前进。博物馆的文化产品不同于一般商品，它是以向公众传播文化为目标的产品，它的开发必须与公众丰富多样的文化需求相结合，兼具博物馆的社会效益与经济效益。为此，首都博物馆大力开展文化创意活动，精选首都博物馆的典藏器物为主要元素，开发各类文化产品，并朝着表现形式多元化、元素集中化、市场化、文化服务个性化发展。以元青花凤首扁壶为例，于20世纪70年代出土于北京西城区，为元代青花器物的代表作。其为元代的典型器物，首都博物馆瓷器经典之一。扁壶以昂起的凤首为流，以卷起的凤尾为柄，凤身绘于壶体上部，双翅垂至两侧。凤首壶采用多种制作工艺，壶流为模制成型，壶柄以捏塑成型，构思别具匠心。

首都博物馆运用不同的表现形式，开发了近30余种产品，如元青花凤首扁壶仿制品、首饰盒、茶垫、茶具、明信片、储蓄罐、冰箱贴、丝巾、铅笔、笔袋、毛衣链、钥匙扣、耳坠、相合坠等，其中毛衣链、钥匙扣、耳坠、相合坠、首饰盒产品还曾荣获第二届“清华工美杯北京地区博物馆纪念品大奖赛”的金奖。

(三) 大型临展的文化创意产品分析，以个案为例

“卢浮宫珍藏展——古典希腊艺术”展 集中展现了前5世纪～前4世纪著名的“希腊古典时代”的130件大理石雕塑、陶器、金器等精美艺术品，再现了古希腊文明走向巅峰时期的辉煌。配合展览销售图书与工艺品共有1000余种产品，其中销售品种550余种，约1.9万件产品，图书销售7734册，约38万元，总销售额近100万。

经过对销售产品品种、数量分析，除了临展图书，销量排名前十的工艺品单价在15～20元之间。由此可见，如为临展制作纪念品，还是以一般纪念品为主。

通过对观众理想产品的调查分析，可以看出：95%的观众认为产品应具有实用性、便捷性等，几乎所有的观众都在乎产品的质量，且区别于市场常见的产品，而且对产品的创意理念有特别要求。所以，应该首选展览中具有最突出特色的展品，看其在公众的影响力如何；其次结合展览的风格，将产品进行多元化形式展现，突出产品的新颖及艺术性。

(四) 首都博物馆的销售分析策略

除了对临展的创意产品调查，首都博物馆对一般性旅游纪念品销售也进行了合理分析。

1. 消费群体分析

消费群体主要针对三类人群：一为学生团，特别是寒暑假期间，首博的参观客流量有所增加，以中小学生为主，学习首都博物馆的文化，购买所需纪念品留念。二为外地旅游团，由于首博的自身特色和地理位

置优势，使它成为游行者了解北京历史和民俗文化的最好选择之一，深受人们的喜爱。三为国外旅游团。首博的建筑设计理念是“以人为本，以文物为本，为社会服务”，强调“过去与未来、历史与现代、艺术与自然的和谐统一”，2009年被评为首都新十大标志性建筑之一，深受国内外游客的喜爱，众多游客必定会留一些商品作为纪念。

2. 价格定位分析

博物馆区别于其他商场的决定性因素主要有两点：一方面，博物馆的文化产品的单品生产量相对少，这就意味着成本会高于市场，那么售价肯定会走向上的趋势，因此采取品牌定价策略较为合适。另一方面，消费群的购买力相对单一，所以价格是起到关键性作用的，因此采取心理定价策略与折扣定价策略较为合适。

3. 销售策略

截至目前，首博采取的主要销售策略可以归结为以下五点：① 将销售向馆外延伸；② 定期对服务人员培训、讲座及考核，提升服务技能及水平；③ 整合博物馆资源，在辽宁、湖南省博等兄弟单位代销产品；④ 已经开展网上销售工作；⑤ 结合临展进行产品设计销售。

三 国内博物馆文化创意产品分析

目前，国内大、中、小型博物馆在博物馆文化创意产品上也是各显其能，我们有必要对此进行综述分析。具体情况如下：

（一）故宫博物院

2002年，故宫博物院成立了专门的公司，开发其特色纪念品，如千禧龙盘、正大光明匾、清宫御笔、仿太和殿宝座、天尊御绿茶、御膳房极品酒、故宫藏画精品等一批高档次文化商品，同时为满足大众需求，开发了一批有故宫文化气息的丝巾、文具、首饰、通讯夹等有实用功能的纪念品②。同时，故宫在部分临展期间做好随展文物文化商品和纪念品的设计，让每一个游客能有所选择。截至目前，北京故宫开发的文化产品主要包括瓷器、金银器、青铜器、雕漆、珐琅、钟表、织绣、书画等各类纪念品。

1. 瓷　器

大雅斋白地腊梅茶花纹瓶

商品类别：瓷器
商品规格：9.6cm × 12cm × 35.8cm
商品价格：10890.00
瓶撇口，长颈，垂肩，圆腹，圈足。瓶内施松石绿釉。金彩口，下饰如意云头纹一周。外绘粉彩腊梅、茶花纹图案，并书矾红“大雅斋”铭及“天地一家春”印。胫部饰变形莲瓣纹一周。足外墙饰连续回纹一周。底松石绿釉书红彩“故宫博物院·永庆长春”款及编号。

大雅斋白地腊梅茶花纹罐

商品类别：瓷器
商品规格：16.7cm × 15cm × 30.9cm
商品价格：9900.00
罐直口，短颈，长腹，卧足。内施白釉。外通体白地粉彩纹饰，绘腊梅花、茶花纹图案，并书矾红“大雅斋”铭及“天地一家春”印。底书红彩“故宫博物院·永庆长春”款及编号。

大雅斋粉彩腊梅茶花纹双耳瓶

商品类别：瓷器
商品规格：9.8cm × 12cm × 36.8cm
商品价格：11550.00
瓶撇口，直颈，垂肩，圆腹，圈足。颈两侧饰红彩双螭耳。内施松石绿釉。金彩口，下绘变形如意云头纹一周。颈部饰蝙蝠、盘缠八宝纹、缠枝莲等图案。肩部绘如意云头纹一周。腹部绘粉彩腊梅花、茶花纹图案，并书矾红“大雅斋”铭及“天地一家春”印。足外蓝色料彩回纹一周。底松石绿釉书红彩“故宫博物院·永庆长春”款及编号。

大雅斋胭脂红轧道通景绿地牡丹芙蓉花纹灯笼瓶

商品类别：瓷器
商品规格：10.8cm×10.5cm×23.8cm
商品价格：12540.00

瓶口外撇，短颈，溜肩，直腰，胫部收敛，圈足。此种瓶式俗称灯笼瓶。内施松石绿釉。金彩口，颈部粉色彩地上绘缠枝宝相花，肩部饰如意云头纹一周。腹部绿色釉地上绘牡丹、芙蓉花纹图案，并书矾红“大雅斋”铭及“天地一家春”印。近底处饰一周如意云头纹，足外墙饰回纹一周。底松石绿釉书红彩“故宫博物院·永庆长春”款及编号。

大雅斋黄地荷花鹭鸶纹花缸

商品类别：瓷器
商品规格：35cm×18.5cm×30cm
商品价格：23400.00

缸唇口，垂腹，卧足，内施白釉。外通体黄地粉彩纹饰，绘有荷花、鹭鸶纹图案，并书矾红“大雅斋”铭及“天地一家春”印。底书红彩“故宫博物院·永庆长春”款及编号。

2. 金银器

故宫五牛图金条100、200克（限量发售）

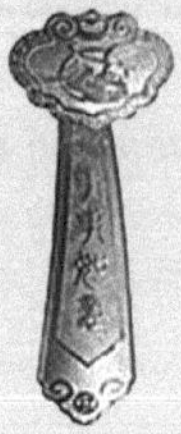

事事如意20克

商品类别:金银器
商品规格：8cm×1.5cm

金瓯永固杯

商品类别：金银器
商品规格：12.5cm×8cm×5cm

西洋套装金茶具

商品类别：金银器
商品规格：21cm×13cm

3. 铜　器

特色铜茶壶

商品类别：青铜器
商品规格：6.5cm×8cm×18cm

铜龙纹香炉

商品类别：青铜器
商品规格：14cm×11cm×19cm

小臣缶方鼎

商品类型：青铜器
商品规格：9.5cm×7cm×5cm

4. 珐琅器

景泰蓝寒春瓶

商品类别：珐琅器

商品规格：10.5cm × 8cm × 30cm

景泰蓝功力瓶

商品类别：珐琅器

商品规格：12cm × 6cm × 24cm

5. 雕　漆

雕漆漆盒套件

商品类别：漆器

商品规格：26cm × 30cm

剔红云龙纹耳瓶

商品类别：漆器

商品规格：11cm × 24cm

6. 钟　表

掐丝珐琅座钟

商品类别：钟表

商品规格：19cm×41cm

蓝地掐丝珐琅钟

商品类别：钟表

商品规格：19cm×41cm

7. 纺　织

故宫特色平安春庆图丝巾

商品类别：织绣

故宫藏印手绢

商品类别：织绣

8. 家　具

黑黄檀一腿三牙大画案

黑黄檀透雕麒麟靠背圈椅

黑黄檀素圈椅

黑黄檀束腰带托泥圈椅

黑黄檀曲尺三屏风围子罗汉床

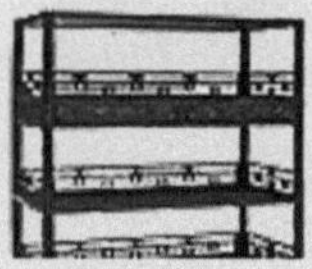
黑黄檀品字栏杆架格

黑黄檀翘头连四厨

黑黄檀官皮箱

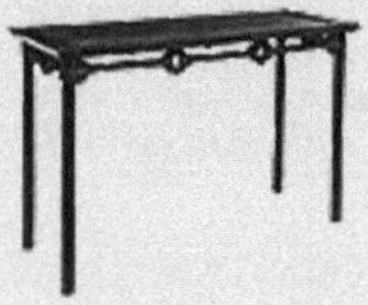
黑黄檀纹条桌

9. 一般旅游纪念品

皇后化妆包

格格钥匙包

格格钱包

格格风筝包

帝后珍宝便签

帝后树脂冰箱贴

帝后鼠标垫（蓝）

帝后存钱罐

八旗转转娃

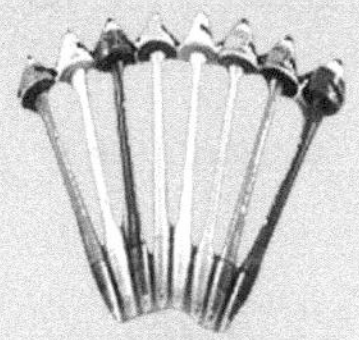
八旗娃娃圆珠笔

八旗树脂冰箱贴

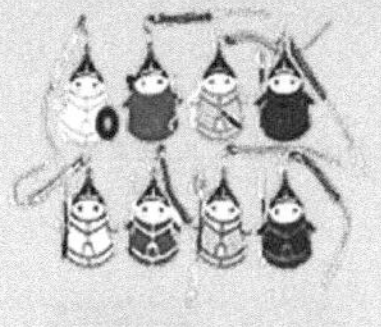
八旗软胶手机链

八旗毛绒玩具

八旗调味罐

八旗车载玩具

阿哥卡包

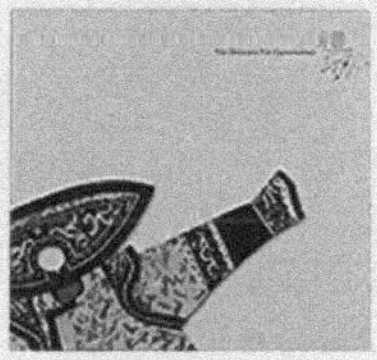
“礼”便签本

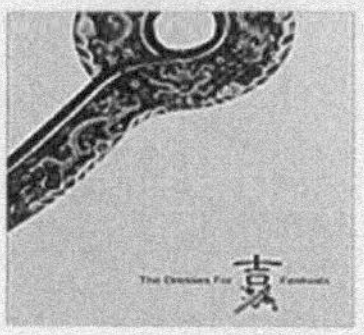
“吉”便签本

“便”便签本

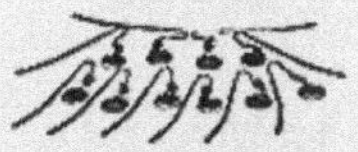
故宫特色书签

故宫特色钥匙扣

故宫特色手机链

故宫特色首饰

故宫特色首饰

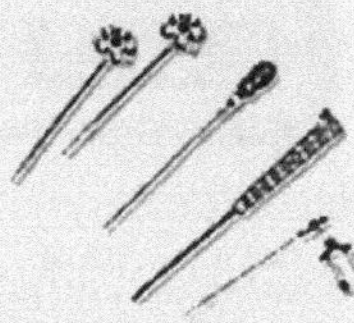
故宫特色首饰

故宫特色徽章（九龙系列）

故宫特色徽章（脊兽系列）

故宫特色徽章（人物系列）

故宫特色建筑徽章

故宫特色景物徽章

故宫特色人物徽章

故宫特色人物徽章

琉璃脊兽（龙）

琉璃脊兽（仙人）

琉璃脊兽（行什）

琉璃脊兽（斗牛）

故宫特色首饰盒（金角端）

故宫特色首饰盒（铜镀金）

故宫特色首饰盒（铜镀金）

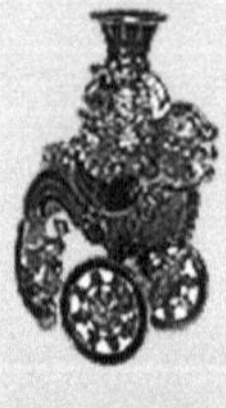

故宫特色首饰盒（掐丝珐）

故宫特色首饰盒（掐丝珐）

故宫特色首饰盒（掐丝珐）

乾隆御笔心经

仿“有容德大”大匾

仿“正大光明”匾

水晶千秋亭

水晶角楼

仿象牙角楼

精品故宫贡酒

故宫贡酒52度

故宫特色2D鼠标垫

故宫特色鼠标垫

故宫特色放大镜纸箱

故宫特色便纸签（纸砖）

(二) 台北故宫博物院

台北故宫博物院的文化产品，主要是以本馆出名的馆藏器物，制作成各种符合大众的工艺品，以自营、授权等方式运作，其文化产品近万种，每月收入5千万新台币（约1千万人民币），200元人民币以下的产品较为受到顾客的欢迎。

部分产品展示如下：

兰亭序餐垫礼盒组

代号：90100101
颜色：黑底白字/白底黑字
售价：¥168

毛公鼎系列 铭文杯垫

代号：80700101黑色 80700102白色
售价：¥95

玉琮LED夜灯

代号：10270201玉色 10270202黄色 10270203蓝色
售价：¥99

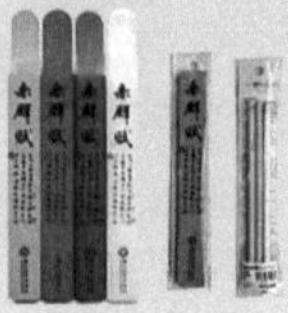

赤壁赋硅制笔袋

代号：91600801红色 91600802 绿色 91600803蓝色
91600804 透明色
售价：¥60

缠枝荷花纹系列羊毛毡帽（限量）

代号：80401501
颜色：白底蓝花
售价：¥198

青花番莲纹系列舒适羊毛鞋（孩童版）〔限量〕

代号：80401101-18# 80401001-31#
售价：¥350

青花番莲纹系列圆形羊毛笔筒（无盖）〔限量〕

代号：80400901
颜色：白底蓝花
售价：¥198

翠玉白菜系列翠玉白菜造型USB(1GB)

代号：90800601透明黄 90800602粉红 90800603蓝 90800605紫 90800607玉 90800608黑 90800609白 90800610绿
售价：¥198

（三）上海博物馆

上海博物馆位于市中心人民大道，共有两处经营场所，一处是上海博物馆内，另一处是太仓路分店，两处销售场所均不受博物馆的开放时间所限制。

部分产品展示如下：

主打青花系列产品

类别：
仿制品、铅笔、笔袋、杯子、笔记本、桌旗
价位：
千元、百元、十元不等。

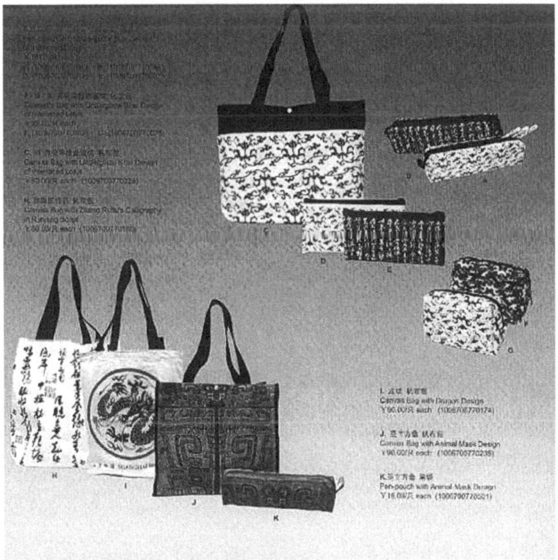

名称：

青花串枝番莲纹笔袋	￥18
青花串纹番莲纹化妆包	￥25
青花串枝番莲纹帆布包	￥80
张瑞图行书帆布包	￥60
龙纹帆布包	￥60
方罍帆布包	￥60

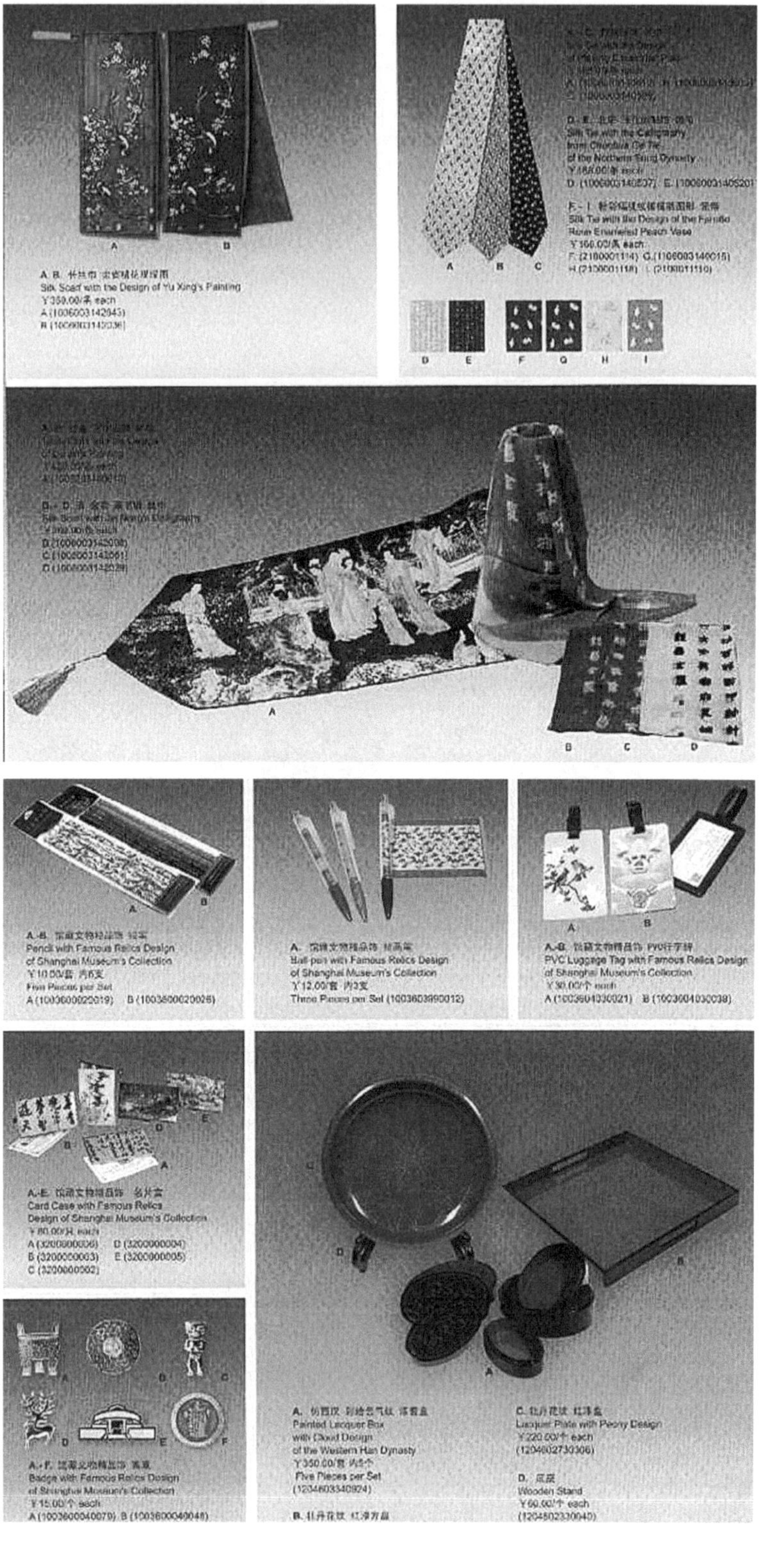
Silk Scarf with the Design of Yu Xing's Painting
¥350.00/条 each
A (1006003142043)
Silk Tie with the Calligraphy
of the Northern Song Dynasty
D (1006003140207)
Silk Tie with the Design of the Famille
Rose Enameled Peach Vase
¥160.00/条 each
G (1106003140015)
Pencil with Famous Relics Design
of Shanghai Museum's Collection
¥10.00/套
Five Pieces per Set
A (1003600020019) B (1003600020026)
Ball-pen with Famous Relics Design
of Shanghai Museum's Collection
¥12.00/套 内3支
Three Pieces per Set (1003603990012)
PVC Luggage Tag with Famous Relics Design
of Shanghai Museum's Collection
¥30.00/个 each
A (1003604030021) B (1003604030038)
Card Case with Famous Relics
Design of Shanghai Museum's Collection
A (3200000006) D (3200000004)
B (3200000003) E (3200000005)
C (3200000002)
Badge with Famous Relics Design
of Shanghai Museum's Collection
¥15.00/个 each
Painted Lacquer Box
of the Western Han Dynasty
¥350.00/套
Five Pieces per Set
(1204603340924)
Lacquer Plate with Peony Design
¥220.00/个 each
(1204602730306)
Wooden Stand
¥60.00/个 each
(1204602330040)

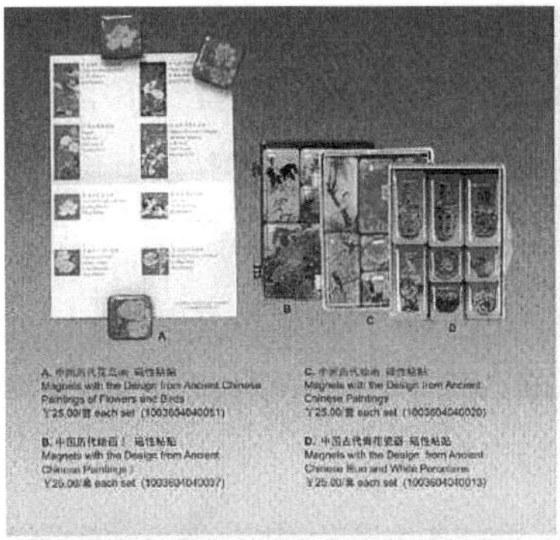
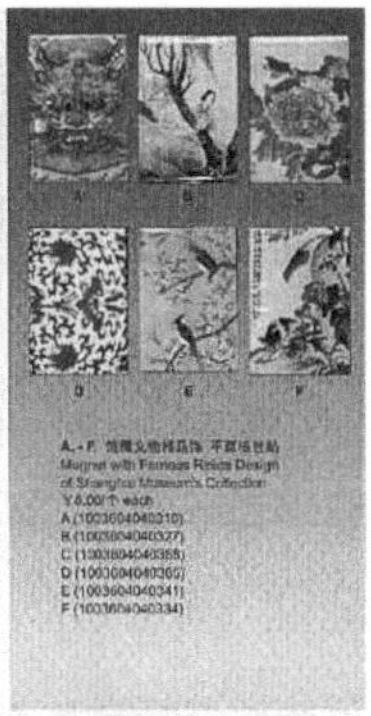

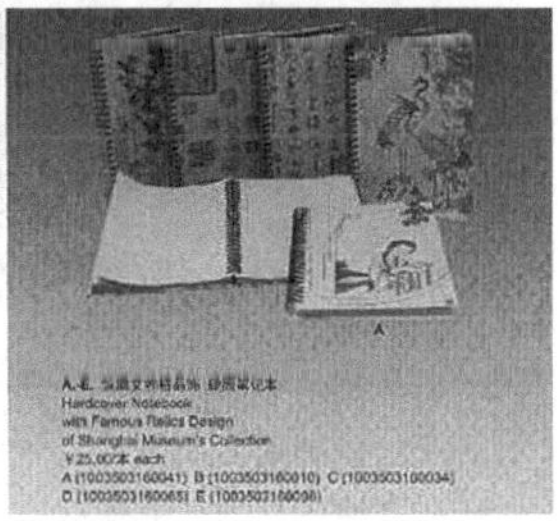
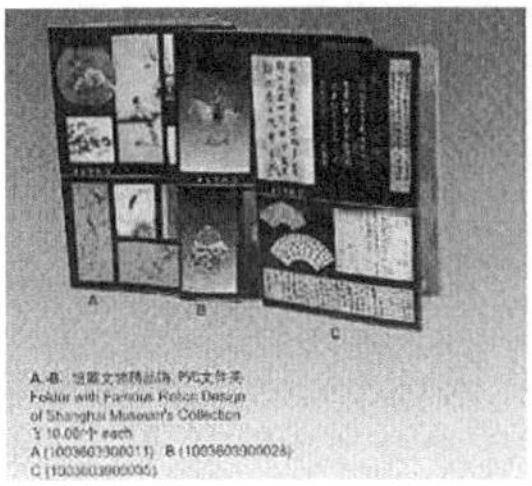
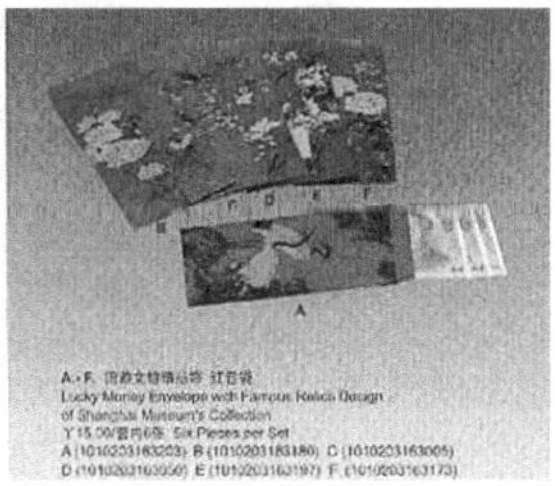

名称：

清 余省《桃花双璒图》长丝巾	￥350
打马球饰领带	￥168
北宋淳化阁饰领带	￥168
粉彩《蝠桃纹橄榄瓶图》领带	￥168
明杜堇宫中图桌旗	￥420
清金农隶书轴丝巾	￥260
馆藏纹饰铅笔	￥10
馆藏纹饰拉画笔	￥12
馆藏纹饰行李牌	￥30
馆藏纹饰名片盒	￥80
馆藏纹饰徽章	￥15
仿西汉 彩绘云气纹漆盒	￥350
红牡丹纹方盘	￥350
中国历代花鸟磁性粘贴	￥25
馆藏文物精品平面磁贴	￥8
馆藏文物精品磁性书签	￥15
馆藏文物半立体磁贴	￥8
明 祝允明草书诗卷玻璃杯	￥60
馆藏书画精品玻璃拿铁杯	￥55
馆藏书画小瓷盘	￥16
馆藏精品书画玻璃杯	￥45
馆藏书画精品纹	￥70
馆藏纹饰精品贺卡	￥10
馆藏精品纹饰硬面笔记本	￥25
馆藏文物精品PVC文件夹	￥10
馆藏文物饰品红包袋	￥15

销售量统计 2008年上海博物馆年销售额2800万元，开发自有产品23种，销售额69.3万元，占全年销售额的3%； 2009年上海博物馆年销售额2300万元，开发自有产品13种，销售额40.7万元，占全年销售额的2%。

销售策略 第一，定期为客户提供商品信息；第二，将世博礼品、政府机关出国礼品，公司年会礼品作为销售重要渠道；第三，加强国外随展商品的销售力度；第四，网上商店的建立使电话及网上销售大幅提高；第五，开发相对廉价的旅游纪念品，对儿童用品、礼品的需求加大设计力度。

（四）湖南省博物馆

湖南省博物馆的主要产品类别有琉璃制品、玻璃饰品、锡制品、雕漆制品、纺织品、茶具、酒具、小饰品等。自免费开放后，湖南省博物馆对观众对文化产品价格接受度进行了调查，调查结果显示定价在20元左右的产品是最受欢迎的。

部分产品展示如下：

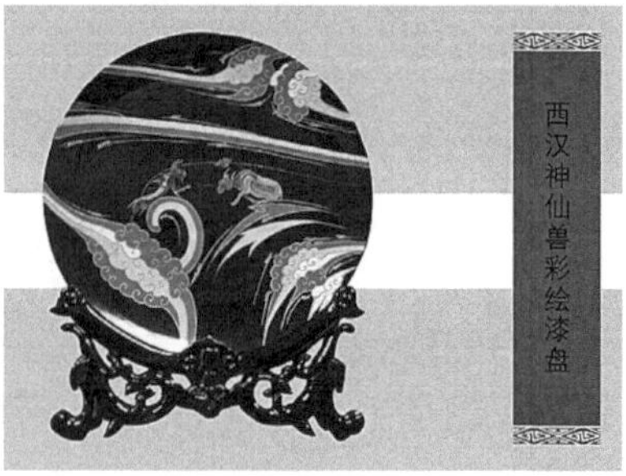

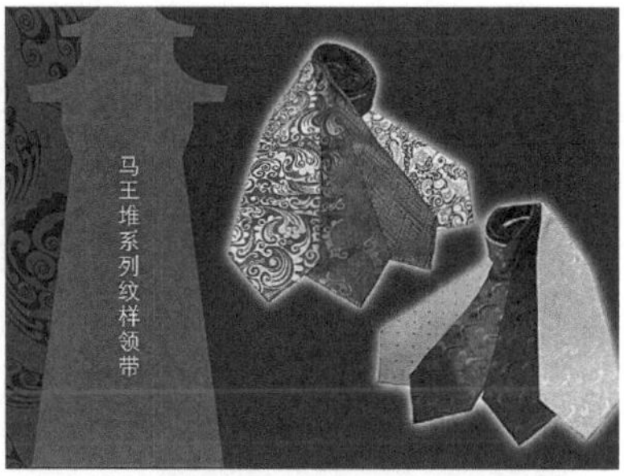

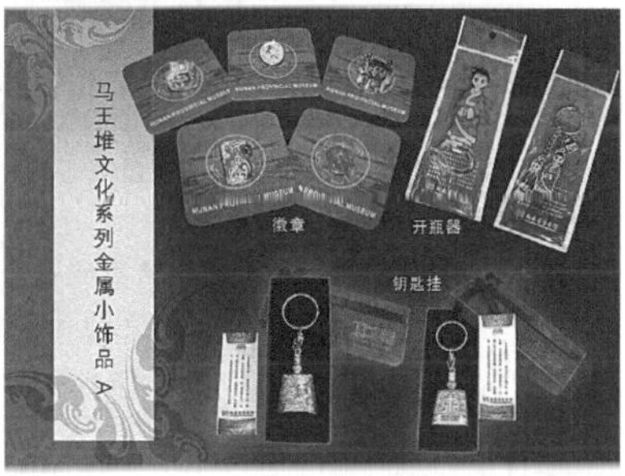

近两年来，湖南省博物馆的销售额基本维持在350万左右。2008年的年销售额为343万元，自行开发本馆产品20种，销售在197.8万元，占全年销售额的58%；2009年，销售额达到367万元。该馆采取的销售策略为以下几点：

第一，重大活动期间馆内增设文化产品销售点；第二，配合临时展览，筹备文化产品销售活动；第三，派工作人员赴义乌小商品城调查市场，制定营销策略；第四，搭建电视、网络等立体化销售平台；第五，积极参加各类展销会和行业大赛，树立产品品牌；第六，加强与兄弟博物馆的联系，积极实施“代销”的模式；第七，积极推介原创产品赴外馆展销。

（五）文津雕版博物馆

文津雕版博物馆是一家位于国家图书馆古籍分馆北京文津街内的以古代雕刻印刷为主题的公益博物馆。

1. **书籍**

主持出版了大量的古籍文献工具书。推动了中国传统文化的传播。为图书馆、博物馆、藏书家、学者、古籍爱好者提供了大量的文献资料信息。如《二十世纪中国古旧书业资料丛刊》、《中国著名藏书家书目汇刊》、《 弢翁藏书题跋》、《故宫图书及内务史料》、《明代闵凌刻套印本图录》，等等。

2. **《金刚经》**

在世界现存的有时间记载的最古老的雕版印刷品就是唐868年的《金刚经》，现在存于大英博物馆新藏《金刚经》古印本的现代翻刻品。此版刻印精良，保存完整，堪称民间单刻佛经的稀见珍品。现重雕印行，可化身百千，藏经民间，广宣流布。

3. **笔记本**

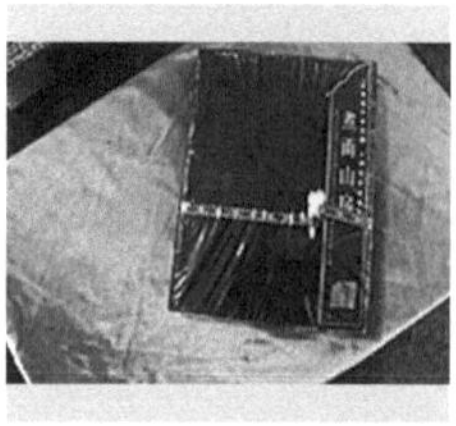

笔记本封皮采用纯牛皮，中间用牛骨书别装饰，整体给人以古籍书装感觉，在封口压制工作室名及logo，字体采用古雕版刻字。

上书有“煮雨山房”，映射出博物馆馆主对古籍的喜爱，对雕版的痴迷，同时感染我们对古文化的传承投入更多的关注。

4. 香盒

材　质：花梨木
规　格：8.5cm×2cm
在现今很流行熏香，其实在中国古代就已经有了熏香文化，在《红楼梦》就有一句“宝鼎茶闲烟尚绿”，而在《本草纲目》、《神农本草》中也都有关于熏香的记载。此香盒即为仿造古时香盒手工制作的，放置书房中用作熏香。

5. 梅花形香炉

材　质：乌木
规　格：8cm×7.5cm
熏香所用器具，上雕有梅花造型，元代王冕曾做《墨梅》：
“我家洗砚池边树，朵朵花开淡墨痕。
不要人夸好颜色，只留清气满乾坤。”
古代文人墨客素来喜爱梅花的高洁，清新，因此书房之物多使用梅花造型。全手工雕刻，做工细致，造型清幽。

6. 螭虎双兽笔洗

材　质：乌木
规　格：9.3cm×4.8cm×2.2cm
洗是用来盛水洗笔用的器皿，种类繁多、造型丰富。传世的笔洗中，有很多是艺术珍品。此款笔洗为螭虎，螭虎是战国之后玉器中常见的异兽，战国晚期玉器上就有螭虎纹饰。汉以后，螭虎使用的更为广泛。史书记载：“初，汉高祖入关，得秦始皇蓝田玉玺，螭虎纽。文曰‘受天之命，皇帝寿昌’高祖佩之，后代名曰传国玺。”汉人崇尚螭虎。班固《封燕然山铭》有“鹰扬之校，螭虎之十”的句子。由此可知，螭虎在中华民族的古老文化中代表神武、力量、权势、王者风范。

7. 三鹤水盂

材　质：乌木
规　格：13cm×8cm×8cm
水盂，又称水丞、砚滴，在古代则直呼为“水注”。其主要作用是为了给砚池添水，最早出现在秦汉。因小巧而雅致，最能体现文人雅士的审美情趣，故在所有的古董工艺品中，属于品位较高的藏品，在收藏圈里称作文玩。
鹤在中国的文化中占着很重要的地位，它跟仙道和人的精神品格有密切的关系。在道教中，鹤是长寿的象征，丹顶鹤性情高雅，形态美丽，素以喙、颈、腿“三长”著称，直立时可达一米多高，看起来仙风道骨，被称为“一品鸟”，地位仅次于凤凰。而此款水盂即取此意。

8. 八卦镶象牙印泥盒

材　质：乌木/象牙镶嵌

规　格：6cm×4cm

八卦在中国自古有象征意义，在此暗含天地万物，阴阳平和，意指平顺安详。

9. 雕龙墨床

材　质：乌木

规　格：12cm×5cm×3.5cm

墨床，亦称墨架、墨台，是专门用来承搁墨锭的小案架。墨磨后湿润，乱放容易玷污他物，故制墨床以搁墨。造型多案架形、座托形、书卷形、博古架形，或曲折，或简练，深受历代文人墨客的青睐。在中国古代，龙为帝王专用，因此此款为雕龙造型，暗含王者气势，富贵逼人。

10. 斧形镇纸

材　质：乌木

规　格：8.8cm×3.5cm×2.6cm

又称书镇，作压纸或压书之用，以保持纸、书面的平整。在旧石器时代，人类为猎取野兽、砍砸树木、切割皮肉等，大量制作带弧刃的石质砍砸器，这是斧的前身。后贵族多用玉做斧的造型，彰显权力。此款镇纸便有王权在握之意。

11. 葡萄松鼠蜻蜓笔舔

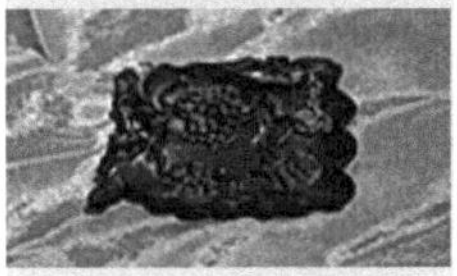

材　质：小叶紫檀

规　格：9.5cm×5.5cm×1.5cm

笔舔一般为润笔之用，此款笔舔上部雕有松鼠爬到葡萄蔓上，呈偷葡萄状，蜻蜓在葡萄间飞舞，寓意“捷报丰收”。

12. 琴形臂搁

材　质：乌木

规　格：2.8cm×5.5cm×2cm

臂搁是古代文人用来搁放手臂的文案用具。除了能够防止墨迹沾在衣袖上外，垫着臂搁书写的时候，也会使腕部感到非常舒服，特别是抄写小字体时。因此，臂搁也称腕枕。但臂搁不是文案的必需品，而是奢侈品。此款臂搁使用了古琴形，古琴有“德音之谓乐”，和道家顺应自然、大音希声、清微淡远的思想相应和。在此也暗含清净、平和之意。

13. 仿内府雕花笔挂

材　质：乌木

规　格：57cm×43cm×18cm

古时挂笔所用器具，此款笔挂采用旧时皇家多用造型，大气尊贵。乌木色，做工细致，雕花精致。摆于书案，古色古香，大方典雅。

14. 雕花翻书架

材　质：乌木

规　格：29.5cm×28cm×1.9cm
29cm×19cm×15cm

古时看书所用支架。造型典雅大方。暗合富贵平安。

15. 蝙蝠形笔架

材　质：乌木

规　格：16cm×4.5cm×3.8cm

放笔器具。此款笔架为蝙蝠造型，在中国素有取蝙蝠的谐音“福”的习俗，此款即有其意。

四 国外大型博物馆文化创意产品分析

（一）美国大都会博物馆文化产品

纽约大都会艺术博物馆是世界三大博物馆之一，也是美国最大的艺术博物馆，同时，又是全世界最早的经营博物馆商品的博物馆之一，一直十分重视博物馆商品的营销活动，并将其视为与藏品研究、保护、展览、教育活动同等重要的职能与使命。大都会博物馆的文化创意产品营销是非常成功的典范。

大都会博物馆商店，1949年，年营业额仅为10万美元，到了1987年，已高达5500万美元，2002年突破1亿美元，目前更是逼近2亿美元。截至2008年12月，这些收入占大都会博物馆运营总成本的近30%，成为维持博物馆正常运营、实现博物馆未来发展的重要资金来源。

1. 创造品牌形象

品牌是组织的无形资产，同时也是最持久的一项资产，品牌存在于消费者头脑中。它表达了消费者对一个产品以及其性能的认知和感受，表达了这个产品或服务在消费者心中的意义。

大都会博物馆商店的购物袋，这件由设计大师Rudolph de Harak于1978年创作的平面作品，以大都会博物馆英文首字母M为元素，由大小不一的文艺复兴时期印刷字体构成。每年约有一百多万个纸袋随着纪念品被带向全球各地，成为了代表大都会艺术馆的标志。同时，配合其商品精致、典雅的总体特点，使观众产生“大都会博物馆就是庄重和高雅的代名词；大都会博物馆商店出售的商品就是品位与质量的保证”的观念。2005年，这一标志甚至开始被单独作为产品出售，如M胸针、M磁贴、M橡皮等等。可以说，M标志已成为大都会博物馆的代名词。

2. 采用授权销售策略

如今，大都会博物馆已拥有23家专卖店(专柜)、343名销售人员，分布于美国和其他国家。这些专卖店将大都会博物馆的影响力扩散至全世界，同时，平均每年能为博物馆创造4700多万美元的收入，足见品牌授权的巨大经济效益。

大都会博物馆手袋

3. 相关产品展示

珠宝首饰与手表：

名称：埃及蛇形手镯
价格：150美元

名称：埃及王妃指环
价格：50美元

名称：俄罗斯蜻蜓胸针
价格：90美元

名称：瓢虫念经项链
价格：275美元

名称：圣经粽叶手镯
价格：65美元

名称：吉他表挂坠
价格：117.5美元

名称：希腊玛瑙项链
价格：258美元
耳坠：55美元

（二）大英博物馆文化产品

大英博物馆的文化产品、产品的摆设及包装上都比较新颖。其产品主要有饰品、家居用品、印刷用品、复制品等。产品展示如下：

1. 豪华礼品

名称：中世纪十字架项链
价格：299英镑

名称：香桃木项圈
价格：299英镑

名称：希腊睡神仿制品
价格：550英镑

名称：伊娃金孔雀项链
价格：275英镑

名称：圆珠项链
价格：125英镑

2. 家庭礼品

名称：阿拉伯数字女士手表
价格：85英镑

名称：蝴蝶手表
价格：15.99英镑

名称：凯尔特深红色银胸针
价格：65英镑

名称：路易斯国际象棋一套
价格：275英镑

名称：手持双筒望远镜的姑娘画
价格：80英镑

（三）法国卢浮宫文化产品

法国卢浮宫的文化产品主要有印刷品类、珠宝类、书籍、影像制品、家居、时尚用品、儿童产品、雕塑八大类，其中主要珠宝类占的比重较大。

1. 印刷品

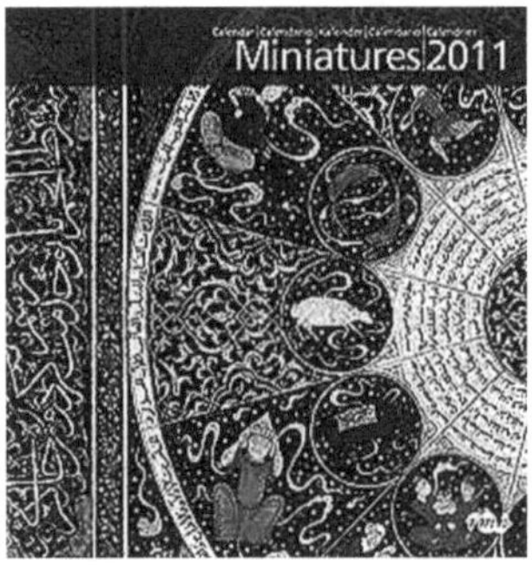

名称：2011年小型日历
价格：15欧元

名称：马蒂斯海报
价格：15欧元

2. 雕塑

名称：爱马仕雕塑
价格：152欧元

名称：莎乐美雕塑
价格：495美元

名称：铜狮子摆件
价格：850欧元

3. 珠宝饰品

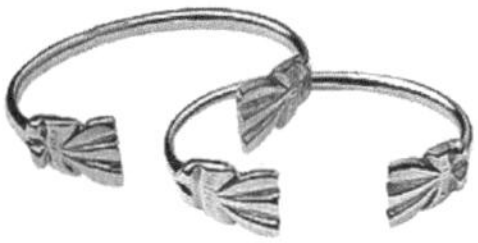

名称：埃及手镯
金：150欧元
银：130欧元

名称：波斯耳坠
价格：40欧元

名称：吉娜珍品项圈
价格：220欧元

名称：莲花手镯
价格：72欧元

名称：念珠手镯
价格：55欧元

名称：山羊头手镯
价格：70欧元

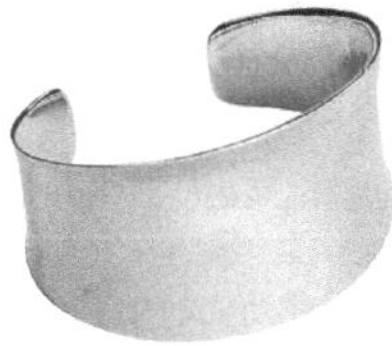

名称：苏萨手镯镀金
价格：350欧元

名称：朱迪斯挂坠
价格：140欧元

4. 家居类

名称：镜子
价格：6.5欧元

名称：玛丽咖啡杯
价格：95欧元

名称：约瑟芬肖像套杯
价格：350欧元

名称：时尚丝巾
价格：140欧元

名称：时尚丝巾
价格：160欧元

（注：以上各博物馆的纪念品价格为2010年数据）

正如一位博物馆工作人员所说：“现在博物馆举办展览的展期短为三五个月，长为半年，最长也超不过一年，当撤展后观众能通过展览留下些什么？一件小小的纪念品无疑会扩大展览效果，同时也能承载观众的回忆，记录下人们的参观经历，透过它可以展开很多话题。”③让纪念品凸显出博物馆的特色，让更多的人记住博物馆，是很多博物馆开发纪念品的目的所在，“把博物馆带回家”将成为博物馆经营开发的必然趋势。

注 释

① 俞敏敏：《略论文化产业与博物馆营销》，《浙江经济》2004年第13期。
② 丁肇文：《故宫瞄准纪念品市场，五年计划开发千种纪念品》，《北京晚报》2002年11月24日。
③ 云菲：《博物馆纪念品离创意有多远》，《中国艺术报》2007年。

参考资料：

[1]北京故宫博物院文化产品展示图来源于故宫文化产品网：http://www.ggwhcp.com。
[2]台北故宫博物院文化产品展示图来源于Sipals品牌淘宝网http://sipalsyujiachuangyi.tmall.com。
[3]上海博物馆文化产品展示图来源于上海博物馆文化产品宣传册及网站：http://www.shanghaimuseum.net/cn/shop/index.jsp。
[4]湖南省博物馆文化产品展示图来源于湖南省博物馆文化产业中心提供的产品宣传文件。
[5]文津雕版博物馆产品来源于文津雕版博物馆提供的产品宣传文件。
[6]大英博物馆文化产品来源于大英博物馆网站在线商店：http://www.lvyou168.cn/travel/uk/Britishmuseum/online_shop.html。
[7]美国大都会博物馆文化产品来源于美国大都会博物馆网站：http://www.metmuseum.org/。
[8]法国卢浮宫文化产品来源于法国卢浮宫网站：www.louvre.fr/llv/commun/home.jsp。

无处不是博物馆

——『城市大博物馆』概念的尝试

未来城市文化建设的一个重要发展方向，即是城市的博物馆化，处处皆为博物馆。在文化的支撑下，城市的发展能有更强劲的动力。作为博物馆人，在社会责任与经营理念上都应意识到这一点，抓住这个契机，发挥博物馆的优势，更好地为社会服务。也正因为如此，博物馆的运营也会开辟出一条新的发展之路。

一 “城市大博物馆”解读

（一） “城市大博物馆”的概念——没有围墙的博物馆

人类生活在城市中，为城市发展创造历史。一旦有关城市历史文化演变发展的知识和思考走进大众，便会在很大程度上激发他们对自己工作场所、生活城市的关爱，这样就会感到城市的发展与其工作和生活息息相关，这是一个相互作用的过程。

对于大部分城市居民而言，一座理想的、现代意义的博物馆不仅是奇珍异宝的集中地和收藏所，不仅是脱胎于纯粹学术机构的书斋，也不仅是一般意义上的大众文化设施，更应当是一座城市传统文化的记忆者、新文化创造的发生器和多元文化群体的精神家园[①]。它意味着在城市文化的建设中，博物馆将充当更加积极、更加直接的角色。

若将博物馆的基本理念扩大延伸，我们发现人们所处的每个地域，一个地方或一个区域连同其上的各种建筑、遗址等所有物品都是一种文化财产，人们由此都能寻找到自己的根，明白自己是如何融入到世代延续下来的人类活动的各环节之中。它就像一面镜子，可以让当地民众照出自身的形象、寻到当地历史，同样游客通过这面镜子也能看到当地文化的丰富多彩[②]。

因此，“博物馆”不是拘泥于一处建筑的，是可以没有围墙的。我们姑且认为这种概念的博物馆是无形的，它比常人理解的有形博物馆范围更广。而这“没有围墙的博物馆”也正是未来城市文化建设的一个发展方向，从根本上讲就是城市各种文化资源的博物馆化，是对城市文化重新审视、深入挖掘的表现。所以，越来越多的有形的和无形的“博物馆”如雨后春笋般涌现出来，真可谓城市“无处不是博物馆”，这也是对博物馆文化的重新诠释。

(二) 博物馆的社会责任——城市文化的传播者和挖掘者

博物馆在中国发展到今天，日益为各界了解并喜爱，特别是自北京2008年举办奥运会以来，全国各地的博物馆相继对社会免费开放，使博物馆真正成为广大市民可以自由休闲与娱乐的场所，更多的市民走入博物馆，博物馆文化得到极大的传播。从团体到个人，对博物馆文化的需求日益高涨，体现在更多的企业、事业、机关、园林、社区、私人对举办专业性展馆（览）的需求，说明社会发展带来的整体人群对文化的高度关注，品牌不仅仅意味着产品、地位、效益，更重要的是一种文化的凝聚及传播。在这种对文化需求的大背景下，博物馆作为传播文化的排头兵，自然成为重要的责任者，担当起弘扬文化的重任。

2010年上海世博会的主题“城市，让生活更美好”(Better City, Better Life)，与人们对城市博物馆化诉求的初衷非常契合。博物馆在城市发展的过程中，应该充当重要的角色，在经济高度发展的情况下，继续发展的最大动力就是要具有深厚的文化底蕴，文化是支撑任何事物发展最大的动力。因此作为博物馆必须肩负起这一历史重任。这一责任虽然是沉重的，但也是光荣的。博物馆要将自身专业的力量，从普及博物馆，到使博物馆文化深入人心，使博物馆成为人们生活的一部分，难以割舍。

世界很多大城市也都将城市博物馆化列为自己的发展目标，例如日本的大阪，便拥有特殊的博物馆情结。无论在繁华的商业街还是在安静的文化区，无论在企业大厦内还是在学校的校园里，一个个或大或小的博物馆赫然而立随处可见，因此给人留下三步一“博”、五步一“馆”的感觉。日本博物馆学者对此有最好的解释：“大阪本是一座名城，战争曾使这里的建筑变成一片焦土，但文化是不能埋没的，博物馆是再现历史保留文化的最好方式，所以成为博物馆化的城市，始终是大阪人的追求。”[③]于是，进入21世纪后，拥有880万人口的大阪，还在积极发展和建立博物馆，其目的是让世界知道大阪不仅拥有实力强劲的经济，同时也有着深厚的文化底蕴，是一座过去与现代相容共存，经济与文化同步发展的国际大城市。博物馆真正肩负起了城市文化宣传的责任。

如何更好地履行城市文化宣传者的职责，换而言之，如何更好地肩负起自身的社会责任，作为传统的博物馆人，是时时刻刻都应该思考的问题。结合城市“无处不是博物馆”的理念，在进行传统业务开展的同时，还应该成为“城市博物馆化”的协助者和开拓者。

二 首都博物馆“城市大博物馆”概念的尝试

首都博物馆作为北京市的中心博物馆之一，特别是在新馆建成后，比较成熟的专业性展览带给社会很大的影响，也吸引了很多希望在博物馆展览文化上有所建树的人们的目光。这就给首博人提出了一个挑战，博物馆应该在城市文化的传播与建立中担当起责任，使博物馆文化、博物馆展览为社会服务，使博物馆传播文化的功能无处不在，整个城市成为一个大的博物馆，城市的活力、韵味、魅力在此得到极大地提升，也更加符合北京市政府希望北京成为中国特色世界性城市的远大目标——有文化的城市才是具有世界性的城市，文化的共融与和谐是世界性城市的发展目标。

首都博物馆清醒地认识到自身的责任，从具备专业实力开始，不仅在博物馆自身展览水平上不断提升，同时，热情并尽义务地为城市中需要博物馆专业指导的单位或个人提供专业服务，相继为北京市的机关、事业、企业、社区等提供了大力帮助。这一举措不仅宣传了首博，进一步提升了首博在社会中的影响，也为不同领域文化的传播做出了极大的贡献。首都博物馆不只是把博物馆本身作为传播文化的窗口，还将这一职能极大地延伸、扩展，不做高高在上的说教者，而是以传播文化为己任，为社会服务，只要社会有需求，博物馆就责无旁贷，挺身而出，甘为付出。

首都博物馆自2005年新馆建成起，就以崭新的姿态，迎接来宾，服务社会，取得了一定的成绩。先后为北京市的东花市社区、什刹海社区、香山公园、白云观、北京银行、北京交管局等单位筹办展览，其中大部分已经完成，有些工作还在进行中。

(一) 京华胜地——什刹海历史文化展

什刹海是西城也是北京市区内面积最大并独具特色的历史文化保护区，是古都北京历史文化名城的重要组成部分，对展示北京悠久文化及北京人当代精神风貌有着特殊意义。由什刹海街道办事处、什刹海研究会与首都博物馆联合举办的“京华胜地——什刹海历史文化展”，2008年8月13日在拥有500年历史的烟袋斜街广福观正式开展，并长期免费展示，填补了什刹海风景区缺乏历史沿革展览的空白，为这一京城著名旅游观光景区增添了文化内涵和探究的魅力。开展当日，许多生活在什刹海的百姓兴高采烈，广福观也在修葺一新后仿佛焕发了神采，游览什刹海的众多观众也在大饱什刹海文化大餐后不胜满足。该展通过多种表现手法，诠释了什刹海的历史文化和现代文明，其中还包括从民间征集而来的200余件老照片、老物件，用民众的收藏品来展示他们的生活，唤起一段段熟悉的生活记忆，立体再现了什刹海历史文化发展脉络，为参观者搭建起走进什刹海、感受什刹海、了解什刹海历史文化的平台。

“京华胜地——什刹海历史文化展”展厅一角

“京华胜地——什刹海历史文化展”展厅一角

奥运期间，该展向游客介绍什刹海的历史渊源和文化积淀，直观地让中外游客感受到老北京的历史文化。广福观外湖光美景，市井民生喧闹，观光客摩肩接踵，广福观内环境清幽，什刹海地区原有的文人气息氤氲，步入其间沁润中华传统文化，堪称享受。

(二) 东花市社区博物馆

首都博物馆为北京市西城区（原崇文区部分）东花市街道举办社区博物馆，为保护北京地区非物质文化遗产做出了具体贡献。

“全国绢花出京师，京师绢花出花市”，位于崇文门外的花市在清代就是著名的绢花手工作坊云集地，每逢集日游人如织，手工业“五行八作”也很发达。现今，花市地区仍然生活着不少优秀的民间艺人，如绢花世家“花儿金”的传人金铁铃、绒鸟传承人李桂英、料器葡萄世家“葡萄常”、料器大师邢兰香等。然而，随着生活方式的改变，一些老物件或者老手艺逐渐退出了人们的视线，有的甚至已经失传。

2008年9月2日，社区博物馆——东花市社区博物馆正式开展并对民众免费开放，主要展示东花市地区独特的地域文化与民间非物质文化

1. 东花市社区博物馆　2. “北京白云观历史文化展”中的文物展品　3. 东花市社区博物馆内景　4. “北京白云观历史文化展”展厅一角

遗产。借助博物馆的平台，将民间艺人聚在一起，把濒临失传的手工艺展示给更多的人们。社区博物馆坐落在东花市街道花市枣苑社区内，面积2600平方米，包括东花市综合展厅，民俗生活用品、老手工艺品等展厅，首都博物馆负责博物馆的内部设计，展出的作品大部分是邀请民间手工艺人的传人特意制作的，另外还有科普、DIY体验等主题，如同一个原生态的博物馆，既体现博物馆是文化遗产的保护主体，又是文化遗产的传播主体。东花市也成为一个拥有自己地区非物质文化遗产保护博物馆的社区。

（三）北京白云观历史文化展

白云观素有“道教全真第一丛林”之称，作为北京道教的主要活动场所，历史悠久，延续至今。首都博物馆坐落于长安街与白云路十字路口西南，和白云观仅距数百米之遥，参观完博物馆的观众可步行沿白云路到白云观参观。现在的白云观在北京人心目中也是非常神秘，每年的春节白云观庙会是北京一景，摸白云观石猴成为北京人春节一大民俗。

老首博原在孔庙内，曾以孔庙研究为基础举办过多次孔子文化展、儒学研讨会等活动，其中孔子文化展还多次出国巡展，影响深远。新首博搬到长安街后推出的第一个外展题目则是有关佛教的展览，题目是“慈悲与智慧——观音造像艺术展”。此次与白云观合作是难得的机会，结合首博馆藏道教文物举办“白云观历史文化展”，对充实首博展览体系、完成儒释道三大展览具有特殊意义。

首都博物馆为此成立工作组，工作具体分工，有专门人员协助白云观整理库房文物以供上展选择，专业摄影师负责照相为展览提供资料，设计人员依据白云观古建配殿条件，在不破坏原有古建风格基础上实施工程，同时大纲撰写人员不断丰富资料，并不断与道教专家学者交流，召开大纲论证会，与白云观李信军道长探讨展览内容和重点，直至最终完成定稿。

该展从道教的起源、文化、理论到白云观的建筑、历史沿革及今天道教文化的传播影响等方面，展示了道教作为中国本土宗教所蕴涵的中华传统文化的丰富内涵。参观白云观的观众以往只是看建筑、逛庙会、烧香敬神，现在则可以在参观同时深入了解道教的源流、白云观的来历，许多道教珍贵文物得以展示，许多海外人士也极度关注这一展览。

(四) “千年香山”历史文化展

北京园林有许多文物资源值得挖掘研究，市区多家公园原属皇家园林，辛亥革命后陆续辟为公园供普通百姓休憩娱乐。公园的氛围浓重了，但游客到公园多是赏花观景，园林历史文化内涵倒少有展示。近年来，各大公园在挖掘历史文化、丰富参观内容上都下了功夫，首博在协助公园举办历史文化展览展示上也作出了自己的努力。

海淀香山是位于北京西北郊西山东麓的皇家园林，历史悠久，富有自然山林特色。千年以来，香山见证了北京城的历史变迁。在接受举办“千年香山”的展览任务后，首博的工作小组不止一次地讨论如何展示香山。在展览设计过程中，要回答几个问题，首先是香山何以为“香”？香山在“燕京八景”中的地位和影响？中国近代史上的重大历史事件与香山有关的有哪些？历代文人墨客吟诵香山的艺文有哪些……北京人喜欢香山，很多人对西山有很深的感情，这个展览要办好要打动人，不然有负香山胜景。终于在金秋时节、“香山红叶文化节”期间，在碧云寺禅堂院内，“‘千年香山’历史文化展”开幕，游客在观赏美景的同时体味了香山千年文化的魅力。

该展以史为脉络，突出历史事件，呈现了香山的古老和文化。展览分为三部分：第一展室“香溢千年”，从历史上香山发生的大事和香山名称的由来展现香山的悠久历史；第二展室“京华胜景”，从“禅林胜境”、“名山帝苑”和“咏颂不绝”三个部分介绍香山优雅的环境、曾经的辉煌和深厚的文化底蕴；第三展室“见证荣辱”，从“岁月峥嵘”、“中山厝柩”和“光耀香山”三个部分介绍香山的历史演变。

展览向游客全面展现了香山的古老和文化，通过典型景区的新旧对比，印证了香山皇家园林的历史变迁。通过举办香山展览，首博实现了在自己展览体系中拓展、深入的理想，首博展厅内的通史展览可以延展出许多展览主题，围绕北京史挖掘整理出新的展览内容，以小搏大，从香山入手深入到西山“三山五园”直至皇家园林全部，创新展览模式，拓展展览内容，丰富展览资源，这是首博人从该展中所收获的。

(五) 北京银行行史展

随着北京银行在其业内的崛起，迫切需要将原有宣传北京银行的展览进行修改、完善，使之成为具有博物馆展览专业水平的展览，首都博物馆荣幸地肩负起这一责任。

首都博物馆根据北京银行展览的定位及北京银行展品的基础，设计、完成了北京银行行史馆大纲。展览大纲共分六大部分，“追溯北京金融”、“屹立新金融街”、“创品牌拓市场”、“缔造百年基业”、“沐浴领导关怀”和“抒豪情展未来”，比较全面地将北京银行的发展历程展示出来。首都博物馆在跨行业发展上，迈出了探索及实践的宝贵步伐。

1. “北京银行行史展”展厅一角　2. “北京银行行史展”展厅一角

1

2

(六) 金融街文化广场展示中心展览

首都博物馆目前已对该展进行了展览大纲框架的初步设计工作，并几易其稿。整体内容由前言“金融街——中国现代金融发展的里程碑”以及结尾“寄语”组成，三部分分别为“金融街——中国现代金融发展的里程碑”、“金融街——中国的金融（管理）中心”、“金融街——未来的国际金融中心”。展览核心内容揭示四方面内容，即建金融街的目的、金融街建设的发展过程、金融街的地位与实力、未来金融街。目前，整个展览工作正在运作中。

(七) 北京交管局展示馆

首都博物馆从前期的展览策划、展览主题确定、展览框架确定、展览大纲撰写等，一步步设计、完成，为交管局展览在全方位上把关、定位、实施。

展览大纲共分六个单元，即“溯源篇——古道新生历史传承”、“发展篇——心承经纬礼铸平安”、“和谐篇——警民交融谱写华章”、“风采篇——寒来暑往流水弦歌”、“辉煌篇——实现梦想铸就忠诚”、“未来篇——世界城市美好愿景”，将北京交警文化的发展及辉煌进行了充分的展现。此外，首都博物馆还将继续作为其展览的顾问，参与下一步一系列有关展览的专业咨询及指导工作，直至展览全部完成。

通过首博参与的以上这些展览活动，可以得出以下三点经验：

一是北京城市文化的深入挖掘。北京拥有三千多年的城市发展史和近千年的建都史，清晰的历史轨迹进程使她的文化积淀异常深厚。新世纪以来，北京又在全力打造中国特色的“世界城市”，发展日新月异，因此她拥有不可多得的文化资源，尚有大量未被开发。首都博物馆的立足点就是突出北京地域特色，彰显城市文化，对“城市大博物馆”的尝试，就是用事实证明了这一点。

二是首都博物馆品牌推广与社会效益。观众是博物馆的服务对象，传统的博物馆服务理念，是如何争取观众，让观众有兴趣走进博物馆。

而首都博物馆对“城市大博物馆”概念的尝试与实践，则是反其道而为之。现在看来，博物馆仅仅能够经常地在馆内举办各种形式的展览，满足人们对文化精神生活的需要恐怕还不够，这终归是一种被动地坐等服务方式，是一种旧有的展览宣传态度，与时代的要求相差很远。而首都博物馆不是固步自封，满足现状，乃是采取主动出击的策略，将“办展览”推介出去，服务于民，服务于社会。这是对传统意义的博物馆服务意识的挑战和改变，是首博人积极探索博物馆品牌营销的尝试。在这个过程中，首博不断提高自己在首都的影响力，也赢得了社会对“首博”品牌的认可和信任，获得了业界和群众的良好口碑。这也同时说明首博经营管理者的时代前瞻意识和展览实践者的执行能力。

三是首博业务拓展与经济效益。博物馆是非营利性机构，但是博物馆人可以不断开拓业务。除了发展新的博物馆外，我们更应该利用现有博物馆的人才资源、丰富的资料以及现代的陈列手法，把现代的陈列展览与社会的各种需求结合起来，通过各种方式的合作，努力发展博物馆的对外业务，创造经济效益。首博积极实践“无处不是博物馆”的理念，对馆外业务的开拓主要归结为筹划协助建馆、参与展览选题设计制作、为相关单位展开业务咨询三个方面。在这个过程中，也取得了一定的经济效益。虽然目前国内大多数博物馆开支都还是国家负担，但这也不失为未来博物馆自主经营模式的一种探索。

综上所述，首都博物馆通过近年来积极参与社会实现文化以博物馆展览为载体的实践活动，为文化的传播做出了巨大的贡献，使博物馆理念进一步深入人心，博物馆展览日益成为人们喜闻乐见的文化娱乐方式，为提升北京人的文化素养，普及博物馆文化，沟通各行业之间的交流，做出了有益的尝试。首都博物馆将把这种传播博物馆文化理念的精神继续贯彻下去，坚持为社会服务的观念，让北京深厚的文化底蕴焕发出夺目的光辉，使整个城市成为一个无形的博物馆，为迎接北京实现中国特色世界城市奉献力量。

注 释

① 张文彬、安来顺：《城市文化建设与城市博物馆》，《装饰》2009年第3期。

② 赫俊红：《大博物馆概念与博物馆的社会教育：以瑞典的一个文化项目为例》，《中国文物报》2007 年3月2日。

③ 周莲娣：《大阪：博物馆里的城市》，《天津日报》2006年7月15日。

附录

附录一

博物馆行业常用术语简述

博物馆 一个为社会及其发展服务的、向公众开放的非营利性常设机构，为教育、研究、欣赏的目的征集、保护、研究、传播并展出人类及人类环境的物质及非物质遗产。（2007年，国际博物馆协会《国际博物馆协会章程》博物馆的定义。）

博物馆学 研究博物馆的性质、特征、社会功能、实现方法、组织管理和博物馆事业发展规律的科学。博物馆学的研究对象是保存、研究和利用自然标本与人类文化遗存，以进行社会教育的理论和实践，包括博物馆事业发生、发展的历史及其与社会的关系，也包括博物馆社会功能的演进、内部机制的运营和相互作用的规律。

文化遗产 从历史、艺术或科学角度看，具有突出的普遍价值的建筑物、文物、遗址。概念上分为有形文化遗产、无形文化遗产。文化遗产包括物质文化遗产和非物质文化遗产。物质文化遗产是具有历史、艺术和科学价值的文物；非物质文化遗产是指各种以非物质形态存在的与群众生活密切相关、世代相承的传统文化表现形式。

国际博物馆协会 博物馆的国际学术组织。1946年11月，由美国博物馆协会会长C・J・哈姆林倡议创立。总部设在法国巴黎联合国教科文组织内。其主要宗旨是：①确定、支持和帮助博物馆和博物馆研究所，建立、保护和加强博物馆专业；②组织不同国家博物馆和博物馆专业人员之间的合作互助；③致力于宣传博物馆和博物馆专业在促进人民间相互了解和扩大专业知识面上所起的重要作用。

中国博物馆学会 中国博物馆界群众性的学术团体。1979年南京博物院和上海博物馆倡议成立中国博物馆学会。其主要任务是组织博物馆学的研究和学术活动，提高博物馆的业务和学术水平，开展国际间博物馆学术交流活动，增进同国外博物馆工作者的联系，编辑会刊、通讯，编译博物馆学专著、资料。

国家博物馆分级 根据中国国家文物局的规定《博物馆评估暂行标准》，博物馆评估定级是从博物馆综合管理与基础设施、藏品管理与科学研究、陈列展览与社会服务等方面进行评比，将博物馆从高到低依次划分为一级、二级、三级三个等级。国家文物局为加强博物馆行业管理，充分发挥博物馆的社会服务功能，促进博物馆事业发展，而对中华人民共和国境内所有正式登记、注册并接受年检，具有文物、标本收藏保管、科学研究、陈列展览功能的，对外开放的各类博物馆，经该国家局组织设立的全国博物馆评估委员会在综合管理与基础设施、藏品管理与科学研究、陈列展览与社会服务等各方面进行综合评议，并以打分方式产生的博物馆最高等级划分。

国家一级博物馆标准 藏品数量很大，或种类很多，或珍贵文物数量很多；具有很高的历史、文化、科学、艺术价值，或其中一类具有世界意义；有社会教育机构和专门从事社会教育工作的人员，馆内设有专门的教育服务区；有稳定的、具有一定规模的博物馆志愿者队伍，培训合格的志愿者每年应为博物馆或观众服务4次以上；国有博物馆每年开放时间应在300天以上，非国有博物馆在240天以上；基本陈列定期免费开放，且在60天以上；日常免费、优惠开放制度和措施向社会公示；每年免费接待的青少年观众群体的人数应占观众总人数的一定比例等。

生态博物馆 生态博物馆是一种以村寨社区为单位，没有围墙的“活体博物馆”。它强调保护和保存文化遗产的真实性、完整性和原生性。生态博物馆的概念最早于1971年由法国人提出。其“生态”的涵义既包括自然生态，也包括人文生态。

数字化博物馆 将实体博物馆所应具有的收藏、研究、展示、教育等功能以数字化的方式进行再造和呈现，是在信息时代以数字技术对博物馆职能进行的再现、延伸和扩展。

虚拟博物馆 采用数字模拟物品及真实场景的三维模型展示历史,是传统的考古技术与先进的计算机虚拟技术的结合。整个场景可以三维和交互式探索形式重现。

民办博物馆 指利用或主要利用非国有文物、标本、资料等资产设立的博物馆。这类博物馆从投资主体看，不是由国家出资；从隶属关系上看，不属于国家体系和文物系统。

策展人　源于英文“curator”，全称“展览策划人”，是指在艺术展览活动中担任构思、组织、管理的专业人员。在西方语境中，“curator”通常是指在博物馆、美术馆等非营利性艺术机构专职负责藏品研究、保管和陈列，或策划组织艺术展览的专业人员。

文化创意产业　源自创意或文化积累，透过智慧财产的形成与运用，具有创造财富与就业机会潜力，并促进整体生活环境提升的行业。

博物馆藏品　博物馆收藏的具有一定历史价值、科学价值和艺术价值，并反映自然界发展变化的规律和人类科学文化进程的历史见证物。

文物　遗存在社会上或埋藏在地下的人类文化遗物。包括具有历史、艺术、科学价值的文化遗址、墓葬、建筑和碑刻；各时代珍贵的艺术品、工艺美术品以及生活用品；重要的文献资料以及具有史料价值的手稿、古旧图书；反映各时代社会制度、社会生产、社会生活的代表性实物。

藏品征集　根据博物馆性质、特点的需要，通过各种途径，有目的地不断补充文物或标本的基本业务工作。

藏品的交换和调拨　交换是博物馆之间在自愿互利的原则下双方的藏品以有易无。调拨，或是上级主管部门按各馆的性质与需要，有计划地拨给有关文物（标本）；或是馆际之间，一方支援另一方，拨给对方所需的藏品。

藏品鉴定　运用传统的鉴别方法和现代科学技术，对博物馆藏品进行识别和辨伪，正确揭示藏品的内涵，评定其历史、艺术和科学价值，从而确定其等级。

藏品定名　自然标本按照国际通用的有关动物、植物、矿物和岩石的命名法规定名；历史文物定名一般应有三个组成部分，即：年代、款识或作者；特征、纹饰或颜色；器型或用途。

藏品分类　为了对藏品进行整理、登记、编目、检索，便于提供使用和做好保养、保护工作，在藏品定级之后，根据藏品的质地、性质、内容，对藏品划分类别。

藏品定级　中国文物藏品分为珍贵文物和一般文物。珍贵文物分为一、二、三级。一级文物为具有特别重要价值的代表性文物：二级文物为具有重要价值的文物：三级文物为具有一定价值的文物。博物馆、文物单位、有关文物收藏部门，均可用本标准鉴选和定级。社会上其他散存的文物，需要定级时，可照此执行。

藏品总登记帐　国家科学、文化财产帐，设专人负责管理，永久保存。登记时要严格按照文化部文物局规定的格式，逐件、逐项用不褪色墨水填写，字迹力求工整清晰。如有订正，用红墨水划双线，由经办人在订正处盖章。未登入藏品总登记帐的大量重复品、参考品和作为展品使用的复制品、代用品、模型等，应另行建帐，妥善保管。

藏品登记　对藏品入藏、收存、提用、进出统计、残损注销等情况进行的各种登记手续。

藏品原始登记　对接收、拨交、捐赠、借入、寄存和办完收购手续的文物、资料、标本等入馆物品所做的最初登记手续，主要包括各种物品接收单据、凭证的填写和《原始登记簿》的登记。应填写的单据、凭证是：接收拨交物品的清单，捐赠、收购物品的收据，借入、寄存物品的借据等。

藏品编目建档　在鉴定础上，按照规定的栏目对藏品进行最基础的综合研究，做出较为科学的详细记述，编制藏品编目卡片、藏品目录，建立藏品档案。

藏品统计　用数字反映馆藏文化财产的数量、质量并掌握藏品使用和变动情况的工作。

藏品注销　博物馆藏品，由于主客观原因不再是博物馆的藏品，要通过一定手续从总登记账上消减下去。

博物馆展品点交　展品交接双方对参展展品名称、编号、数量和保存状况进行详细文字、影像记录，并认可的过程。

藏品接收　博物馆保管部门按照入馆凭证和文物清册，对文物、标本进行核对和接收，其中包括对捐赠证明、拨交清单收购证明等凭证的接收。

藏品保存场所　用于保存藏品的库房、陈列室和藏品保护修复室等场所。

藏品保存环境　藏品保存场所应该具备的适合藏品长久、稳定保存并能有效控制延缓其自然损毁，防止人为破坏的环境条件。包括：藏品保存场所的自然条件、安全技术防范条件、消防条件和环境监控。

藏品的修复　修复藏品和保护藏品是相辅相成的两个方面，修复也是保护。修复藏品的内容包括清除文物、标本上一切附着物和修补残缺部分，以恢复藏品的本来面貌，防止附着物的继续危害。

藏品保护 研究各种质地藏品在内外因素影响下的质量变化规律，应用科学技术手段维护藏品质量，对藏品劣化进行综合防治。

博物馆陈列 以文物、标本和辅助陈列品的科学组合，展示社会、自然历史与科学技术的发展过程和规律或某一学科的知识，供群众观览的科学、艺术和技术的综合体。

陈列展览 博物馆的信息有许多传播形式，其中陈列展览是最基本的形式。博物馆既设置长久性的基本陈列，又举办临时性的展览，两者相辅相成担负着博物馆信息的展示任务。基本陈列是博物馆展示信息的主体，是博物馆进行社会教育活动的主要阵地。一个博物馆的基本陈列不仅反映着这个博物馆的性质与类型，而且体现着它的藏品质量与科学研究水平。临时展览则可以从多方面开拓陈列主题，扩大博物馆信息的传播量，使博物馆陈列呈现多样化的生动活泼局面。

陈列艺术设计 依据陈列主题要求,对陈列内容进行艺术构思,确定艺术风格、总体要求，并运用各种艺术、科技手段有机地组合陈列品的工作。

辅助展品 构成陈列语言的另一要素，它形象、艺术地表达陈列思维、烘托、渲染主题，丰富陈列的艺术形式，调节陈列室的展示气氛，既是设计内容的延续，也是艺术的再创造。

展览大纲 展览大纲的功能是表达展陈主题与设计思想，把展陈内容按照清晰的逻辑结构进行编排，据此指导展陈设计和布展。展陈大纲分为两个部分，第一部分为基本情况说明，第二部分为大纲正文。基本情况说明包括展陈标题、主题思想、设计思想、文物（展品）的类别和数量、场馆要求、大纲正文目录，及其他需要说明的问题。大纲正文则包含序厅、内容主体、结尾三部分组成。

讲解 以陈列为基础，运用科学的语言和其他辅助表达方式，将知识传递给观众的一种社会活动。讲解员是沟通博物馆、纪念馆与社会的桥梁和纽带，是博物馆、纪念馆的名片，讲解服务的质量和水平直接影响着观众的受教育和参观质量，影响着博物馆、纪念馆的窗口形象。

博物馆之友 博物馆事业爱好者的非学术性团体，促进博物馆与社会大众交流。

附录二

世界著名博物馆、美术馆概览

亚　洲

中　国

1. 北京故宫博物院 Palace Museum

   地址：东城区景山前街4号，北京Beijing

   网站：www.dpm.org.cn

2. 中国国家博物馆 National Museum of China

   地址：东城区东长安街，北京Beijing

   网站：www.chnmuseum.cn

3. 首都博物馆 Capital Museum

   地址：西城区复兴门外大街16号，北京Beijing

   网站：www.capitalmuseum.org.cn

4. 台北故宫博物院 National Palace Museum

   地址：台北市士林区至善路221号，台北Taipei

   网站：www.npm.gov.tw

日　本

1. 京都国立博物馆 Kyoto National Museum

   地址：東山七條（Higashiyama Shichijo）527号，京都Kyoto

   网站：www.kyohaku.go.jp

2. 东京国立近代美术馆 Museum of Contemporary Art

   地址：千代田区（Chiyoda–Ku）Kitomaku Koen 3–1号，东京Tokyo

   网站：www.momat.go.jp

3. 东京国立博物馆 Tokyo National Museum

   地址：上野公园（Ueno Park）13–9号，东京Tokyo

   网站：www.tnm.go.jp

泰　国

泰国国家博物馆

地址：Na Pha That Road，between Sanamluang and the Chao Phraya River，曼谷Bangkok

网站：www.thailandmuseum.com

柬埔寨

柬埔寨国家博物馆 National Museum of Cambodia

地址：金边，Phnom Penh

网站：cambodiamuseum.info

新加坡

新加坡国家博物馆The National Museum of Singapore

地址：NS24/NE6 Dhoby Ghaut，新加坡市Singapore City

网站：www.nationalmuseum.sg

伊拉克

伊拉克博物馆 National Museum of Iraq

地址：Rashid st.,巴格达Baghdad

网站：www.baghdadmuseum.org

伊　朗

伊朗国家博物馆 National Museum of Iran

地址：Eman Khomeini Avenue，Si-e-Tir Corner，德黑兰Tehran

网站：www.nationalmuseumofiran.ir

欧　洲

比利时

1.安特卫普美术馆 Royal Museum of Fine Arts Antwerp

地址：Leopold de Wael Plaats，安特卫普 Antwerp

网站：www.museum.antwerpen.be/kmska

2. 格罗尼博物馆和圣约翰医院 Groeninge Museum; Saint John's Hospital

地址：格罗尼博物馆位于Dijer 12号；

圣约翰医院位于Mariastraat 38号，布鲁日Brugge

网站：www.brugge.be/ musea

3. 比利时皇家美术馆 Royal Museums of Fine Arts of Belgium

地址：古代美术馆位于Regence 3号；

现代美术馆位于Place Royale 1–2号，布鲁塞尔Bruxelles

网站：www.fine–arts– museum.be

4. 根特美术馆 Ghent Museum of Art

地址：Citidal Park，根特市Gand

网站：www.mskgent.be

丹　麦

1. 路易斯安娜现代艺术博物馆 Louisiana Museum of Modern Art

地址：Gl.Strandvej 13号，汉利贝德Humlebaek

网站：www.louisiana.dk

2. 哥本哈根国家博物馆 National Museum of Copenhagen

地址：Solvgade 48–50号，哥本哈根Copenhagen

网站：www.smk.dk

3. 斯卡根博物馆 Skagens Museum

地址：Brondumsvej 4号，斯卡根Skagen

网站：www.skagensmuseum.dk

德　国

1. 柏林的博物馆岛 Museumsinsel

地址：Am Kupfergraben，柏林Berlin

网站：www.smb.spkberlin.de

2. 柏林旧国家美术馆 Alte Nationalgalerie

地址：Bodestrasse 1–3号，柏林Berlin

网站：www.smb.spkberlin.de

3. 萨克森的古代大师画廊 Gemadegalerie Alte Meister

地址：Semperbau.am，德累斯顿Dresden

网站：www.skd.dresden.de

4. 施塔德尔艺术馆 Stadel Museum

地址：Schaumainkal 63号，法兰克福Frankfurt

网站：www.staedelmuseum.de

5. 汉堡美术馆 Hamburger Kunsthalle

地址：Glockengie Benwall，汉堡Hamburger

网站：www.hamburgerkunsthalle.de

6. 瓦拉夫理查兹博物馆 Wallraf Richartz Museum

地址：Martinstrasse 39号，科隆Cologne

网站：www.museenkoeln.de/wallrafrichartz–museum

7. 慕尼黑美术馆

地址：旧馆（Alte Pinakothek）位于Barer Strasse 27号。

新馆（Neue Pinakothek）位于Barerstrasse 29号，慕尼黑Munich

网站：www.pinakothek.de

爱沙尼亚

爱沙尼亚国家博物馆 Estonian National Museum

地址：J.kuperjanovi 9号，塔尔图Tartu

网站：www.erm.ee

芬　兰

赫尔辛基国家艺术博物馆 Ateneum Suomentaiteen museo

地址：Kalvokatu 2号，赫尔辛基Helsinki

网站：www.ateneum.fi

法　国

1. 波尔多美术馆 Musee des Beaux–Arts

地址：Cours d’Albret 20号，波尔多Bordeaux

网站：www.bordeaux.fr

2. 格勒诺布尔美术馆 Musée de Grenoble

地址：Lavalette广场5号，格勒诺勃Grenoble

网站：www.museedegrenoble.fr

3. 里昂美术馆 Musée des Beaux Arts de Lyon

地址：Terreaux广场20号，里昂Lyon

网站：www.lyon.fr

4. 尼斯现代艺术博物馆 Musée d'Art Moderne Méditerranéen

地址：Promenade des Arts，尼斯Nice

网站：www.mamac-nice.org

5. 蓬皮杜艺术中心 Centre Georges Pompidou

地址：Beaubourg，巴黎Paris

网站：www.enac-gp.fr/Pompidou

6. 卢浮宫 Musée du Louvre

地址：la Seine Rive Droite – Right Bank，巴黎Paris

网站：www.louvre.fr

7. 奥赛美术馆 Musée d'Orsay

地址：Legion d'Honneur街广场1号，巴黎Paris

网站：www.musee-orsay.fr

8. 梅格基金会博物馆 The Fondation Maeght

地址：Saint Paul de Vence，尼斯Nice

网站：www.maeght.com

希　腊

1. 雅典国家考古博物馆 National Archaeological Museum

地址：Patission 44街，雅典Athens

网站：www.culture.gr

2. 德尔斐博物馆 Delphi Archaeological Museum

地址：德尔斐Delphi

网站：www.culture.gr

3. 奥林匹亚考古博物馆 Olympia Archaeological Museum

地址：奥林匹亚Olympia

网站：www.culture.gr

英 国

1. 苏格兰国家美术馆 National Gallery of Scotland

地址：Edinburgh，苏格兰Scotland

网站：www.nationalgalleries.org

2. 伦敦国家美术馆 The National Gallery

地址：Trafalgar Square ，伦敦London

网站：www.nationalgallery.org.uk

3. 大英博物馆 British Museum

地址：Great Russell Street，伦敦London

网站：www.thebritishmuseum.ac.uk

4. 泰特美术馆 Tate Gallery

地址：Millbank，伦敦London

网站：www.tate.org.uk/britain

5. 泰特现代美术馆 Tate Modern

地址：Bankside，伦敦London

网站：www.tate.org.uk

爱尔兰

都柏林国家美术馆 The National Museum of Ireland

地址：Merrion Square，都柏林Dublin

网站：www.nationalgallery.ie

意大利

1. 国家绘画美术馆 Pinacoteca Nazionale di Bologna

地址：Via Belle Arti，56号，波隆那Bologna

网站：www.pinacotecabologna.it

2. 乌菲兹美术馆 Uffizi Gallery

地址：佛罗伦萨Florence

网站：www.uffizi.com

3. 布雷拉美术馆 Brera Art Gallery

地址：Via Brera 28号，米兰Milano

网站：www.brera.beniculturali.it

4. 那不勒斯国家考古博物馆 Museo Archeologico Nazionale

地址：PiazzaMuseo，那不勒斯Napoli

网站：www.marketplace.it/museo.nazionale/museo_home.htm

5. 波格赛美术馆 Museo e Galleria Borghese

地址：Villa Borghese ，罗马Roma

网站：www.galleriaborghese.it

6. 学院美术馆 Gelleria dell Accademia

地址：Campo della Carita Dorsoduro 1050号，威尼斯Venezia，意大利。

网站：www.gallerieaccademia.org

梵蒂冈

梵蒂冈博物馆 Musei Vaticani

地址：Viate Vaticano

网站：www.vatican.va

克罗地亚

迈玛拉与现代艺术博物馆 Mimara Museum Zagreb Croatia

地址：札格拉布Zagreb

网站：www.mimara.hr

拉脱维亚

里加国家艺术博物馆 Latvijas Nacion ā lais m ā kslas muzejs

地址：A.K.valdemara街10号，里加Riga

网站：www.vmm.lv/en/lnmm

立陶宛

立陶宛艺术博物馆 Lithuanian Art Museum

地址：Konstitucijos大道22号，维尔纽斯Vilnius

网站：www.ldm.lt

荷 兰

1. 阿姆斯特丹国家博物馆 Rijksmuseum

地址：Jan Luijkenstraat 1号，阿姆斯特丹Amsterdam

网站：www.rijksmuseum.nl

2. 梵高博物馆Vangoghmuseum

地址：Paulus Potter街7号，阿姆斯特丹Amsterdam

网站：www.vangoghmuseum.nl

3. 木鞋博物馆 De Zaanse Schans

地址： Zaanse Schans，阿姆斯特丹Amsterdam

网站：www.zaanseschans.nl/EN.html

4. 博曼斯美术馆 Museum Boijmans Van Beuningen

地址：Museumpark 18–20号，鹿特丹Rotterdam

网站：www.boijmans.rotterdam.nl

5. 莫瑞修斯美术馆 Mauritshuis Royal Picture Gallery

地址：Korte Vijverberg 8号，海牙Den Haag

网站：www.mauritshuis.nl

挪 威

蒙克博物馆 Munch museet

地址：Toyengata53号，奥斯陆Oslo

网站：www.munch.museum.no

奥地利

1. 阿尔伯蒂娜博物馆 Albertina

地址：Albertinaplatz 1号，维也纳Wien

网站：www.albertina.at

2. 维也纳艺术史博物馆 Kunsthistorisches Museum

地址：Maria Theresien Platz，维也纳Wien

网站：www.khm.at

3. 维也纳当代艺术博物馆 Museum Moderner Kunst Stiftung Ludwig Wien

地址：Museumsquartier 1号，维也纳Wien

网站：www.mqw.at

波 兰

1. 瓦维尔城堡 Wawel Castle

地址： Wawel 5号，krakow

网站：www.wawel.krakow.pl

2. 华沙国家博物馆 Muzeum Narodowe w Warszawie

地址：Aleje Jerozolimskie 3号，华沙Warsaw

网站：www.mnw.art.pl

葡萄牙

里斯本国家古艺术博物馆 Museu Nacional de Arte Antiga

地址：Rua das Janelas Verdes 95号，里斯本Lisboa

网站：www.mnarteantigaipmuseus.pt

罗马尼亚

布加勒斯特国家博物馆 National Muscum of Romania

地址：Calea Victoriei 49–53号，布加勒斯特Bucharest

网站：www.art.museum.ro

俄罗斯

1. 普希金博物馆 Pushkin Museum

地址：Volkhonka街12号，莫斯科Moscow

网站：www.museum.ru/gmii

2. 列特季亚科夫美术馆 TretiakovGallery

地址：Lavrushinskiy Pereulok 10号，莫斯科Moscow

网站：www.mdz-info.de

3. 艾尔米塔什博物馆 Hermitage Museum

地址：Dvortsovaya Ploshad 2号，圣彼得堡Saint Petersburg

网站：www.hermitagemuseum.org

4. 俄罗斯博物馆 Gosudarstvenny Russky Muzej

地址：Inzhenernaya街4号，圣彼得堡Saint Petersburg

网站：www.rusmuseun.ru

瑞　典

斯德哥尔摩国家博物馆 National Museum of Stockholm

地址：Sodra Blasieholmshamnen，斯德哥尔摩Stockholm

网站：www.nationalmuseum.se

瑞　士

1. 巴塞尔艺术博物馆 Kunstmuseum Basel

地址：St.Alban–Graben 16号，巴塞尔Basel

网站：www.kunstmuseumbasel.ch

2. 贝耶勒基金会博物馆 Beyeler Foundation Museum

地址：里恩Riehen

网站：www.beyeler.com

3. 苏黎世美术馆 Kunsthaus Zurich

地址：Heimplatz 1号，苏黎世Z ü rich

网站：www.kunsthaus.ch

塞尔维亚

贝尔格莱德当代艺术博物馆 Belgrade Mocab

地址：Usce Save BB，贝尔格莱德Belgrade

网站：www.msub.org.yu

斯洛文尼亚

卢布尔雅那国家美术馆 National Gallery of Slovenia

地址：Presernova 24号，卢布尔雅那Ljubljana

网站：www.ng–slo.si

斯洛伐克

斯洛伐克国家美术馆 Slovak National Museum

地址：Riecna 1号，布拉迪斯拉发Bratislava

网站：www.sng.sk

西班牙

1. 米罗基金会博物馆 Fundacio Joan Miro

地址：Parc de Montjuic,s/n，巴塞罗那Barcelona

网站：www.bcn.fjmiro.es

2. 毕尔包的古根汉博物馆 Museo Guggenheim Bilbao

地址：Avenida Abandoibarra Et.2号，毕尔包Bilbao

网站：www.guggonhoimbibao.co

3. 达利剧院博物馆 Salvador Dali theatre–museum

地址：Plaza Gala Salvador Dali s/n，菲格拉斯Figueres

网站：www.salvadordail.org

4. 普拉多博物馆 Museo Nacional del Prado

地址：Paseo del Prado s/n，马德里Madrid

网站：www.museoprado.es

5. 提森·波拉米萨美术馆 Thyssen Bornemısza Museum

地址：Paseo del Prado 8号，马德里Madrid

网站：www.museothyssen.org

6. 索菲亚王后国家艺术中心博物馆 Museo Nacional Centro de Arte Reina Sofía

地址：Santa Lsabel 52号，马德里Madrid

网站：www.museoreinasofia.es

捷　克

1. 捷克国立美术馆Národní Galerie

地址：Staromestske nam.12号，布拉格Praha

网站：www.ngprague.ze

2. 布拉格城堡画廊 Obrazarna Prazskeho Hradu

地址：布拉格Praha

网站：www.hrad.cz

土耳其

托普卡匹宫 Topkapi Palace

地址：Topkapi Sarayi Sultanahmet Eminonu，伊斯坦布尔 stanbul

网站：www.ee.bikent.edu.tr/history/topkapi

匈牙利

布达佩斯国立美术馆 Szepmuveszeti Muzeum

地址：VI. Andrássyút，corner of Dózsa Dyrgyút，布达佩斯 Budapest，

网站：www.mng.hu

美 洲

美 国

1. 波士顿艺术博物馆 Boston's Museum of Fine Arts

地址： 465 Huntington Avenue，波士顿Boston

网站：www.mfa.org

2. 芝加哥艺术中心 Art Institute of Chicago

地址：111 S. Michigan Avenue，芝加哥Chicago

网站：www.artic.edu

3. 梅尼尔收藏博物馆 Menil Collection Gallery

地址：1515Sul Ross，休斯敦Houston

网站：www.menil.org

4. 纽约大都会博物馆 The Metropolitan Museum of Art

地址：1000 Fifth Avenue at 82nd Street，纽约New York

网站：www.metmuseum.org

5. 纽约古根汉博物馆 Guggenheim Museum NY

地址：1071,5th Avenue，纽约New York

网站：www.guggenheim.org

6. 纽约现代艺术博物馆 The Museum of Modern Art

地址：11 West 53 Street，纽约New York

网站：www.moma.org

7. 惠特尼博物馆 The Whitney Museum of American Art

地址：945 Madison Avenue, near 75th Street，纽约New York

网站：www.whitney.org

8. 旧金山现代艺术博物馆 San Francisco Museum of Modern Art

地址：151Third St.，旧金山San Francisco

网站：www.sfmoma.org

9. 华盛顿国家美术馆 National Gallery, Washington

地址：Constitution Avenue，华盛顿Washington

网站：www.nga.gov

加拿大

1. 皇家安大略博物馆 Royal Ontario Museum

地址：Bloor Street & Avenue Road，多伦多Toronto

网站：www.rom.on.ca

2. 加拿大文明博物馆 Canadian Museum of Civilization

地址：渥太华Ottawa

网站www.civilization.ca/cmc/homo

阿根廷

布宜诺斯艾利斯美术馆 Museo Nacional de Bellas Artes

地址：Av. del Libertador 1473，布宜诺斯艾利斯Buenos Aires

网站：www.mnba.org.ar

巴 西

1. 圣保罗艺术博物馆 Museu de Arte de S o Paulo

地址：Paulista大道 1578号，圣保罗Sao Paulo

网站：www.masp.art.br

2. 巴西国家历史博物馆 National Historical Museum of Brazil

地址：里约热内卢Rio de Janeiro

网站：www.museuhistoriconacional.com.br/ingles/index.htm

墨西哥

墨西哥市人类学博物馆 Museo Nacional de Antropolog í a

地址：Reforma大道，Chapultepec，墨西哥市Mexico City

网站：www.mna.inah.gob.mx

秘 鲁

1. 利马考古人类学博物馆 Museo Nacional de Antropologia y Arqueologia

地址：Plaza de Bol í var，利马Lima

网站：www.museonacional.perucultural.org.pe

2. 秘鲁黄金博物馆Museo del Oro del Per ú y las Armas del Mundo

地址：利马Lima

网站：www.museoroperu.com.pe

古 巴

古巴国家艺术博物馆Museo Nacional de Bellas Artes de Cuba

地址：Trocadero，esquina Zulueta y Monserrate – Centro Habana，La Habana 哈瓦那

网站：www.museonacional.cult.cu

智 利

智利国家历史博物馆 National Museum of History

地址：Plaza de las Armas，圣地亚哥Santiago

网站：www.dibam.cl/historico_nacional

非 洲

埃 及

埃及博物馆 Egyptian Museum

地址：Tahrir square，开罗Cairo

网站：www.egyptianmuseum.gov.eg

南　非

南非博物馆 South Africa Museums

地址：Government Avenue，开普敦Cape Town

网站：www.museums.org.za

肯尼亚

肯尼亚国家博物馆 Kenya National Museum

地址：内罗毕Nairobi

网站：www.museums.or.ke

塞内加尔

塞内加尔非洲艺术博物馆 Museum of African Arts

地址：达喀尔Dakar

网站：www.africanart.org

澳　洲

澳大利亚

1. 澳大利亚博物馆 Australian Museum

地址：6 College Street，悉尼Sydney

网站：australianmuseum.net.au

2. 堪培拉国家美术馆 National Gallery OF Australia

地址：Parkes Place，堪培拉Canberra

网站：www.nga.gov.au

参考书目

[1]《中国大百科全书·博物馆卷》，中国大百科全书出版社，1982年。

[2]中国博物馆学会：《回顾与展望：中国博物馆发展百年》，紫禁城出版社，2005年。

[3]中国国家博物馆：《守望文明–中国国家博物馆“十·五”规划展览设计构思》，中国社会科学出版社，2008年。

[4]首都博物馆：《文物养护工作手册》，文物出版社，2008年。

[5]王武钰、赵瑞廷：《博物馆文物保护实验室建设与研究》，北京燕山出版社，2009年。

[6]丁言赋：《博物馆藏品征集、保护、陈列艺术及内部管理实用手册》，银声音像出版社，2005年。

[7]王宏钧主编：《中国博物馆学基础》，上海古籍出版社，2001年。

[8]马继贤：《博物馆学通论》，四川大学出版社，1994。

[9]曹兵武：《记忆现场与文化殿堂：我们时代的博物馆》，学苑出版社，2005年。

[10]曹兵武：《博物馆展览：策划设计与实施》，学苑出版社，2005年。

[11]曹兵武：《博物馆观察：博物馆展示宣传与社会服务工作调查研究》，学苑出版社，2005年。

[12]曹兵武、崔波：《博物馆展览：策划设计与实施》，学苑出版社，2006年。

[13]吕济民：《中国博物馆史论》，紫禁城出版社，2004年。

[14]李文儒：《全球化下的中国博物馆》，文物出版社，2002年。

[15]段勇：《当代美国博物馆》，科学出版社，2003年。

[16]刘惠媛：《博物馆的美学经济》，生活·读书·新知三联书店，2008年。

[17]齐玫：《博物馆陈列展览内容策划与实施》，文物出版社，2009年。

[18]盖尔·洛德著、郝黎等译：《博物馆管理手册·当代博物馆学前沿译丛》，北京燕山出版社，2007年。

[19]尼尔·科特勒、菲利普·科特勒著，潘守永等译：《博物馆战略与市场营销·当代博物馆学前沿译丛》，北京燕山出版社，2006年。

[20]斯托洛著、宋燕等译：《博物馆藏品保护与展览——包装、运输、存储及环境考虑科学出版社》，2010年。

[21]单霁翔：《关于博物馆的社会职能》，《中国文化遗产》，2011年第1期。

后 记

日月如梭，当我与首博依依而别时，转眼之间六年时光竟忽焉已过。同首博三十年相比，六年不过是短短一段，但于我而言，却是不可复制的难忘时光。此间我馆的那些“国际领先、国内一流”的诸多创举，至今仍是激动人心的回忆。往事千端，不知从何说起。

总结一下首博的经历，大约可以分为三个阶段：

开馆阶段，无尽无休的加班与会议，筹备首都博物馆新馆的建立。开馆后便是应接不暇的接待活动，《一座博物馆的诞生——博物馆的创建于运行》便是根据那一时期的笔记整理的；

奥运阶段，状态不减，不舍昼夜，首博的办展方式有了突破。许多人都是在奥运期间开始关注首博，许多台港澳同胞和海外侨胞也是在奥运期间参观国宝展览后了解了首博，即便是奥运结束一年多后搜索，网上仍有奥运期间首都博物馆五大展览璀璨京华的许多信息。我记得接待印度朋友参观长江文明展后，他说他们也要做恒河文明展，在2009年底访学美国期间，谈起首博仍然是奥运期间的五大展览，大家仍然津津乐道，啧啧称奇；

国庆六十年阶段，稍感轻松，首博已经有了一些办展经验，于是开始谋求展览的创新，也开始撰写博物馆相关论文，参加各种研讨会，认真思索博物馆发展的问题。这一时期，我有幸成为上海世博会展陈顾问，参与近二十家展馆的论证并方案的讨论，心得颇多，也迫切希望博物馆开放运行及展览策划能汲取营养，向国际同行学习，缩小与发达国家博物馆发展的距离。奥运和国庆时期的展览虽然已经落幕，但在无数中外参观者心中留下了美好的记忆，他们对中西交融的璀璨文化都不禁发出由衷的赞叹。通过一篇篇的观众留言，从这些发自内心的感慨和热情洋溢的赞誉声中，可以感受到首都博物馆在展览期间，无论是丰富的展品、良好的参观环境、建全的安保措施、周到的服务，还是齐全的展览资料等诸多方面，都赢得了观众的心，让参观者全方位、多角度感知了中华传统文化的非凡魅力，也让首都博物馆在新馆成立的短短五年间成为北京标志性的文化阵地和市民感受中外文明的课堂。

在首博每日忙忙碌碌的工作状态，很难有充足的时间系统思考，也很容易陷入程式化，或是丧失对事物应有的判断。但是博物馆需要理念，需要境界，更需要思想，举办任何展览都要有思想，这需要博物馆人系统的思考并努力实践。在这期间，我去美国哈佛大学断断续续做了一年的访问学者，这也让我有时间理清思路，系统思考博物馆的发展和展览创新的突破，特别是首都博物馆在经历了众多有影响的展览后，博物馆的定位，以及如何能举办具有学术深度和社会认知度的展览，对于博物馆人来说是一项挑战，也是自我学习的过程。博物馆的运行要靠各个环节的支持，也要靠一个团队的超水平创意，我很幸运能够在首都博物馆这样一个优秀的团队中工作。策划、陈列、展工、保管、信息中心、开放、社教、保卫乃至物业后勤部门的同仁，大家都献言献策，本书若没有他们的帮助是很难完成的。在此，我对博物馆诸位老师及同仁谨表感激与谢忱，恕不一一。在各位老师的影响下，用执着的热忱和专业的水准弘扬祖国的文化艺术成为我始终的追求。本书便是我的所思所感，愿与诸位同道分享。

随着时代的发展，当今的博物馆已超越收藏、研究与展示等功能，开始向沟通、经营和专业人才的培养、努力与参观者建立互动关系等目标迈进。多元化的使命仿佛让博物馆从让人膜拜的知识殿堂变成了无穷奥秘的大千世界，让人们更加热爱博物馆，探知博物馆背后的理念，体会博物馆动人心弦的魅力之所在，对于博物馆长久的发展，以及所举办的展览能够历久弥新，博物馆人任重道远。但我愿一如既往，如行者般不断执着前行，以期能为博物馆的事业尽微薄之力。

是为记。